Schaufelrad-Passagierdampfer
FREIA

683 BRT / 421 NRT / 71.91 m – 8.13 m – 4.10 m;
1 Compound-Maschine / 2 Feuerbüchsen-Kessel / 1.580 PSi /
2 Seitenräder; 18 Mann Besatzung, 780 Passagiere;
Baujahr 1885; Blohm + Voss, Hamburg; Bau-Nummer 44.
In Fahrt bis 1929.
Schließlich letzter seegehender Raddampfer Deutschlands.

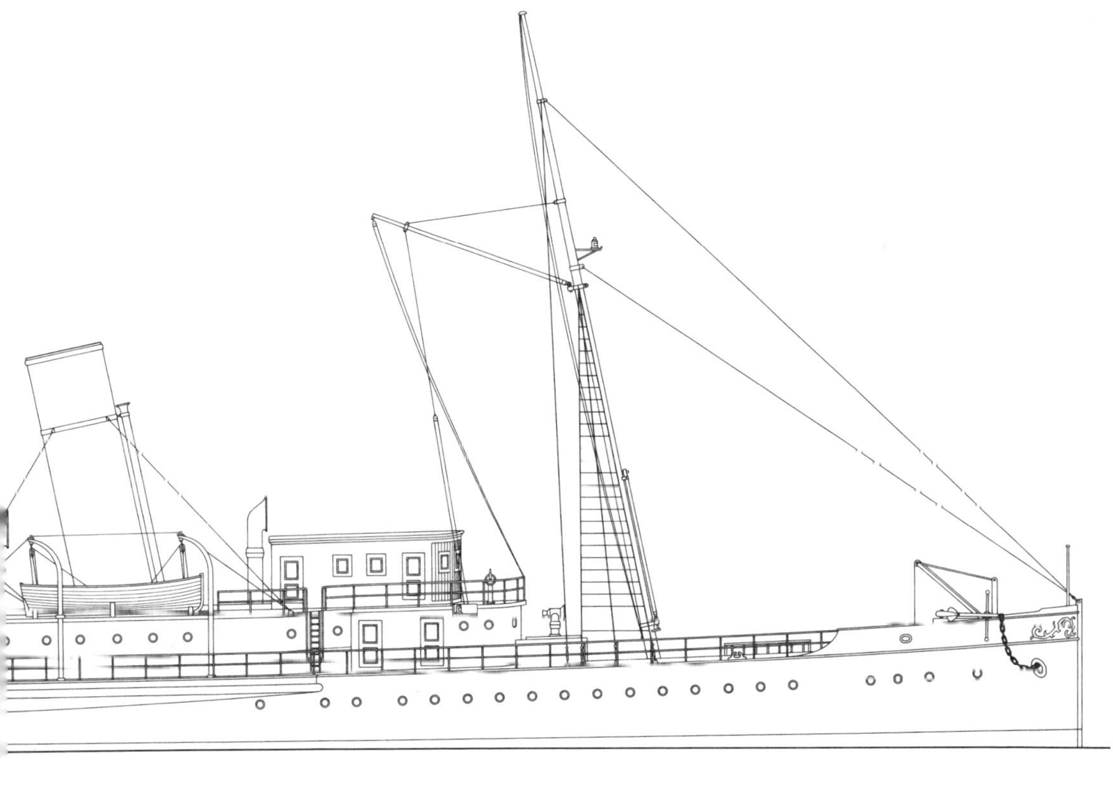

Bäderdampfer
auf der Ostsee

Die Reederei Braeunlich und ihre Flotte

Jürgen F. Braeunlich

Bäderdampfer auf der Ostsee

Die Reederei Braeunlich und ihre Flotte

Koehlers Verlagsgesellschaft mbH · Hamburg

Titelbild:
Braeunlich-Bäderdampfer RUGARD auf einer Kopenhagen-Fahrt vor den Kreidefelsen von Stubbenkammer. Nach einem Gemälde von Marinemaler Professor Willy Stöwer.

Rücktitel:
Seitenraddampfer PRINCESS ROYAL VICTORIA, Baujahr 1857, unter Nationalflagge des Königreichs Preußen, auf der Fahrt nach Lauterbach/Rügen, Gemälde im Schiffahrtsmuseum Rostock.

Vorsatz-Zeichnungen:
Vorderes Vorsatzpapier Ulrich Rittler, Hamburg.
Hinteres Vorsatzpapier aus: »Seedienst Ostpreußen«, Kurt Gerdau, erschienen bei Koehler/Mittler.

Farbbilder:
Archiv Professor Theodor F. Siersdorfer, Essen (9), davon drei auf Willy-Stöwer-Gemälden basierend; Privatbesitz Familie Jürgen F. Braeunlich (2); Farbtafel Reedereiflaggen und Schornsteinmarken Annette Wolff.

Schwarzweißbilder:
Wissenschaftliches Institut für Schiffahrts- und Marinegeschichte, Peter Tamm, Hamburg (14); Deutsches Schiffahrtsmuseum Bremerhaven (Stettiner Schiffahrts-Archiv Pittelkow), Reproduktionen aus der Negativsammlung (10); Familienbesitz Jürgen F. Braeunlich (8); Archiv Professor Theodor F. Siersdorfer, Essen (8); Förderverein Eisbrecher STETTIN (3); Margarethe Reisinger, Hamburg (3); Orenstein-Koppel und Lübecker Maschinenbau A.G., Lübeck (3); Fotostudio Knuth, Heringsdorf (2); Hans Georg Prager, Hamburg (2); Familienbesitz Kapitän Gerhard Schultz, Hamburg (2); Kurt Wulf, Hamburg (2); Archiv Wulf Krentzien, Sassnitz (1); Fritz-Jürgen Bergmann, Hamburg (1); Karl Bitterling, Göhren (1); Dr. Hans-Günter Cnotha, Kiel (1); Cramers Kunstanstalt, Dortmund (1); Deutsche Gesellschaft zur Rettung Schiffbrüchiger/Andreas Lubkowitz, Bremen (1); Foto-Knospe; Sellin (1); Wolfgang Geiger, Lübeck (1); Rita Hollensleben, Köln (1); Elfriede Koch, Berlin (1); Nowy Kurier, Stettin/Szczecin (1); Brigitte Reese, Hamburg (1); Andreas Templin, Rostock (1); Stiftung Pommern, Kiel (1); Dr. Gerd-Rüdiger Wasmuth, Zülpich (1). Mehrere dieser Einsender stellten Fotos des bekannten Stettiner Hafen- und Schiffsphotographen Max Dreblow zur Verfügung, die teils auch Auftragsarbeiten für die Reederei Braeunlich waren.

Kartografie:
Wolfgang Müller, Stralsund (S. 30, 182); »Stettiner Dampfschiffs-Gesellschaft J.F. Braeunlich G.m.b.H.« (S. 163)

Die Deutsche Bibliothek – CIP-Einheitsaufnahme
Braeunlich, Jürgen F. :
Bäderdampfer auf der Ostsee / Die Reederei Braeunlich und ihre Flotte / Jürgen F. Braeunlich
Hamburg : Koehlers Verlagsgesellschaft mbH , 1999
ISBN 3-7822-0770-X

ISBN 3-7822-0770-X

Gestaltung und Produktion: Inge Mellenthin
Printed in Germany

Inhaltsverzeichnis

Zwei Diener hat das Gedächtnis:
Die Hoffnung und die Dankbarkeit,
Ihr Stern und ihr Vermächtnis
Vergolden alle Zeit.

Carl Ludwig Schleich

Das legendäre Schiff

Eines Tages, im Sommer 1998, blieb ich plötzlich wie angewurzelt stehen. Ich traute meinen Augen nicht: Im Treppenhaus des Eingangs Ballindamm zur größten, dreistöckig angelegten Hamburger Untergrundstation Jungfernstieg der U- und S-Bahn sah ich mich unvermutet vor einer großflächigen, stilvollen Ausschmückung des Zugangs zur Gleisebene der S-Bahn-Linien: Auf lichtblauem Untergrund ist in weißer Negativ-Strichführung der Generalplan des legendären Raddampfers Freia dargestellt, der einst die Kontorflagge der »Stettiner Dampfschiffs-Gesellschaft J.F. Braeunlich G.m.b.H.« trug und dort zur »Institution«, zum weitgehend glückhaften Schiff wurde. Der Anblick dieser in ganzer Portalbreite wiedergegebenen Freia-Konstruktionszeichnungen hat mich gerührt, denn sie tangiert meine Familiengeschichte unmittelbar – und die Geschichte der Stettiner Braeunlich-Reederei.

Seitenrad-Passagierdampfer Freia, 683 BRT, 1580 PSi, 780 Fahrgäste, war 44 Jahre in Fahrt und in seinem Baujahr 1885 mit elektrischem Licht und 16 Knoten Geschwindigkeit seiner Zeit voraus.

Aber wie kam ein Stettiner Raddampfer zu der Ehre, einen S-Bahn-Zugang der Freien und Hansestadt Hamburg zu verzieren?

Doch das ist des Rätsels Lösung: Die Freia ist sozusagen ein Kind dieser Stadt. Sie lief am 20. Mai 1885 als Bau-Nummer 44 der später weltbekannt gewordenen Hamburger Werft Blohm & Voss vom Stapel und wurde am 18. Juli desselben Jahres in Dienst gestellt. Recht bald erwarb sich die Freia an der Küste den Spitznamen »Blohm-Wiesel«.

Den Bau dieses »Salon-Schnelldampfers« hatte die Werft im November 1884 begonnen, aber der Auftraggeber mußte sehr bald, aus zwingenden Gründen, seine Bestellung stornieren. So wurde der mit 683 Bruttoregistertonnen vermessene, 72 Meter lange Raddampfer zum »Spekulationsbau«: Die Werft stellte ihn auf eigene Rechnung fertig.

Am besagten Indienststellungstag (18. Juli 1885) war das Schiff für seine erste Passagierfahrt nach Helgoland total ausgebucht. Aber nicht eher als am Vortag dieser Jungfernreise hatte die Maschine zum ersten Mal drehen können!

Es war alles recht aufregend. Erst am Abend des 17. Juli war man so weit, daß erstmals eine Werftprobefahrt unternommen werden konnte, bei der man auch die Magnetkompasse regulierte. Aber wie stets, wenn eine Generalprobe dramatisch verläuft, wurde die Premiere um so erfolgreicher: Am nächsten Morgen konnte Punkt sieben Uhr die erste Helgoland-Reise angetreten werden. Der gut gelungene Raddampfer wurde auf Anhieb zum Publikums-Volltreffer. Neben den Helgoland-Fahrten verkehrte er auch zweimal wöchentlich nach Wyk auf Föhr. Er bot seinerzeit die einzige Direktverbindung zwischen Hamburg und dieser von Urlaubern immer stärker gefragten Insel Nordfrieslands.

Die von der FREIA geführte erste Reedereiflagge war ein Kuriosum der Schiffahrtsgeschichte: Sie war eigens für dieses Schiff entworfen worden, denn der Raddampfer lief drei Jahre lang unter eigener Regie von Blohm & Voss. Da ein anderer Abnehmer nicht allzubald in Sicht war, blieb das die einzige Möglichkeit, aus der Not eine Tugend zu machen.

In seinem Buch »Blohm + Voss – Schiffe und Maschinen für die Welt« schrieb Hans Georg Prager: »Der Raddampfer hatte bereits elektrisches Licht an Bord, was 1885 noch als Sensation galt. Aber wohl keinem Schiff der damaligen Zeit dürften derart viele geballte Fäuste und Flüche hinterhergeschickt worden sein wie dem allzu schnell fahrenden ›Blohm-Wiesel‹, dessen Dampferwellen von den Ewerführern und Schuten-Besitzern mit Recht gefürchtet wurden. Das Schiff lief die damals sensationelle Geschwindigkeit von 16 Knoten!

Zugunsten der möglichst großen Geschwindigkeit wurde streng darauf geachtet, daß an Bord keine unnötigen Gewichte ›mitgeschleppt‹ wurden, man geizte mit jedem Zentner. Und wenn das Schiff nachts gegen halb zwölf Uhr wieder in Hamburg ankam, wurden sofort zwei Schuten längsseits bugsiert, von denen aus die Schaufelräder überholt wurden. Und noch nachts wurden sofort neue Kohlen übernommen, weil man deren Vorrat an Bord aus Gründe der Gewichtsersparnis begrenzt hielt.

Morgens Punkt sieben Uhr legte der Raddampfer erneut nach Helgoland oder Föhr ab. Die Fahrgäste hatten dann drei Stunden Aufenthalt auf Helgoland. Dieser Fahrplan brachte es mit sich, daß die Kessel der FREIA immer in Betrieb blieben.

Im Winter 1885/86 wurde das Schiff auf der Fährroute Dover-Ostende eingesetzt. Es schlug auf seinen 101 Rundreisen, trotz einiger Kollisionen, alle auf dieser Linie eingesetzten Konkurrenten. In den beiden nachfolgenden Wintern paddelte der Dampfer im Liniendienst an der Riviera herum. Er war nach solchen Vercharterungen jeweils rechtzeitig für die erste Pfingstreise nach Helgoland wieder in Hamburg.«

Fahrkartenagent für die von Blohm & Voss auf eigene Rechnung betriebene FREIA war die Firma Morris & Co., deren Vertreter ein ebenso hartnäckiger wie gewandter Mann war, von dem die Weltöffentlichkeit sehr bald ausgiebige Kenntnis erhalten sollte. Dieser Mann war nämlich Albert Ballin, der später zum Generaldirektor der HAPAG aufstieg und dieses Unternehmen 1914 zur größten Reederei der Welt geformt hatte.

Albert Ballin – damals noch unbekannt – kaufte eines Tages den so erfolgreichen Raddampfer FREIA und wurde damit erstmals zum Reeder, während Blohm & Voss die eigene Reedereiflagge für immer niederholte. Sie war nur einer Verlegenheitslösung zu verdanken gewesen.

Seitenrad-Passagierdampfer CUXHAVEN, 402 BRT, 600 PSi, 800 Fahrgäste, wurde von Albert Ballin eingebracht für die »Stettiner Seebäder-Rederei Ballin & Braeunlich«.

Ballin erwarb schließlich auch von der »Cuxhaven-Unterelbe'schen Eisenbahn-Gesellschaft« den Passagier-Raddampfer CUXHAVEN, aber diese Doppelanschaffung erwies sich bald als gefährlich riskant, sie überstieg Möglichkeiten und Kapitaldecke des noch jungen Unternehmers. Albert Ballin setzte zu einem Schachzug an, der es ihm ermöglichen sollte, sich im aufblühenden Seebädertourismus Vorpommerns zu etablieren. Genau zu diesem Zeitpunkt bestand dort wachsender Verkehrsbedarf, es war also richtig, den Fuß in die Tür zu stellen. Die Lösung konnte nur im Zusammengehen mit der längst in dieser Richtung erfolgreichen Stettiner Reederei Braeunlich liegen. Diese entwickelte sich so vielversprechend, daß bereits Bedarf für einen weiteren Bäderdampfer bestand. Und nun warf Albert Ballin sozusagen mit der Wurst nach dem Schicken: Er verkaufte seine erst zwei Jahre zuvor erworbene FREIA 1890 an Oscar Braeunlich und Dr. Julius Braeunlich und bot sich an, seinen zweiten Raddampfer CUXHAVEN in eine neu zu gründende »Stettiner Seebäder-Reederei Ballin & Braeunlich« einzubringen, wenn die Braeunlichs auch die angekaufte FREIA in deren Liniendienst einzusetzen bereit waren.

Die Gründung des Unternehmens kam tatsächlich zustande, aber es war nur von kurzer Dauer, weil die CUXHAVEN bereits am 27. Juli 1891 auf dem Vineta-Riff bei Zinnowitz strandete. Es gab bei diesem Totalverlust drei Todesopfer. Damit war das Ballin-Intermezzo im Ostsee-Bäderdienst beendet, der noch junge Reeder zog sich mit verbrannten Fingern daraus zurück, um freilich bald darauf in Hamburg atemberaubend erfolgreich zu werden. Die FREIA fuhr noch 38 Jahre auf verschiedenen

Routen weiter, sie wurde zum Schrittmacher bei der Erschließung neuer, lukrativer Liniendienste.

Als man 1896 die »Stettiner Dampfschiffs-Gesellschaft J.F. Braeunlich G.m.b.H.« mit dieser neuen Firmierung ins Handelsregister von Stettin eintrug, wurde sogleich die immer erfolgreiche Freia innen völlig umgebaut und modern ausgestattet. Das geschah noch rechtzeitig, denn wenig später (1897) fiel diesem Raddampfer die Rolle zu, die neue Postdampfer-Linie Sassnitz—Trelleborg »aus dem Stand heraus« zu eröffnen. Doch darüber an anderer Stelle mehr.

Dampfeisbrecher Stettin, 836 BRT, 2200 PSi, wurde 1933–1945 allwinterlich von Braeunlich-Besatzungen gefahren. Am 9. Juni 1998 machte er erstmals wieder vor der Stettiner Hakenterasse fest.

Kurz nach meiner für mich beglückenden »Wiederbegegnung« mit der Freia im Treppenhaus einer Hamburger Untergrundbahnstation schloß sich der Kreis der Geschichte auf besondere Weise: Am 9. Juni 1998 wurde ein inzwischen ebenfalls legendäres Schiff mit »Großem Bahnhof« am Dampfschiffsbollwerk vor der Stettiner Hakenterrasse empfangen: Zum ersten Mal seit Kriegsende kehrte der zum fahrenden Museumsschiff gewordene Dampfeisbrecher Stettin – unter seinem alten deutschen Namen – in seinen einstigen Heimathafen zurück und damit auch an seine Geburtsstätte. Dieses vormalige Flaggschiff der Eisbrecherverwaltung der Industrie- und Handelskammer zu Stettin war bis 1945 grundsätzlich von Braeunlich-Kapitänen geführt und von Braeunlich-Besatzungen[1] gefahren worden.

Nun gab es 1998 einen überwältigenden Empfang an der Oder: Nachdem zunächst alle im Hafen liegenden Schiffe mit ihren Typhonen und Boschhörnern einen Willkommensgruß entboten hatten, schmetterte eine Militärkapelle flotte Marschmusik.

1 Es war eine schiffahrtsgeschichtlich einmalige Situation: Die Besatzungen der Braeunlich-Seebäderdampfer gingen im Winter auf die privatwirtschaftlich arbeitenden Schiffe der Eisbrecherverwaltung, die der Industrie- und Handelskammer gehörten. So war ganzjährige Beschäftigung der wichtigsten Fachleute gesichert, obwohl die Bäderschiffe im Winter und die Eisbrecher im Sommer aufgelegt wurden.

In der großen Menschenmenge auf dem Bollwerk standen der polnische Stadtdirektor, der deutsche Generalkonsul und der Vorsitzende der »Sozial-Kulturellen Gesellschaft der deutschen Minderheit in der Wojewodschaft Stettin« bereit. Eine Frauengruppe war sogar in Pommern-Tracht erschienen.

Was nach dem Festmachen des Schiffes geschah, übertraf die kühnsten Vorstellungen seiner Besatzung: »Es wurden überwältigende Momente, die man kaum beschreiben kann.« Innerhalb von fünf Tagen drängten rund 11.000 Besucher an Bord, elftausend!

Der Stadtpräsident, sprich Oberbürgermeister, schrieb nach der Besichtigung ins Gästebuch des Dampfeisbrechers und nunmehr größten noch mit Kohlefeuerung fahrenden Schiffes der Welt: »Ich betrachte den Besuch als Symbol einer neuen Zeit … Das Schiff soll eine Brücke zwischen Vergangenheit und Zukunft meiner Stadt schlagen, zum Wohl der Polen und Deutschen in einem geeinten Europa.«

Seine Einladung, datiert vom 25. Mai 1998, enthielt warmherzige Worte: »Ich bin überzeugt davon, daß für uns alle, die mit Stettin (!) unser Leben, unsere Gedanken, unsere Hoffnung für die Zukunft verbunden haben und der Sprache, die wir sprechen, dieser Besuch ein unvergeßliches und historisches Ausmaß finden wird.«

Und am Ende des Briefes fügte er den bemerkenswerten Satz hinzu: »Für die meisten von uns, sowohl der damaligen als auch der heutigen Bewohner dieser Stadt, bedeutet der Namen Szczecin/Stettin – genauso wie im Falle des Dampfeisbrechers – die Geburtsstätte, den Heimathafen und die Heimat schlechthin.«

In der »Euroregion Pomerania«,[2] die es seit längerem gibt, weht ein Wind, der echte Zukunftschancen verheißt. Gerade Stettin/Szczezin wird immer mehr zu einem »Straßburg des Ostens«, zu einer Europastadt.

Es hatte schon aufhorchen lassen, daß 1993 die 750-Jahr-Feier der 1243 nach Magdeburgischem Recht gegründeten Stadt zu einem würdigen Jubiläum ausgestaltet wurde, von Polen und Deutschen gemeinsam gefeiert.

Längst hatten polnische Restauratoren die erhalten gebliebene historische Bausubstanz bemerkenswert mit neuem Glanz versehen, sogar das auch vom »Soldatenkönig« Friedrich Wilhelm I. gestiftete Berliner Tor mit dem vergoldeten Wappen des Königreichs Preußen. Längst war auch das frühere, im Stil der Backsteingotik gebaute hansische Rathaus mit seiner bemerkenswerten Schauwand wiedererstanden. Es beherbergt das Stadtgeschichtliche Museum. Und es hat tiefen Eindruck hinterlassen, daß eine neue Abteilung des mit großer Sorgfalt aufgebauten Museums im oberen Stockwerk eröffnet wurde. Sie veranschaulicht »Stettin in der Deutschen-Zeit bis 1945«. Alle dort ausgestellten Dokumentaraufnahmen, Modelle, Plakate und Schautafeln sind demonstrativ erst in deutscher und erst darunter in polnischer Sprache beschriftet.

Allmählich rückt also die lange vergessen gewesene Stadt, die kaum mehr im deutschen Schulunterricht Erwähnung gefunden hatte, in unser Bewußtsein zurück. Die

---

2 Fast drei Millionen Menschen auf mehr als 30 000 Quadratkilometern der drei Ostseeanrainer Deutschland, Polen und Schweden wachsen im Dreiländereck in der westlichen Ostsee zur länderübergreifenden »Euroregion Pomerania« zusammen. Der Beitritt der »Sonneninsel der Ostsee«, des dänischen Bornholm, steht bevor.

Touristen aus den beiden wiedervereinigten Teilen Deutschlands erhalten vor Ort objektive Nachhilfe. Sie lernen wieder, daß sich auf dem trockenen westlichen, bis zu 25 Meter hoch ansteigenden Oderufer diese bedeutendste Stadt Pommerns entwickelt hat, weil sie an der – seewärts gesehen – letzten möglichen Überquerungsstelle des bis zu acht Kilometer breiten Urstromtales der Oder – von zwei Flußarmen gebildet – angelegt wurde. Stettin ist international südlichster Hafen der gesamten Ostsee. Nirgendwo anders können Seeschiffe unbehindert durch Brücken oder Schleusen so tief ins Land einlaufen, um ihre Ladung umzuschlagen. Herzog Bogislaw IV. verlieh der Kaufmannsstadt 1283 Zollfreiheit für seine gesamte Ausfuhr und das Eigentum am fischreichen Dammschen See im Osten der Stadt, gegen eine einmalige Zahlung.

Heute bekennt man sich in dieser Stadt bewußt und gern wieder zur hansischen Vergangenheit. Man hebt hervor, daß der Stettiner Rat seinerzeit durch die Zugehörigkeit zum Rostocker Landfriedensbündnis Anschluß an den Seehandel der Hanse mit den skandinavischen Staaten erhielt. Um die Mitte des 14. Jahrhunderts gehörte »Stitin« bereits fest zum Städtebund der Hanse und erfreute sich der Teilnahme an den Vorrechten, die den Hansestädten vom Dänenkönig für den Heringsfang vor der Küste der damals noch zum Königreich Dänemark gehörenden, später schwedisch gewordenen Provinz Schonen eingeräumt worden waren.

Zu Beginn des 14. Jahrhunderts wurden ein Drittel aller im Heiligen Römischen Reich Teutscher Nation angelandeten Salzheringe über Stettin eingeführt, ebenso große Quoten von Salz und Wein. Stettin war konzessionierter Stapelplatz, weil an dieser Stelle ein uralter Handelsweg den Oderstrom kreuzte und außerdem die Oder-Binnenschiffahrt mit der Seeschiffahrt zusammentraf.

Der Weitergang der Geschichte nach dem Dreißigjährigen Krieg war zunächst turbulent, denn im Westfälischen Frieden sprach man ganz Vorpommern dem Königreich Schweden zu. Stettin wurde eine schwedische Festung, 1659 im Schwedisch-Polnischen Krieg von den mit Polen verbündeten Österreichern und Brandenburgern vergeblich belagert. Ähnliches wiederholte sich 1676, obwohl diesmal die Brandenburger die alleinigen Belagerer waren. Ein Jahr später erzwang der Große Kurfürst nach verheerender fünfmonatiger Beschießung und Belagerung die Einnahme Stettins, das jedoch 1680 im Frieden von St. Germain den Schweden wieder zugeschoben wurde, so daß die Stadt bis 1720 schwedisch blieb. Dann aber kam es zur Einverleibung ins Königreich Preußen im Jahre 1720, was der Schiffahrt und dem Hafenumschlag mehrfach neue Impulse gab: Friedrich der Große gründete die Stadt Swinemünde und ließ die von Stettin dorthin führende Wasserstraße vertiefen, den Hafen ausbauen und zahlreiche neue Großgewerbe in der Stadt ansiedeln.

»Schon 1773 hatte der Stettiner Wein- und Getreidehändler Rudolf Christian Gribel die älteste deutsche Privatreederei gegründet, die zwischen 1855 und 1883 nicht weniger als 21 Dampfschiffe in Fahrt brachte. Ihre Liniendienste führten zu allen wesentlichen Häfen der Ostsee, später auch in den weiteren europäischen Raum«, schrieb Gottfried Loeck in der Nummer 1/1983 der Kulturzeitschrift »Pommern«. Und er fügte hinzu: »Stettin wurde schließlich zum Sitz von 22 Reedereien der europäischen und überseeischen Fahrt …«

Zuerst dampfte DIE DIEVENOW

Zu den drei »Großen« unter den Stettiner Reedereien gehörte das Unternehmen der Familie Braeunlich, das ganz entscheidende Motivationen, in besonderem Maße zur Entwicklung der Seetouristik im heutigen Bundesland Mecklenburg-Vorpommern und auf Bornholm, bewirkte. Ihre Vorgeschichte lag im Handel, wie bei R.C. Gribel und anderen Seeverkehrsunternehmen auch.

Die Firma des 1817 in Berlin geborenen Gründers Carl Julius Ferdinand Braeunlich betrieb in Stettin am Krautmarkt schon einige Jahre den Handel mit Kohlen, die oderabwärts aus Schlesien bezogen wurden. Sowohl Betriebe als auch Privatabnehmer gehörten zu den Kunden. Diese wurden in der ganzen Stadt mit Pferdefuhrwerken beliefert.

Braeunlich besaß auch eine kleine Eisengießerei, von der er sich wegen anderer Pläne bald wieder trennte. Auf diesem Gelände am Oderstrom in Bredow – nördlich Stettin gelegen, ebenso wie Grabow außerhalb der Festungsanlagen und deshalb erst 1900 ins Stadtgebiet Stettin eingemeindet – begründeten nun die beiden Hamburger Ingenieure Franz Friedrich Dietrich Früchtenicht und Franz Wilhelm Brock 1851 die Maschinen- und Schiffbauanstalt Früchtenicht & Brock, Bredow, mit Eisengießerei und Kesselschmiede. Daraus entstand ein Unternehmen, das sehr schnell aufblühen sollte. Sein Name »Vulkan« wurde weithin zum Begriff.

Der 1817 in Berlin geborene Reedereigründer Carl Julius Ferdinand Braeunlich lebte bis 1890.

Nach drei Jahren Bauzeit war im August 1843 die Eisenbahnstrecke Berlin–Stettin in ganzer Länge fertiggestellt worden und konnte dem Verkehr übergeben werden. Sechs Jahre später folgte die Telegraphenlinie zwischen beiden Stadten. Nach Fertigstellung der Telegrafenverbindung zwischen Swinemünde und Stettin wurde 1856 auch ein geregelter Schiffsmeldedienst möglich.

Viele Menschen, nicht nur aus dem pommerschen Umland, zog es in dieser Zeit in die aufstrebenden Handels- und Industriezentren, so auch nach Stettin. Sie fanden dort einen sicheren Arbeitsplatz und konnten die wirtschaftliche Lage für sich und ihre Familie bald verbessern. Wer sich als Handwerker selbständig machte, brachte es über die Gründerjahre oft zu einem kleinen Wohlstand.

Die Einwohnerzahl stieg zusehends. Lebten um 1850 nur 44.000 Menschen in der Stadt, so konnte Stettin um 1890 schon 148.000 Einwohner zählen. Weitere vierzig Jahre später wurden bereits 270.000 Einwohner registriert. Das Industriezeitalter hatte in Deutschland Einzug gehalten.

Auch Carl Julius Ferdinand Braeunlich erkannte die Zeichen der Zeit. Er bestellte noch 1851 einen Personen-Raddampfer bei Früchtenicht & Brock. Dieser wurde als Bau-Nr. 1 der jungen Werft auf Stapel gelegt und bereits im folgenden Jahr an den Auftraggeber abgeliefert.

Kurt Pittelkow schrieb in der 9. Folge der »Beiträge zur Schiffahrtsgeschichte der Stadt Stettin« treffend: »Jener C.J.F. Braeunlich, der 1851 das Kapital für den Bau eines Dampfers aufzutreiben begann, muß jedenfalls ein mutiger Mann gewesen sein – nicht, weil er einen Dampfer bestellte (solche gab es in Stettin schon seit 1826, freilich aus Holz). Aber er bestellte ihn als Neubau bei einer Firma, die bis dahin nie Schiffe gebaut hatte, und er bestellte ihn in seiner Heimatstadt Stettin.

Die Firma Früchtenicht & Brock hatte bisher Dampfmaschinen und landwirtschaftliche Maschinen verschiedener Art gebaut, aber jener Raddampfer wurde ihr erster Schiffs-Neubau. Das Bild dieses Schiffes während des Baues ist erhalten. Beim Betrachten fühlt man sich nach Rußland versetzt ... Der Dampfer hatte aber ein langes Leben vor sich, und aus dem unscheinbaren Schiffbauplatz am Oderhang wurde der Stettiner Vulcan, der Weltruf erlangte.«

Dieses erste Dampfschiff der damit 1852 zur Reederei J.F. Braeunlich gewordenen vorherigen Handelsfirma wurde von der Frau des Reeders auf den Namen Die Dievenow getauft, denn Auguste Luise Braeunlich, geborene Kuhr, war als Tochter eines Schiffseigners in Wollin an der Dievenow geboren. Braeunlich hatte

Unter primitivsten Umständen wurde der Seiten-Raddampfer Die Dievenow 1852 als erstes eisernes Seeschiff Preußens gebaut und zum Erstling der Reederei.

Die Dievenow, mit 67 alten deutschen Normallasten, nach 1880 neu vermessen mit 104 BRT, 220 PSi, war 45 Jahre erfolgreich für die Reederei in Fahrt.

sich 1850 mit ihr vermählt. Aus der Ehe gingen drei Söhne hervor, die uns bald in den Annalen der Reedereigeschichte begegnen werden.

Die Dievenow war das erste in Preußen gebaute *eiserne* Seeschiff. Es wurde mit 104 Bruttoregistertonnen vermessen, hatte sieben Mann Besatzung und für unsere Anschauungen mit 35 Meter Länge keine imponierenden Maße. Entgegen der Meinung der Stettiner Bevölkerung schwamm dieses eiserne, dampfgetriebene Schiff jedoch ausgezeichnet. Es blieb für seine Reederei bis zur Ausmusterung volle 45 Jahre im Dienst!

Hören wir noch einmal Kurt Pittelkow: »Dampfer waren damals Alleskönner, noch nicht spezialisiert. Es genügte, daß sie windunabhängig waren. So konnten sie als Schleppdampfer eingesetzt werden, aber auch selbst Lasten transportieren oder Passagiere befördern, letztere vor allem an Sonn- und Feiertagen. Und in einer von soviel Wasser durchzogenen Gegend wie der Odermündung waren Dampfer gut zu gebrauchen, vor allem weil die (mehrfach gewundene, von sumpfigen Ufern umsäumte) Swine zwischen den Inseln Usedom und Wollin ein Verkehrshindernis ersten Ranges war. Als Wasserstraße war sie jedoch für kleinere Schiffe leidlich brauchbar, deshalb verkehrte Die Dievenow bald zwischen Stettin und Swinemünde wie in einem Liniendienst. Wann exakt daraus wirklich ein Fahrplan-Dienst wurde, ist nicht mehr überliefert. 1857 erhielt Die Dievenow mit der Princess Royal Victoria ein Compagnieschiff zur Seite gestellt. Und als 1859 mit der Misdroy noch ein drittes Schiff hinzu kam, hatte die Reederei J.F. Braeunlich ein Fahrtgebiet gefunden, das ihr bis 1945 ohne Unterbrechung erhalten blieb, auch beide Weltkriege hindurch.

Nochmals verdient eine Aussage Pittelkows Beachtung: »Schiffe in diesen Revieren mußten nicht unbedingt seetüchtig sein. Für die Untere Oder, für den Dammschen See und das Papenwasser sowie das Stettiner Haff genügten auch kleinere Schiffe. So ließ die Stettiner Reederei 1863–1869 mehrere solcher Dampfer bauen, die immer als Binnenschiffe klassifiziert waren.«

Es handelte sich – außer den genannten Raddampfern Die Dievenow, Princess Royal Victoria und Misdroy – um die 1863 fertiggestellte Nymphe, um die

1864 in Fahrt genommenen weiteren Dampfschiffe NAJADE, NIXE und DAS HAFF, denen 1869 der WOLLINER GREIF folgte.

Die technischen Daten der Schiffe sind überliefert, man kann sich im Anhang damit befassen.

Dem aufmerksamen Betrachter fällt auf, daß die ersten drei Schiffe wie DIE DIEVENOW ausdrücklich als »Passagier-, Fracht- und Schleppdampfer« bezeichnet wurden, die Nachfolge-Schiffe nur noch als »Passagierdampfer«.

Man hatte Aufenthaltsräume für die Fahrgäste geschaffen und damit ein Mindestmaß an Komfort, obwohl die Grenze zwischen Fahrgast- und Frachtschiffahrt zu jener Zeit noch fließend war. Die Raddampfer nahmen bei Bedarf auch Stückgüter mit, die an Deck gestapelt wurden.

Die noch recht kleinen Raddampfer und ihre größeren Nachfolger mit Schaufelrad- oder Schraubenantrieb bedienten die Strecke von Stettin nach den Bädern Swinemünde und Misdroy sowie durch das Große Haff nach Wollin, zur alten Domstadt Cammin und ins entstehende Ostseebad Berg-Dievenow.

Die Dampfer verkehrten aber auch zu den Orten am Stettiner Haff wie Köpitz und Ziegenort, nach Stepenitz und Jasenitz am Papenwasser sowie nach Schwabach,

Seitenraddampfer PRINCESS ROYAL VICTORIA, 144 BRT, 200 PSi, kam 1857 als zweiter Neubau der Reederei J. F. Braeunlich in Fahrt, wurde vor allem auf der Route nach Lauterbach/Rügen eingesetzt.

Seitenraddampfer Misdroy, vermessen mit
54 Preußischen Normalleisten, 160 PSi,
lief ab 1859 im Bodden-Bäderverkehr nach Usedom,
Wollin und Rügen.

Pölitz, Langenberg und Odermünde an der unteren Oder, nach Kamelsberg an der Einmündung des Dammschen Sees in den Oderstrom. Noch gab es unterhalb von Stettin keine Eisenbahnen.

Auch die Nahverkehrsmittel im heutigen Sinne waren noch nicht existent. Dampfschiffe bewerkstelligten den Berufs- und Ausflugsverkehr zwischen der Stadt und den odernahen Ortschaften Gotzlow, Frauendorf und Kratzwiek, die später einverleibt und zu Stettiner Vororten wurden.

Mit steigendem Verkehrsbedarf vergrößerte sich auch die Tonnage der Schiffe. So war der mit 151 BRT vermessene Dampfer Das Haff schon um die Häfte größer als der Erstlings Die Dievenow.

Doch kommen wir zunächst zurück auf das zweite für Braeunlich gebaute Schiff mit dem englischen Namen Princess Royal Victoria.

Der englische Name Princess Royal Victoria für ein deutsches Schiff mag verblüffen, aber der Hohenzollern-Kronprinz Friedrich Wilhelm[3] hatte 1858 die älteste Tochter der britischen Königin Victoria geheiratet, die offiziell den Titel »Princess Royal of Great Britain« trug, der nach der Hochzeit halb eingedeutscht wurde.

---

3 Geschichtsbewußte Leser interessiert sicherlich der Hinweis, daß dieser Kronprinz Friedrich Wilhelm nach dem Tod seines Vaters Kaiser Wilhelm I. im Jahre 1888 den Thron übernommen hat, obwohl er bereits von einem unheilbaren Kehlkopfleiden befallen war. Er wurde zum Kaiser Friedrich III. gekrönt und ging als »99-Tage-Kaiser« in die Geschichte ein. Er verstarb bereits knapp drei Monate nach seiner Krönung. Ihm folgte sein ältester Sohn als Kaiser Wilhelm II.

Der Skandal von Sassnitz

Dieser von einer 200-PS-Dampfmaschine betriebene, mit 143 BRT vermessene Raddampfer war von 1859 bis 1901 für Braeunlich in Fahrt und ist, obwohl ursprünglich als Mehrzweckschiff konzipiert, bald beispielhaft geworden für die frühe Entwicklung der Seebäderdienste. Mit viel Gespür für neue Zeitströmungen setzte die Stettiner Reederei richtungweisend immer »auf das richtige Pferd«.

1793 hatte die Geschichte der Badekultur an der Ostseeküste begonnen, das Datum läßt sich sogar fixieren: Am 8. September wurde Herzog Friedrich Franz I. von Mecklenburg-Schwerin in Doberan ein Schreiben vom Rostocker Arzt Samuel Gottlieb Vogel überreicht. Der Mediziner empfahl darin, ein Badehaus zu bauen, denn das Baden im Meerwasser helfe »bei sehr vielen Schwachheiten und Kränklichkeiten des Körpers«. So entstand am Heiligen Damm bei Doberan das erste Seebad, in dessen erster Saison 340 Gäste gezählt wurden. 1809 schrieb sich Fürst Malte I. von Putbus, aus dem damals noch schwedischen Nachbarland Vorpommern, erstmals in die Liste der Kurgäste ein.

Erst kurz zuvor hatte Schwedens König den Grafen Malte mit dem Fürstentitel belehnt. Und als Schwedisch-Vorpommern und damit auch die Insel Rügen am 1. Januar 1815 Bestandteil des Königreichs Preußen geworden war, respektierte der preußische König den Fürstentitel und den Status von Rügen als halbautomes Fürstentum innerhalb Preußens.

Malte I. begann nach den Napoleonischen Kriegen den Ausbau seiner Residenzstadt Putbus in klassizistischem Stil. Und da ihm das Badeleben im Ostseebad Heiligendamm recht gut gefallen hatte, ließ er in Putbus-Lauterbach am Greifswalder Bodden das vom preußischen Regierungsbaumeister Karl Friedrich Schinkel konzipierte Badehaus an der Goor, einem landschaftlich schönen Waldgebiet, erbauen. Es wurde ein imposantes, 1818 fertiggestelltes Gebäude, das mit seiner breiten Front dorischer Säulen eher einem antiken Tempel glich. Aber ebenso wie zunächst in Heiligendamm wurde auch in Lauterbach anfangs nur in erwärmtem Meerwasser gebadet, das man in Marmorbadewannen einfüllte.

Das »Kuren« im Seewasser erwies sich tatsächlich als heilsam und regenerierend. So zog die Residenzstadt Putbus und ihr Badehaus an der Goor von Lauterbach zunehmend die elegante Welt der frühen Jahrzehnte des 19. Jahrhunderts ähnlich an wie später das Mineralbad Baden-Baden. Das galt im Biedermeier: Wer etwas darstellte, ließ sich bei solchen Badekuren und den damit verbundenen Kur-Réunions blicken.

So annoncierte J.F. Braeunlich 1862 im »Rügenschen Kreis- und Anzeigenblatt«, daß »das eiserne Personen-Dampfschiff PRINCESS ROYAL VICTORIA, Capitain Ruth, im Sommer jeden Dienstag und Freitag 6.30 Uhr morgens ab Stettin über Swinemünde und Putbus (Lauterbach) nach Greifswald verkehrt. Rückfahrten jeweils am Mittwoch und Sonnabend.«

Die Linie florierte, denn noch gab es keine Eisenbahn auf Rügen. 1875 – auch der Raddampfer MISDROY befuhr jetzt diese Route – mußte die Reederei Braeunlich bereits drei Abfahrten pro Woche von Stettin nach Lauterbach anbieten. Aber das war zu einer Zeit, als die Uhr von Lauterbach eigentlich längst abzulaufen begann: Eine neue modische Strömung war immer stärker geworden, die das Baden im Meer jenem in den Badewannen und im Warmwasser vorzog. Aber für solches Freibaden war Lauterbach ein wenig geeigneter Platz. Das seichte und oft genug fast lauwarme Wasser in der Lauterbacher Bucht bot nicht im entferntesten den Anreiz, den ein Brandungsbad in der freien See ausüben konnte. Der Durchblutungseffekt nach einer solchen Massage durch die Meereswellen war ungleich stärker, so daß auf Rügen zunächst Sassnitz davon profitierte, das sich zügig entwickelte und bis zur Jahrhundertwende das führende Seebad von Rügen blieb. Und während die Warmbaderei in Heiligendamm und Lauterbach der Hautevolee vorbehalten blieb, wurde Sassnitz eher ein mittelständisches Familienbad. Aber die Entwicklung kam nicht über Nacht, sie blieb auch nicht ohne Kuriositäten.

Es mußte ja so kommen, viele hatten es vorausgesehen: Das auch von Pastoren angeprangerte neumodische Baden im Meer werde letztlich nur Zügellosigkeiten hervorrufen.

Zwar hatte man nach Kräften vorgebeugt, um das Schlimmste zu verhindern. Man hatte schon 1841 in Crampas und 1855 in Sassnitz sowohl ein Herrenbad als auch ein Damenbad zusammengezimmert, die in gebührlich weitem Abstand voneinander stehen mußten. Hohe Bretterzäune wehrten neugierige Blicke von außen züchtig ab. Und man nahm es derart ernst mit der Moral, daß die am Damenbad vorbeiführenden Wege von Gästen männlichen Geschlechts auf keinen Fall benutzt werden durften. Nur hatte man »gegenteilige Gefahren« überhaupt nicht einkalkuliert.

Man war eines Tages entsetzt über eine ebenso unerwartete wie höchst verwerfliche Missetat: Ein lokaler Ordnungshüter hatte zwei »Damen« dabei ertappt, daß sie von einer überhöhten Position aus das Geschehen in der Sassnitzer Seebadeanstalt für Herren mit einem Opernglas beobachteten!

Viel zu sehen gab es bei dem verbotenen Blick durch den »Kieker« zwar nicht, denn ungeachtet der strikt einzuhaltenden Geschlechtertrennung war beim Baden die lückenlose Bedeckung des gesamten Körpers vorgeschrieben.

Dennoch war der Skandal perfekt. Was sollte die übrige Welt über die losen Sitten in Sassnitz denken, wenn die unerlaubte Opernglas-Betrachtung badender Herren durch zwei weibliche Wesen ruchbar würde! So reagierte man unnachsichtig. Schon am Tag nach diesem Frevel las man im »Rügenschen Kreis- und Anzeigenblatt«, daß die beiden ertappten Frauenzimmer auf Weisung der Obrigkeit mit gepackten Koffern hatten abreisen müssen.

Man tat sich noch recht schwer mit dem »niemod'schen Krom« des Badens im offenen Meer. Die Einheimischen standen dem Phänomen dieser um sich greifenden »Unart« recht fassungslos gegenüber. Um keinen Preis der Welt wären sie selbst auf den Einfall gekommen, in die doch ziemlich kalte Ostsee hineinzusteigen – und dann auch noch »zum Spaß«. Es schüttelte die Rüganer schon beim bloßen Gedanken daran!

Aber eines hatten die Bewohner der damals noch nicht zusammengewachsenen Dörfer Sassnitz und Crampas sehr bald herausgefunden: Badegäste brachten Zusatzeinnahmen ins Haus, eine hochwillkommene Zugabe zum allzu kargen Geldbeutel.

Sassnitz ist später hervorgegangen aus den beiden Ortschaften Crampas im Westen und Sassnitz im Osten. Die Crampasser Einwohner lebten größtenteils vom Erlös ihrer Büdnerstellen. Ihnen standen größere Flächen anbauwürdigen Landes zur Verfügung. Die Crampasser waren also Kleinlandwirte, die Sassnitzer hingegen lebten großenteils von der Fischerei, aber oft genug mehr schlecht als recht. In einem Bericht aus dem Jahre 1844 hieß es: »Die Fischerei bringt aber so wenig ein, daß wir davon nicht unser Leben zu fristen im Stande sind, zumal ... der Fischfang nur geringfügig ist und wenn derselbe das eine oder andere Mal glückt, dennoch wegen mangelnder Absatzplätze in der Nähe keinen Gewinn bringt, so daß wir namentlich bei ergiebigem Heringsfang den größten Theil dem Meer zurückgeben oder als Düngemittel verbrauchen müssen.«

Da die Verdienstmöglichkeiten im Sommer mit der Fischerei so schlecht waren, mußten die Männer vielfach in die Bugenhagener Moore zum Torfstechen oder in die Kreidebrüche am Kieler Bach und an anderen Stellen. Und so formulierte man im Sassnitz des Jahres 1844: »Unser Nebenverdienst kann nur bestehen teils in dem Ertrage der Fischerei, teils in denjenigen Einnahmen, die uns daraus erwachsen sind, daß Sassnitz als Badestelle seit einigen Jahren benutzt wird.«

Der geschlossene Verlauf der Steilküsten Rügens wird mehrfach von Schluchten unterbrochen, die von einem Quellbach ins hohe Gestein eingekerbt worden sind. Diese Schluchten nennt man auf Rügen »Lieten«. An einer solchen liegt Sassnitz. Dieses Lietendorf bestand um die Mitte des 20. Jahrhunderts aus elf Katen sowie einer Kalkbrennerei und einem Mühlengehöft, dessen Wassermühle von dem aus der Stubnitz herabfließenden Mühlenbach getrieben wurde.

Noch Mitte des 19. Jahrhunderts zählten die Sassnitzer Fischer zu den ärmsten Rüganern überhaupt. Ihre Not war so groß, daß sie jede Schiffsstrandung als eine Art Gottesgeschenk empfanden. Zwar gehörten Schiff und Ladung dem Landesherrn, der Bevölkerung stand allenfalls ein kleinerer Bergelohn zu. Aber der Landesherr war weit weg. Wo kein Kläger ist, da gibt es auch keinen Richter. Und den eingesetzten Strandvogt wußte man mit angestammter Schläue zu überlisten. So hatte eines Tages, im Herbst des Jahres 1868, eine holländische Bark[4] bei schwerem Nordoststurm auf den Strandriffen vor Sassnitz Schiffbruch erlitten, sie war zum Totalverlust geworden. Ein Chronist wußte zu berichten: »Wrack und Ladung, beide Eichenholz,

[4] Die Dorfbewohner von Crampas und Sassnitz waren einander spinnefeind. Und so brachte es ein Sassnitzer mit Todesverachtung fertig, durch die Brandung zum Wrack hinauszuschwimmen und eine starke Trosse anzuschlagen, damit die begehrte Strandgutbeute nur ja nicht auf Crampasser Gebiet abtreiben konnte!

wurden ausgeschlachtet. Ein Malermeister aus der Kreisstadt Bergen kaufte sich das Holz und baute damit im nächsten Jahr das erste Hotel in Sassnitz.«

Als dort »die Lustseuche« des Freibadens – wenn auch in der geschilderten, streng reglementierten Form – um sich griff, war die Erreichbarkeit dieses Badeortes nur gegeben, wenn man eine Art Abenteuer-Urlaub auf sich nahm. Man mußte zunächst von Stralsund nach Rügen übersetzen, wozu man mit einer kleinen Personen-Dampffähre oder einem Fuhrwerk-Trajekt vorlieb zu nehmen hatte. Dann galt es, ganz Rügen mit einer Pferdekutsche zu durchqueren. Der Weg von Altefähr nach Sassnitz war etwa 50 km lang, über das Holperpflaster der Landstraße schweigt des Sängers Höflichkeit.

Die Art des damaligen Reisens in der Kutsche dürfte sich kaum von jener unterschieden haben, die Elizabeth von Arnim später in ihrem Reiseroman »Elizabeth auf Rügen« geschildert hat: »Meine Reisetasche war das größte Gepäckstück, sie schnürten sie aufrecht zu unseren Füßen ... Mein Reisenecessaire stand oben auf dem Bock, und obendrauf ein brauner Karton mit dem Schlechtwetterhut des Kutschers. Ein dicker Mantel für kalte Tage wurde als Kissen hinter meinen Rücken geschoben, und Gertruds Regenmantel tat dieselben Dienste für sie. Eingeklemmt zwischen uns wurde der Korb mit dem Teekessel, der mißtönend klapperte, aber verhinderte, daß wir auf abschüssigen Wegen zusammenrutschten. Hinter uns im Verdeck lagen die Schirme, Decken, Reiseführer und Landkarten, und daneben eine jener runden, glänzend gelben hölzernen Hutschachteln, in die jede anständige deutsche Frau ihren besten Hut tat. Das war unser Gepäck.«

Man kommt ins Grübeln oder auch Schmunzeln, wenn man den Komfort betrachtet, mit dem sich seinerzeit die Badegäste notgedrungen zufrieden geben mußten. So heißt es in einem Bericht von 1858: »In den einfachen Wohnungen der Leute, die sich dann in Kammern oder auf Böden zurückziehen, finden die Badegäste Aufnahme. Der einzige Schmuck der Zimmer besteht aus einem blendend weißen Kreideanstrich und etwa einer Kante aus frischem Efeu, die, dicht unter der Zimmerdecke sich herumziehend, an den Wänden festgenagelt ist, und einem Zweig des schönen Hülsbusches, welcher hinter dem Spiegel steckt; hin und wieder wird auch der Fußboden noch mit Knirkblättern (Juniperus) bestreut. Das Ameublement ist sehr einfach; Schränke und Kommoden sind aber nur in den wenigsten Wohnungen vorhanden, und die Reisekoffer müssen deren Stelle vertreten. Ein geräumiges Zimmer kostet wöchentlich drei Taler, größere, aus mehreren Gemächern bestehende Wohnungen kosten 5–6 Taler.«

Beköstigen mußte man sich notgedrungen selbst. Und es heißt in dem zeitgenössischen Bericht, der sicherlich auch anderswo Gültigkeit gehabt hätte: »Die Restauration in Sassnitz läßt namentlich in Bezug auf Preise und Räumlichkeiten sehr viel zu wünschen übrig ... Die Gäste haben in den 40er und 50er Jahren wahrhaftig einfach und dörflich gelebt. Vom ›Bad‹ war wenig zu spüren. Aber die Gäste fanden eben doch Gefallen an der See-Ländlichkeit. Robert Kruse weiß noch zu erzählen, daß ein Graf von Stollberg im Jahre 1858 und der Landrat v. Manteuffel noch im Jahre 1875 bei Christian Hauer auf dem Strohsack schliefen.«

In den Jahren 1860–1890 brachte der Bädertourismus den ersten großen »Bauboom« über Crampas und Sassnitz (die erst 1906 zur Gemeinde Sassnitz vereinigt wurden). Max Koch schrieb darüber, als Heimatforscher und Chronist, 1934 in seiner Chronik »Zur Geschichte von Sassnitz«: »Zunächst baute man nur ein- und höchstens zweistöckig. Doch in den 80er Jahren stockte man auf, um Fremdenräume zu schaffen und der Nachfrage genügen zu können ... Die Fischer konnten sich nicht entschließen, zu wagen und zu riskieren, indem sie Hypotheken aufnahmen und im großen bauten. Sie sparten, und wenn sie genug beisammen hatten, ließen sie wieder anbauen. Nach dem siegreichen Krieg gegen Frankreich wurde in Deutschland das Geld flüssiger, und es verdiente sich leichter. Die Sassnitzer (und nicht nur diese! D.Verf.) spürten das recht deutlich: Es kamen mehr Gäste; zum guten Teil waren es verwundete und pensionierte Offiziere mit ihren Familien. Der Adel war stark vertreten ... Und nun entstanden die großen Hotelbauten.«

Aber es sollte noch seine Zeit dauern, bis ein Mindestmaß von Dienstleistungsdenken überall Platz gegriffen und die dazugehörigen Voraussetzungen geschaffen worden waren. Noch nach der Jahrhundertwende konnte man solche Bemerkungen über manche Pensionswirte lesen: »Sie nahmen nur Leute auf, die die ganze Saison blieben und die ihr eigenes Bettzeug mitbrachten. Ihr eigenes Bettzeug! Was für eine Last für den geduldigen Familienvater. Also mußte ein Feriengast mit Frau und vier Kindern sechs Garnituren Betten mitbringen? Sechs teutonische Bettgarnituren mit Federn gefüllt? Sechs Kopfkissen, sechs Stück jener Dinger, Keilkissen genannt, sechs Steppdecken, mit Daunen gefüllt, wenn dies die gesellschaftliche Stellung verlangte, und mit Watte, wenn man es sich leisten konnte, der öffentlichen Meinung zu trotzen. Immerhin, die Pensionen waren voll.«

Die Badefreuden allein konnten es unmöglich bewirkt haben, daß Wollin, Usedom und Rügen eine so stürmische Nachfrage erfuhren. Es war freilich das Naturerlebnis in einer einmalig großartigen Landschaft, in der man allzu gern »die Seele baumeln ließ«.

Und wie bei der klassischen »Wahl des Paris« würde man sich schwer damit tun, die Schönste unter den Dreien zu ermitteln. Jede hat ihre besonderen landschaftlichen Reize und Eigenarten, so daß sich schon sehr früh in der Bädertouristik die Tendenz abzeichnete, daß sich das Gros der Badegäste allzu gern für eine bestimmte Insel und sogar für immer denselben Badeort mit seinen umgebenden Wanderwegen und Ausflugmöglichkeiten entschieden. Die Tendenz zum Stammpublikum wurde sichtbar.

Die neue Zeit brach für Sassnitz erst an, als 1883 die Eisenbahnstrecke Stralsund – Bergen gebaut wurde, deren Waggons von Dampffähren für Schienenfahrzeuge über den Strelasund und nach Altefähr trajektiert wurden. 1891 wurde die Bahnlinie über Bergen hinaus bis nach Sassnitz verlängert, so daß erstmals Badegäste per Bahn direkt zu diesem Ostseebad anreisen konnten. Und doch ist diese Aussage nur bedingt richtig, denn schon 13 Jahre vor Fertigstellung dieser Bahnlinie nach Sassnitz konnte Braeunlich im Hinblick auf dieses Reiseziel, getreu dem Märchen vom Wettlauf zwischen Hase und Igel, sagen: »Ick bün all dor.«

Seitenrad-Passagierdampfer KRONPRINZ FRIEDRICH WILHELM, 217 BRT, 350 PSi, als BONNIE DOON 1870 in Glasgow gebaut, wurde zum »Pionier« der Fahrtrouten nach Sassnitz und Bornholm.

Am 6. Februar 1878 hatte man eine interessante Mitteilung im »Rügenschen Kreis- und Anzeigenblatt« lesen können: »Die Sassnitzer sind doch unternehmende Leute, das muß ihnen der Feind lassen. Wenn sie auch noch kein Kurhaus, keine Badehalle oder dergleichen aufgeführt haben, so kann ihnen bei dem trägen Tempo, mit dem auf der Halbinsel (Jasmund. D. Verf.) gedacht und gehandelt wird, das am Ende niemand verdenken. Die Inhaber der Sassnitzer Badeeinrichtung haben nämlich vor einigen Tagen mit der Verwaltung des Stettiner Dampfers KRONPRINZ FRIEDRICH WILHELM einen Vertrag abgeschlossen, nach welchem das genannte Dampfschiff vom 15. Juni dieses Jahres (1878) an tägliche Fahrten zwischen Stettin und Sassnitz macht, und zwar so, daß es jeden Abend in Sassnitz eintrifft und am anderen Morgen um 7 Uhr wieder nach Stettin zurückfährt. An Sonntagen finden Extrafahrten statt, sogenannte Excursionen, und dabei wird die KRONPRINZ an einem Sonntag die Insel Rügen umfahren und am anderen einen Ausflug nach Bornholm und zurück machen. Diese directe und regelmäßige Verbindung zwischen Stettin und Sassnitz wird sicherlich dem dortigen Badeplatz sehr zu Gute kommen.«

Mit der »Verwaltung« des Dampfers KRONPRINZ FRIEDRICH WILHELM war, wie konnte es anders sein, die Reederei J.F. Braeunlich gemeint. Sie hatte sich mit diesem Abkommen in ein heikles Wagnis eingelassen, denn die Dörfer Sassnitz und Crampas lagen damals noch an einer völlig offenen, ungeschützten Küste – der Hafenbau wurde erst elf Jahre später begonnen. Man mußte vor Anker gehen und die Fahrgäste aus- und einbooten. Das aber verbot sich bei starkem, auflandigen Winden aus Nordost und Osten völlig. Den Fahrgästen hatte man vor der Abfahrt des Dampfers in gedruckter Form mitgeteilt, daß aus Wettergründen

Directe Dampfschiff-Fahrt

zwischen

Swinemünde und Sassnitz (Crampas) a. Rgn

☞ Heringsdorf anlaufend, ☜

vermittelst des großen Personen-See-Dampfers

„Kronprinz Friedrich Wilhelm“, Capt. Joh. Last.

Vom 1. Juli bis incl. 31. August cr. täglich (excl. Sonntags).

Abfahrt von Swinemünde 4 Uhr Nachmittags.

Abfahrt von Saßnitz 8 Uhr Morgens.

Während der Zeit vom 22. bis incl. 30. Juni und vom 1. Septbr. an bis zu
Schluß der Saison finden die Fahrten gleichfalls, aber nur
einen Tag um den andern, statt, und zwar:

von Swinemünde: Dienstag, Donnerstag und Sonnabend 4 Uhr Nachmittags,
„ Sassnitz: Montag, Mittwoch und Freitag 8 Uhr Morgens.

In Swinemünde ist an diese Fahrten Bahnanschluß nach Berlin und Stettin.
Passagier- und Frachtgeld laut Tarifen.
Gute und billige Restauration an Bord des Schiffes.
Expedition in Swinemünde durch die Herren J. C. J. Jahnke & Co.,
Sassnitz durch die Badeverwaltung.

J. F. Bræunlich,

die Anlandung eventuell nur im strapaziös weit von Sassnitz entfernten Lauterbach möglich sein werde. Eine andere Alternative gab es Ende der siebziger Jahre noch nicht. Wohl aber zur Route Stettin–Sassnitz: Die Realitäten erzwangen schließlich eine Abänderung des vorgesehenen Fahrplans. Dieser war nur aufrechtzuerhalten, wenn der Abgangshafen für diese Linie Swinemünde anstatt Stettin wurde. Da dieser Vorhafen Stettins per Dampfer und sogar mittlerweile per Bahn recht gut erreichbar war, konnte diese »gekappte« Strecke verantwortet werden. Der oben abgebildete Fahrplan zeigt, in welchem Rhythmus und mit welchen Zeiten gefahren wurde.

Mit Augenmaß in die Gründerzeit

Der von Kapitän Joh. Last geführte, hochseefähige Raddampfer KRONPRINZ FRIEDRICH WILHELM hatte eine Größe von 217 BRT, seine einzylindrige Schubkurbelmaschine leistete 350 PS, was einer siebenfachen Maschinenleistung des Erstlings DIE DIEVENOW entsprach. Der von 12 Mann Besatzung gefahrene KRONPRINZ war 1876 aus England angekauft worden, er war 1870 als BONNIE DOON in Glasgow vom Stapel gelaufen. Der KRONPRINZ hatte schon 1876, gleich nach dem Ankauf, Versuchsfahrten nach Sassnitz und von dort aus sogar eine ganz besondere nach Bornholm unternommen. Aber an einen Liniendienst war erst 1878 zu denken, auf der besagten Route Sassnitz-Swinemünde, mit wöchentlich je einer Bornholm-Tagesfahrt ab Sassnitz. Ab 1879 befuhren die Braeunlich-Raddampfer KRONPRINZ FRIEDRICH WILHELM, KAISER und TERRA die Linie Swinemünde–Sassnitz im Trio. Außerdem verkehrten damals die Dampfer MELCHIOR und TITANIA der Reederei Rudolf Chr. Gribel, Stettin, auf einer Linie Stettin–Sassnitz–Kopenhagen. Sie bot Anschlußmöglichkeiten.

Vom vorstehend erwähnten Trio der Braeunlich-Raddampfer wurde bislang nur der KRONPRINZ näher beschrieben. Es sei aber hinzugefügt, daß J.F. Braeunlich drei in England gebaute Schiffe »second hand« erworben hat. Es waren 1874 der in Glasgow gebaute Passagierraddampfer TERRA und 1876 der ebenfalls in Glasgow gebaute Passagierraddampfer DER KAISER.

Der Vorbesitzer hatte letzteren Dampfer 1865 mit dem Namen MILDRED in Fahrt gebracht. Sechs Jahre später erwarb ihn der Baltische Lloyd, gab ihm den Namen DER KAISER und wollte ihn als Fahrgast-Zubringer auf der Route Stettin–Swinemünde für die Übersee-Passagierschiffe der Reederei einsetzen.

Nach dem Konkurs des »Baltischen Lloyd« kaufte die Reederei J.F. Braeunlich den Dampfer und behielt den Namen DER KAISER weiterhin bei. (Weitere Einzelheiten siehe auch hier Schiffsliste im Anhang.)

Seitenrad-Passagierdampfer TERRA, 103 BRT, 200 PSi, in Glasgow gebaut, versah 1876 1901 anfänglich den Bäderverkehr nach Cammin, Berg-Dievenow und Heidebrink/Wollin.

Die siebziger Jahre waren die eigentliche Gründerzeit, bezogen auf die gesamte deutsche Wirtschaft. Der Sieg der Deutschen im Deutsch-Französischen Krieg von 1870/71 und das Hereinfließen der im Friedensvertrag festgelegten französischen Kriegskontributionen – so sagte man damals für Reparationen – belebten die Nachkriegswirtschaft bis zur Gefahr der Konjunkturüberhitzung. Wie Pilze nach dem Regen wucherten überall Neugründungen hervor, von denen mehr als eine nur kurzlebig war. Der Traum vom allzu schnell zu erwerbenden Reichtum verwischte das

Frachtdampfer CLARA, 266 BRT, 200 PSi, vor dem Brückenkopf der Selliner Seebrücke (1906), schon im Dienst von Stenzel & Rolke, Stettin.

Augenmaß für das Machbare. Im Stettiner Braeunlich-Kontor blieb man bedächtiger, man expandierte nur im vertretbaren Rahmen. Neben dem besagten Erwerb der in England gebauten Raddampfer TERRA, DER KAISER und KRONPRINZ FRIEDRICH WILHELM gab es in den beiden Jahrzehnten nach der Reichsgründung nur wenige Neubauten. Die mit nur 60 BRT vermessene NEPTUN wurde stets nur als Binnenschiff klassifiziert, sie befuhr ausschließlich die untere Oder. Erstmals wieder als kombinierte Passagier- und Frachtdampfer konzipiert und beim »Vulcan« bestellt waren die beiden 1889 vom Stapel gelaufenen, 396/395 BRT großen Fracht- und Fahrgastschiffe GLÜCKAUF und MEITZEN, von deren Doppelzweck man sich vermehrte Flexibilität erhoffte. Aber allzu groß schien der Erfolg nicht gewesen zu sein, denn die GLÜCKAUF wurde bereits acht Jahre später an eine schwedische Reederei in Karlskrona verkauft. Die MEITZEN aber wurde zum ersten und einzigen Totalverlust der Reederei J.F. Braeunlich in Friedenszeiten. Auf einer Reise im Ballast von Kolberg nach Ahus/Südschweden ist der Dampfer am 29. Dezember 1896 unweit von diesem Bestimmungshafen durch Grundberührung leckgeschlagen und gesunken. GLÜCKAUF und MEITZEN hatten ihr Glück damit versucht, daß sie im Sommer Fahrgäste und im Winter Seefrachtgüter beförderten. Und das Vortasten auch ins Seefrachtgeschäft war Ursache dafür, daß Braeunlich 1887 von dem Kolberger Reeder Heinrich Kuhr den einzigen reinen Frachtdampfer ankaufte. Es handelte sich um den 266 BRT großen Schraubendampfer CLARA, der vorn und achtern mit eigenem Ladegeschirr ausgestattet war. Er blieb 15 Jahre unter der Braeunlich-Flagge, bevor er an ein anderes Unternehmen weiterverkauft wurde.

Wie schon zuvor die 1863/64 gebauten kleineren Passagierdampfer NYMPHE, NAJADE, NIXE und DAS HAFF waren auch die drei Frachtdampfer GLÜCKAUF, MEITZEN und CLARA Schiffe mit Schraubenantrieb.

Der Autor Gottfried Loeck schrieb im Heft 1/1986 der Zeitschrift »Pommern«: »Parallel zur Verbesserung der Dampfmaschine vollzog sich eine Verbesserung des Schiffsantriebs. Anstatt der weit ausladenden, seitwärts angebrachten Schaufelräder wurde die platzsparende, unter der Wasserlinie angebrachte Schiffsschraube eingeführt. Braeunlich paßte seine schmucke Flotte rasch den veränderten Bedingungen an. Einfallsreichtum, Zielstrebigkeit und Tüchtigkeit der Stettiner Reeder, kombiniert mit der Qualität ihrer Schiffe und Besatzungen, machten sie konkurrenzfähig gegenüber anderen Hafenplätzen. Unrentable, veraltete Schiffe wurden rechtzeitig durch leistungsfähigere Neuanschaffungen oder Ankäufe ersetzt, um stets einen schnelleren und reibungslosen Linienverkehr zu gewährleisten.

Abgesehen von den Braeunlich-Schiffen DIE DIEVENOW, DER KAISER, GERMANIA und (sehr viel später) FREIA, die 1897, 1900, 1902 und 1929 abgewrackt wurden, hat man viele Schiffe weiterverkauft. Die dabei erzielten Verkaufserlöse waren meistens der finanzielle Grundstock für eine größere Neuanschaffung.« Für Schiffsliebhaber ist das in einem besonderen Textkasten auf Seite 28 dargestellt.

Seitenrad-Passagierdampfer NORDSEE, 71 BRT, 60 PSi, aus Nordfriesland angekauft, fuhr nur von 1894 bis 1897 im Dienst der Reederei J. F. Braeunlich und wurde dann nach Schwerin weiterverkauft. Das Schiff wechselte noch mehrfach den Eigner und fuhr ab 1906 als GROSSHERZOG FRIEDRICH FRANZ auf dem Schweriner See.

1902 wurde der Seitenraddampfer TERRA an die »Dievenower Dampfschiffsgesellschaft G.m.b.H.« in Cammin verkauft und die CLARA an Stenzel & Röhlke. Auch der Verkauf der GLÜCKAUF an die Reederei Winter in Karlskrona wurde um diese Zeit abgewickelt. Die MISDROY konnte 1904 an die Stettiner Reederei W. Kunstmann veräußert werden. Die 1898 von Mallwitz & Zimmermann, Schwedt an der Oder, erworbene STETTIN wechselte 1905 an die »Stettin-Wollin-Cammin-Dievenower Dampfschiffs-Gesellschaft«, die das Schiff äußerlich nur unmerklich veränderte. Ab 1925 unter dem Namen DIREKTOR KNAUFF, fuhr das Schiff sowohl im Linienverkehr Stettin–Wollin–Ostseebad Dievenow als auch im Ausflugsverkehr Stettin–Swinemünde. (Das Schiff überstand den Zweiten Weltkrieg und fuhr noch bis 1951 auf der Unterelbe, in HEIMAT umbenannt.)

Gottfried Loeck fand heraus, daß J.F. Braeunlich auch sehr schnell zu reagieren pflegte, wenn ein »second hand« erworbenes Schiff nachher doch nicht so recht in die eigene Flotte paßte – was nicht generell gegen das Schiff sprechen mußte. So hatte die Reederei Braeunlich den 1883 in Kiel gebauten Seitenraddampfer NORDSEE von der Föhrer Dampfschiffsgesellschaft erworben, aber schon drei Jahre später an den »Lübzin Berglander Dampfschiffsverein« weiterverkauft. Unter seinem vierten Eigner Carl Schröder, Schwerin, mit dem Braeunlich mehrfach Kaufabschlüsse tätigte, verkehrte das Dampfschiff seit 1906 als GROSSHERZOG FRIEDRICH FRANZ auf dem Schweriner See. Im Verlauf der Nachkriegswirren gelangte das Schiff 1920 als DRONNING ALEXANDRINE nach Apenrade. 1923 wurde es für Übersetzfahrten über den Kleinen Belt an die A/S Lillebaelt-Overfarten in Assens weiterverkauft. Diese Beispiele mögen genügen.

Boddenfahrt und »Kaiserfahrt«

Die Oder bildet bekanntlich ein Mündungsdelta. Der nach Westen führende Ausfluß vereinigt sich mit der Peene zum Peenestrom, der bei Peenemünde in den Greifswalder Bodden einmündet. Der mittlere natürliche Ausfluß ist die Swine, deren gewundener Lauf unterhalb des Burgwalls von Lebbin auf der Insel Wollin beginnt. Der östliche Mündungsarm ist die Dievenow. Dieser Strom führt an der Stadt Wollin vorbei und durch den Camminer Bodden zur Ostsee, er trennt die Insel Wollin ebenso vom Festland wie der Peenestrom die Insel Usedom. Die Moränen-Höhenzüge der beiden »Schatzinseln der Oder-Mündung«, Usedom und Wollin, liegen rund 15 km voneinander entfernt und bilden die von der Eiszeit gebildete Swinepforte. Beide Inseln sind von großer landschaftlicher Schönheit, ihre naturgegebene Verkehrsferne überwanden die Braeunlich-Dampfschiffe. Sie paddelten – zunächst noch allesamt Raddampfer – durch traumhaft schöne Landschaften zu ihren Zielorten, oft genug von Störchen, Reihern und Seeadlern umkreist. Daß sich aber Orte wie Heidebrink, Berg-Dievenow oder Misdroy zu Ostseebädern entwickeln konnten, ist weitgehend ebenso den Braeunlich-Schiffen zu verdanken wie im Falle Swinemünde, Ahlbeck, Zinnowitz oder Karlshagen. Noch befanden sich die Anlegestellen allein auf der Binnenseite, in den Bodden. Damit ähnelte die Situation jener auf Rügen, wo zunächst nur Lauterbach für Dampfschiffe erreichbar war.

Das Wolliner Fischerdorf Misdroy hatte die Zeichen der Zeit erkannt und wollte teilhaben an der Konjunktur des überall aufblühenden Bäder-Tourismus. Man wußte sehr wohl, daß ein zunächst noch so abgelegener Ort ohne Eisenbahn die Dampfschiffahrt an sich heranziehen mußte. So wurde 1869 mit einem Zuschuß der Gemeinde Misdroy an der Laatziger Ablage oberhalb vom Vietziger See, auf der Boddenseite der Insel Wollin, ein Dampfschiffsbollwerk angelegt. Fortan konnten Misdroyer Badegäste ohne das lästige, nicht ungefährliche und teure Ausbooten bei Lebbin, am Nordufer des Stettiner Haffs, verzichten. Über Dampferfahrten zur Laatziger Ablage und damit nach Misdroy hat der in Stettin geborene Arzt und Schriftsteller Carl Ludwig Schleich (1859–1922), Erfinder der örtlichen Betäubung, in seinen Lebenserinnerungen »Besonnte Vergangenheit« anschaulich geschrieben:

»Wenn man die Oder abwärts nach Norden mit einem der noch die Zeit der Schrauben überlebenden Raddampfer oder mit den modernen, schneller die Fluten durchschneidenden Passagierschiffen der ›Braeunlichschen Reederei‹ durchfährt, kommt man auf der Westseite zunächst bis zu der Riesenwerft des ›Vulcan‹ an den sich längs erstreckenden Ausläufern der Stadt Stettin und ihren Vorstädten Grabow, Bredow, Züllchow vorbei. In meiner Erinnerung stehen mir diese von bewaldeten Höhen umschlossenen bewohnten Ufer, rechts nur durch flache Wiesen mit Büschen

Von 1852 bis Mitte der siebziger Jahre verkehrten die Dampfschiffe – vorwiegend noch Raddampfer – ausschließlich über die Bodden zu den binnenseitigen Anlegern der Seebäder. 1878 kam der Raddampferverkehr über See nach Sassnitz hinzu. Dort mußte freilich – vor dem Bau des Hafens – noch an offener Küste ausgebootet werden, was wetterabhängig war. Als Alternative gab es dann nur den geschützten Platz Lauterbach, auch zur Anlandung der nach Sassnitz bestimmten Fahrgäste. Die erste Seebrücke zum Direktanlegen von Dampfern an der offenen See legte sich Misdroy 1885 zu.

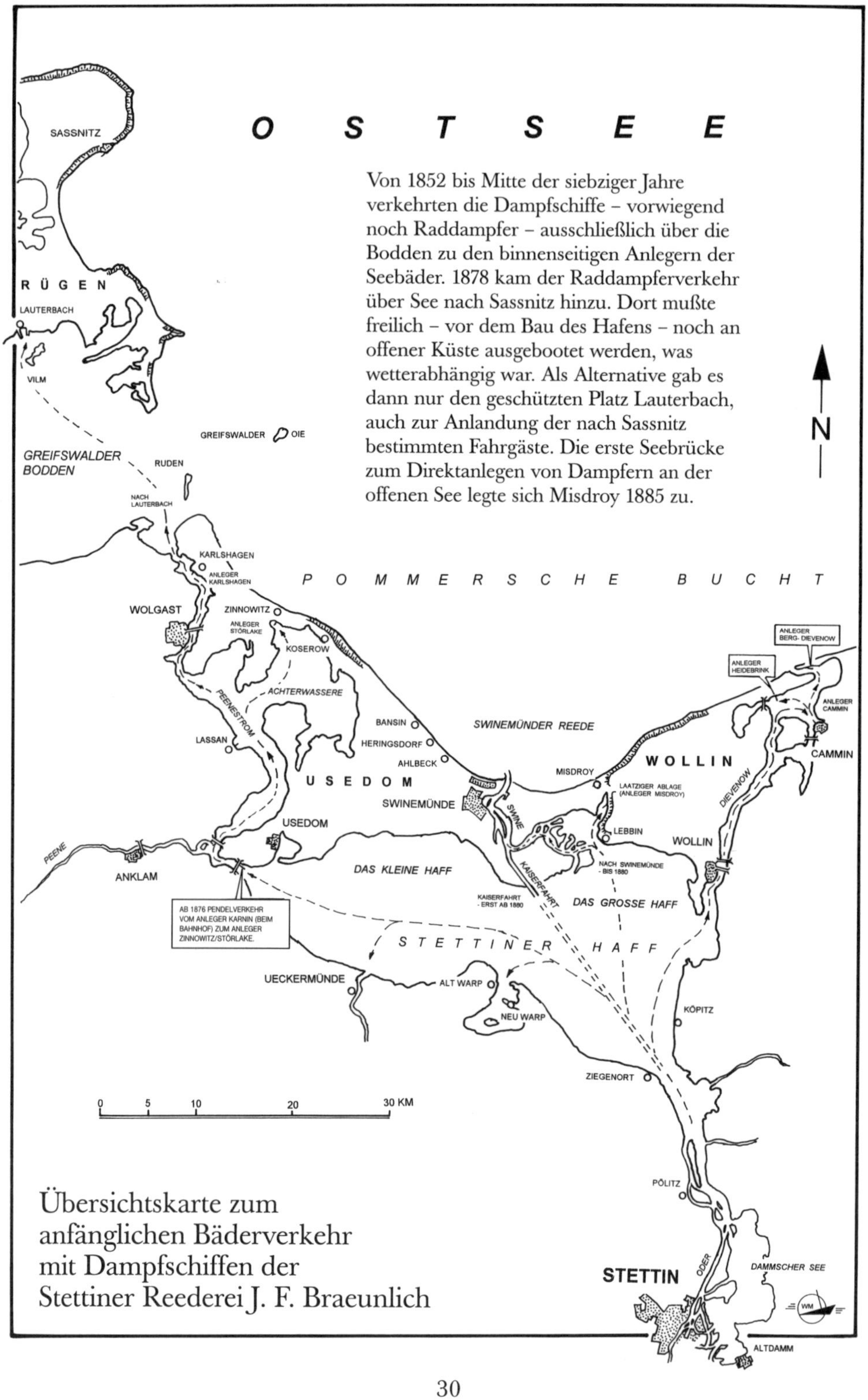

Übersichtskarte zum anfänglichen Bäderverkehr mit Dampfschiffen der Stettiner Reederei J. F. Braeunlich

darauf, im Hintergrund von den pommerschen Wäldern flankiert, in der Erinnerungssonne zahlloser Fahrten mit den Eltern immer wie überleuchtet da …

Fährt man diese Strecke vom Hafen aus über die genannten Orte hinweg, um dann durch das weite Papenwasser in das Haff einzumünden – da, wo die letzten Häuser von Jasenitz, Stepenitz, Ziegenort die Ufer säumen – und wird hier das Haff an kurzer Stelle so breit, daß man vor- und rückwärts wie zur Seite keine Ufer mehr sieht, so bietet sich dem nach Norden ausschauenden Passagier ein Anblick ähnlich wie dem Helgolandfahrer dar. Aus den Fluten taucht eine Insel auf, nicht so romantisch-grotesk wie die rotfelsige Wand von Helgoland, aber doch ein ungemein überraschend und lieblich von waldigen Höhen und hellen Strandabhängen grüßendes Eiland, die Insel Wollin. Die Wälder werden beim Heranfahren dichter, lockig wie ein Riesennegerhaupt, die zerklüfteten Ufer gelblich licht. In den eingefalteten grünen, buntackrigen Tälern tauchen Häuser auf. Und gerade da, wo das Schiff nach Nordwesten einbiegt in die Swine oder deren breiten Vietziger See, an der Südwestecke der Insel, senkt sich das Bergland derselben einschnittartig nieder, fast bis zum Strand. Über dieser Talmulde erhebt sich grüßend ein sehr schönes Kirchlein, das Gotteshaus von Lebbin … Hier, von wo aus man über das Haff und auf die lagunenhaften Inselkanäle des Vietziger Sees, auf Kirche und Dorf, auf Wald und Ackerland ringsum einen der feinsten Fernblicke hat (über die hohen Wälder hinweg leuchtet sogar von Norden her bei hellen Tagen ein Streifen des Meeres auf), hier, wo zahlreiche Landzungen sich steil abfallend in das weite Haff senken, auf einer solchen Höhe, wie sie schöner die ganze Erde nicht bietet, möchte ich auch begraben sein … Kalkofen und die Insel Wollin ist meine eigentliche Landheimat, denn alle Eindrücke von Natur, Menschen und Leben wurzeln in seinem Boden, seinen Wäldern, seinen Höhen, Seen und Feldern.«

Über das von der Dampfschiffahrt mit der übrigen Welt verbundene Ostseebad Misdroy schrieb Schleich: »Zu den Reunions der Badesaison zogen die Tanzfähigen unter uns gleichfalls in Scharen und des Sonntags gab es Ausflüge mit Kind und Kegel meist nach dem wundervollen Jordansee im Norden Misdroys, wo ein siebenbuchtiger, mysteriöser Waldsee, mit tief herabhängenden Buchen dunkel umrahmt, bestanden von einer Fülle schönster Mullenblumen, sagenumhüllt unmittelbar neben dem Strande, aber um einiges höher, ein landschaftliches und geologisches Wunder bildet.«

Auf Wollins Nacharinsel Usedom breitete sich die Bäderbewegung ebenfalls rapide aus. 1826 hatte man in Swinemünde eine »Seebadeanstalt auf Actien« ins Leben gerufen. Auch dort bildete das Warmbaden den Anfang. Die weitere Entwicklung Swinemündes zum Ostseebad wurde nicht zuletzt durch die Braeunlich-Dampfer begünstigt.

Ab 1828 mauserten sich auch Heringsdorf, ab 1848 Zinnowitz und ab 1880 Karlshagen zum Ostseebad, die polizeilich überwachte Sittenstrenge konnte das nicht verhindern. Man hatte die Probleme mit der damaligen Prüderie überall an der Küste. Das war übrigens im wilhelminischen Deutschland nicht anders als im viktorianischen England, wo schon das Aussprechen des Wortes »Unterhose« als

Obszönität galt. Und so amüsiert es den heutigen Betrachter der Dinge, daß noch 1910 in Heringsdorf eine Polizeiverordnung existierte, die folgendes besagte:

»Das Baden in der Ostsee außerhalb der Badeanstalten und der polizeilich zugelassenen Badestellen ist in der Zeit vom 15. Mai bis zum 30. September untersagt. Sonnenbäder am Strand und in den Dünen sind nur in den hierzu umfriedeten Räumen zulässig. Zuwiderhandlungen gegen die Polizeiverordnung werden mit Geldstrafen bis zu 30,– Mark, im Unvermögensfalle mit entsprechender Haft bestraft.«

Eine Geldbuße von 30 Goldmark war eine recht gesalzene, denn in jener Zeit kostete ein Brötchen ein bis zwei Pfennige, ein Glas Korn fünf Pfennige und ein komplettes einfaches Mittagessen ganze 25 Pfennige. Es war die Zeit der harten und stabilen Währung.

Aber zurück zur Heringsdorfer Polizeiverordnung: Anno 1910 gab es auch für jede weitere Badeform genaue Vorschriften. So hieß es zum Damenbad: »Herren dürfen, solange die Flaggen hochgezogen sind, das Damenbad (-Umfeld) und den angrenzenden Strand nicht betreten.«

Der Erbauer der »Kaiserfahrt« (1875–1880) Dipl.-Ing. Peter Adolph Dresel, später Geheimer Oberbaurat und Seebrücken-Experte mit Beraterstatus.

Allen Skurrilitäten dieser Art zum Trotz drängten immer mehr Badeurlauber aus dem Bürgertum und der oberen Gesellschaftsschicht in die Bäder der Nord- und Ostsee. Der Seebäderdienst wurde eines der drei »Standbeine« der Reederei Braeunlich. Er wurde jene Sparte, in der diese Schiffahrts-Gesellschaft ihre größten Erfolge erzielte, völlig neue Wirtschaftsstrukturen zu fördern vermochte und denkbar populär wurde. Da alle Wirtschaftsentwicklungen in erster Linie auf den Verkehrsverbindungen basieren, gibt hier die Reederei Braeunlich geradezu idealen Anschauungsunterricht über die Wechselwirkung zwischen Verkehr und Wirtschaft.

Der Oderstrom verlor sich ursprünglich als Ostoder und Große Reglitz durch den Dammschen See und als West- bzw. Stettiner Oder unterhalb der Stadt zwischen Wiesen und Wasserläufen ins Haff mit den drei Mündungsarmen Peene, Swine und Dievenow. Die auf der Karte so einladend aussehende Wasserwelt der unteren Oder war trügerisch und flach. Ein Dorado für Wassersport und Fischfang, aber nicht der ideale Zugang für einen modernen Hafen. Daß diese Stadt zum Tor zur Ostsee wurde, verdankte Stettin der unternehmerischen Leistung seiner Reeder und Kaufleute sowie dem Einfallsreichtum der Wasserbauer. Die Fahrrinnen und Schiffahrtswege wurden begradigt und vertieft sowie z.B. mit Leuchtfeuern ausgestattet. Wo es erforderlich war, wurden neue Binnenwasserwege zu anderen Handelszentren angelegt, mit deren Bau der preußische Staat schon vor zweihundert Jahren begonnen hatte.

Zuvor war aber noch eine wichtige Voraussetzung für den Bau sowie den Betrieb größerer und tiefergehender Schiffe und damit für das weitere Aufblühen des Handelsplatzes Stettin zu erfüllen gewesen. Ein gerader Stichkanal vom Stettiner Haff nach Swinemünde und damit zur freien Ostsee war erforderlich geworden. Diese auch Fahrtzeit sparende neue Wasserstraße wurde 1875 begonnen, 1880 vollendet. Sie wurde unter der Leitung des bekannten Wasserbauingenieurs Peter Adolph Dresel, dem späteren Geheimen Oberbaurat und vortragenden Rat im Ministerium der öffentlichen Arbeiten zu Berlin[5], als »Kaiserfahrt« gebaut. Die Garantie-Wassertiefe betrug zur Zeit des Baues der Kaiserfahrt sechs Meter. Dieselbe Wassertiefe wurde durch eine gradlinig angelegte, ausgebaggerte Fahrrinne durchs Stettiner Haff und durchs Papenwasser geschaffen, die durch Paare von im Wasser errichteten Torfeuern, unverrückbar auch durch schiebendes Eis, markiert wurde.

Die gut befeuerten, weitgehend begradigten Fahrwasser zwischen Swinemünde und Stettin, vor allem aber das Nicht-mehr-Angewiesensein auf den nautisch ungünstigen natürlichen Lauf der Swine hatte rasante, positive Folgen für Stettin.

Nun stand dem Mithalten bei der weiteren Schiffsgrößen-Eskalation der damaligen Zeit kein Hindernis mehr entgegen. Die aus der Werft Früchtenicht & Brock hervorgegangene »Stettiner Schiffs- und Maschinenbauanstalt Vulcan Aktiengesellschaft« rückte vor allem im Bau von Atlantik-Schnelldampfern zu einer Spitzenstellung auf. Um das vorweg zu nehmen: Drei von den vier in den Jahren 1897–1908 für den Norddeutschen Lloyd, Bremen, fertiggestellten, bis zu 19.360 BRT großen Vier-Schornsteinern erlangten das »Blaue Band des Ozeans«, als die Rekordschiffe der damaligen Zeit, ebenso der HAPAG-Schnelldampfer DEUTSCHLAND (16.502 BRT), der zwischendurch ebenfalls diese Auszeichnung errang. Und mit der 1908 in Stettin gebauten, 25.570 BRT großen GEORGE WASHINGTON, dem Flaggschiff des Norddeutschen Lloyd in den Jahren vor 1914, war die Obergrenze des

Passagierdampfer SWINEMÜNDE, 243 BRT, 500 PSi, 440 Fahrgäste, 1891 für die SwiDAG gebaut, ging später mitsamt seiner Reederei ins Eigentum der »Stettiner Dampfschiffahrtsgesellschaft J.F. Braeunlich« über..

5 Der Inspektions- und Bereisungsdamper DRESEL trug 1894–1928 als Dienstfahrzeug der Kgl. Preußischen Wasserbau-Inspektion und des späteren Wasser- und Schiffahrtsamtes den Namen dieses bedeutenden Mannes.

Machbaren erreicht. Ohne die Kaiserfahrt und das durchgehende Sechs-Meter-Fahrwasser – heute für Schiffe bis zu einem Tiefgang von 8,50 Meter ausgebaggert – hätte der Vulcan seinen Weltruf nicht erlangen und Stettin nicht zum bedeutendsten Hafen der Ostsee werden können.

Für die Reederei Braeunlich bedeutete der Bau der Kaiser- und der Mellinfahrt einen sehr großen Vorteil. Dieser gut befeuerte Direktweg zur Ostsee brachte es mit sich, daß die Braeunlich-Dampfer mit nur drei Stunden Fahrzeit zwischen Stettin und Swinemünde schneller waren als die Eisenbahn, die den gesamten Westteil des Stettiner Haffs umfahren mußte.

Freilich rief diese günstige Schiffsverbindung sehr bald auch eine lästige Konkurrenz auf den Plan. In der Swinemünder Kaufmannschaft hatte man den Ehrgeiz, sich nicht länger von den Stettinern abhängig zu machen, deren reger Dampferverkehr auf der Strecke zu einer Art Monopol zu werden drohte. So brachten die Swinemünder 300.000 Goldmark auf. Sie gründeten mit diesem Kapital 1891 die »Swinemünder Dampfschiffahrts-Actien-Gesellschaft Swinemünde«, die sich schließlich »Swinemünder Dampfschiffahrts-A.G.« nannte und im Jargon überall als SwiDAG abgekürzt wurde.

Das neue Unternehmen warb unter dem Reklame-Motto »Mit der SwiDAG an die Ostsee«. Es hatte in Stettin die beiden 243 BRT großen Passagierdampfer bauen lassen, die auf die Namen SWINEMÜNDE und HERINGSDORF getauft wurden. In stolzer Erwartung von Dividenden fuhren sie gegen Braeunlich auf der gleichen Strecke. Wettfahrten und Behinderungen bei Anlegemanövern währten nur eine kurze Zeit. Braeunlich hatte die Konkurrenz angenommen und unter-

Das Bild zeigt die ursprüngliche, kunstvoll gestaltete Bugzier der SWINEMÜNDE. Im Hintergrund die Hakenterrasse von Stettin.

Noch mit offener Aussichtsplattform unter der Kommandobrücke läuft Passagierdampfer Berlin, 503 BRT, 850 PSi, im Frühsommer 1914 oderabwärts.

bot die Tarife der Swinemünder. Man einigte sich bald und fuhr fortan nach abgestimmtem Fahrplan. Das war sowohl für die Reedereien als auch für die Fahrgäste von Vorteil.

Das friedliche Übereinkommen konnte schon 1892 erreicht werden. Es zahlte sich besonders für die SwiDAG aus, die bereits 1893 Dividende auszahlen konnte. Schon 1900 erwies sich ein drittes Schiff als notwendig, aber dafür reichten die Rücklagen noch nicht aus. Man war darum sehr froh, von Braeunlich den mittlerweile betagten Einschraubendampfer Das Haff (Baujahr 1864!) in Vollcharter nehmen und in Ahlbeck umbenennen zu können. Man fuhr ihn solange, bis 1905 endlich ein drittes Schiff bestellt werden konnte.

Die beiden Schwesterschiffe Swinemünde und Heringsdorf waren mit ihren stark nach achtern geneigten Masten und (einzelnen) Schornsteinen unverwechselbar, jedoch voneinander kaum zu unterscheiden. Der 1906 hinzugekommene Neubau, getauft auf den Namen Berlin, jedoch war ein Unikat von doppelter Größe der genannten »Zwillinge«. Er wurde mit 503 BRT vermessen und hatte 22 statt 13 Mann Besatzung, die Maschinenleistung lag mit 850 indizierten Pferdestärken fast dreimal so hoch wie bei den noch mit Compund-Maschinen fahrenden Dampfern Swinemünde und Heringsdorf. Die Berlin bekam eine modernere Dreifach-Expansionsmaschine eingebaut.

Obwohl das recht populäre Schiff beide Weltkriege heil überstand – zuletzt ebenso im Eigentum der »Stettiner Dampfschiffs-Gesellschaft J.F. Braeunlich« wie die gesamte SwiDAG – fuhr sie nicht nur unter einem guten Stern. Sie wurde am 23. Juli 1914 in einen schweren Seeunfall verwickelt.

Mit mehreren Schulklassen und der Musikkapelle des 34. Pommerschen Füsilierregiments aus Stettin an Bord hatte sie gegen Mittag abgelegt zur Fahrt nach Swinemünde. Sie hatte rund 200 Fahrgäste sowie einiges Frachtgut an Bord.

Im Papenwasser kam ihr um 13.45 Uhr der Seeschlepper Ostsee mit dem 2.989 BRT großen schwedischen Erzfrachter Porjus am Haken entgegen. Der Autor Walter Bölk hat den Vorgang bei seinen Vorarbeiten für das Buch »Stettin und sein Hafen« gründlich recherchiert:

Aus unerklärlichen Gründen änderte die BERLIN ihren Kurs und lief mit 14 Knoten auf den Schlepper zu, traf ihn mittschiffs, so daß er sofort sank. Die sechsköpfige Besatzung konnte nur noch über Bord springen. Nun kam der Erzfrachter mit geringer Fahrt hinterher und rammte die BERLIN am Steuerbordbug. Als sie mit dem Vorschiff zu sinken begann, setzte Kapitän Krüger das Schiff am Rand des Fahrwassers auf flacheren Grund und ließ wie die PORJUS die Boote aussetzen. Die aus Panik ins Wasser gesprungenen Passagiere wurden aufgefischt und mit dem früheren Braeunlich-Dampfer WERNER nach Stettin und mit der SEDAN nach Swinemünde gebracht. Beide hatten sich in der Nähe der Unglücksstelle befunden. Nachdem die SEDAN in Swinemünde festgemacht hatte, spielte die Militärkapelle der 34er als Dank für die Rettung einen Choral. Es hatte zum Glück keinen Toten und nur einige Verletzte gegeben, die im Krankenhaus Swinemünde versorgt wurden.

Am Morgen des 24. Juli hatte der Frachter SAXONIA der Stettiner Reederei W. Kunstmann den Hafen verlassen. Als er den Havaristen erreichte, legte er sich sofort längsseits, um so viel wie möglich von der Fracht zu retten. Der Erzdampfer PORJUS erlitt nur geringen Schaden oberhalb der Wasserlinie. Der Schlepper hatte seitlich eine tiefe Kollisionswunde. Er wurde bereits am 24. Juli gehoben, da er das Fahrwasser der Schiffahrt stark behinderte. Das Stettiner Seeamt war nach gründlicher Untersuchung und Befragung zu dem Schluß gekommen, daß als Ursache des Unglücks ein plötzliches Versagen der Rudermaschine der BERLIN anzunehmen sei.

Das gehobene Schiff lag längere Zeit auf, weil die hohen Bergungs- und Reparaturkosten von der Versicherungssumme bezahlt werden mußten, die jedoch erst nach Klärung der Unfallursache fällig wurde. Die Fertigstellung der Reparaturarbeiten war dann erst im Weltkrieg 1914–1918 möglich. Am 1. September 1915 wurde die BERLIN von der Kaiserlichen Marine beschlagnahmt und als armierter Dampfer bei zwei Vorposten- sowie drei Hafenschutzflottillen eingesetzt. Anfang Dezember 1918 wurde das Schiff an die SwiDAG zurückgegeben, die 1929 zur Hälfte und 1939 insgesamt von der »Stettiner Dampfschiffs-Gesellschaft J.F. Braeunlich« übernommen wurde.

Am 23. Juli sank die BERLIN nach dem Kollisionsunglück im Stettiner Haff. Nach der Hebung wurde die Reperatur erst im Spätsommer 1915 möglich.

Der Hafen »aus dem Meer«

Doch blenden wir zurück nach Rügen und den Weitergang der Dinge in Sassnitz, das ungeachtet seiner idealen verkehrsgeografischen Lage keine schützende Naturhafenbucht und damit auch keinen Hafen besaß. Die Fischerboote mußten nach jeder Fangfahrt mühsam wieder auf den Strand emporgezogen werden – hoch genug, damit sie vor der Gewalt der Brandung sicher waren, die sich bei Winden aus dem östlichen Quadranten rasch aufzubauen pflegte. Der Bau eines Schutzhafens für die Fischerboote war dringend erforderlich. Aber bei der Preußischen Regierung dachte man auch daran, daß ein Sassnitzer Hafen die Verkehrsanbindung Rügens an die Dampfschiffahrt ungleich verbessern und die Improvisationen mit dem Aus- und Einbooten auf offener Seereede endlich beenden könnte.

Man begann deshalb 1889 mit dem Bau einer Schutzmole, die auf recht originelle, kostensparende Weise entstand: Die Königlich-Preußische Wasserbauverwaltung schrieb für die Crampasser und die Sassnitzer Fischer eine neue Einkommensquelle aus: Sie konnten sich am »Steinezangen« beteiligen.

Die Küste der Rügen-Halbinsel Jasmund, auf der Sassnitz liegt, hat weitgehend steinige Strände. Der Meeresboden ist übersät mit eiszeitlichen Findlingen, die ein denkbar billiges und äußerst haltbares Material für den Molenbau abgaben. Es handelt sich um Granit. Die Fischer ließen sich das nicht zweimal sagen: Die an Land gebrachten Steinladungen wurden vom Hafenmeister durch Eichstriche am Bug und Heck überschlägig berechnet und nach Kubikmetern gut bezahlt.

Als Gerät wurde eine große Eisenzange mit langen Holzstielen benutzt, die mehrere Männer vom Ruderboot aus bedienten. Diese Arbeit war hart, sie erforderte Bärenkräfte. Wer sich unermüdlich regte, gehörte zu den Siegern dieses Steinfischer-Wettbewerbs und konnte sich bald größere Fahrzeuge kaufen, um fortan die Findlinge mit Windenkraft an Bord zu hieven.

Aus dem Meer gefischt wurde also alles, was man an Bausteinen für die markante, bei Spaziergängern beliebte, zuletzt anderthalb Kilometer lange Hafenmole benötigt. Aber nach einem Jahrzehnt Bauzeit besaß Sassnitz einen gut geschützten, künstlichen Hafen, der auch für die Dampfschiffahrt geeignet war. Diese Tatsache veränderte die Wirtschaftsgeografie Rügens erheblich, und sie wurde auch für die Stettiner Dampfschiffs-Gesellschaft schicksalhaft. Sassnitz war zum bedeutendsten Hafen Rügens geworden und machte das direkte Anlanden von Kurgästen möglich, die von Pommerns Hauptstadt Stettin auf dem Seeweg dorthin gebracht werden konnten.

Zum anderen entthronte das ans Eisenbahnnetz angeschlossene Sassnitz mit seinen ungleich besseren Fahrwasserverhältnissen und der kürzeren Seedistanz, d.h. Entfernung zur schwedischen Südküste die Hansestadt Stralsund als Ausgangspunkt der Postdampferverbindung ins Königreich Schweden.[6]

Bald nach dem Westfälischen Frieden – am Ende des 30jährigen Krieges – als Rügen mit Vorpommern und Stettin unter schwedische Hoheit gekommen waren, verkehrten ab Sommer 1664 auf Beschluß einer königlich-schwedischen Kommission zur besseren Verwaltung der neuen Gebiete die Postyachten Hjorten und Lilla Jägaren zwischen Ystad und Stralsund. Im Jahre 1815 wurde Vorpommern und Rügen nach dem Wiener Kongreß dem Königreich Preußen angegliedert, und die beiden Regierungen beschlossen, den Postschiffsverkehr zwischen Schweden und Preußen weiterhin aufrechtzuerhalten.

Mit dem Einsatz des hölzernen schwedischen Raddampfers Constitutionen auf der Postschiffslinie begann 1824 auf der Ostsee das Zeitalter der Dampfschiffahrt. Im folgenden Jahr kam der Preussische Adler hinzu. Mit beiden Schif-

[6] Der Bau des Hafens ging in mehreren Etappen vor sich. 1890 beschloß man dessen Erweiterung samt Schaffung der Umschlagstellen und Bau eines Hafenbahnhofs, da ja Sassnitz im Jahr darauf Eisenbahnanschluß bekommen würde. So konnten die Fahrgäste direkt vom Zug aufs Schiff und umgekehrt umsteigen. Später baute man noch eine zweite, rund 100 Meter lange hölzerne Dampferanlegebrücke speziell für die Postdampfer, damit der Post- und der Bäderdampferverkehr sich nicht gegenseitig ins Gehege kamen.

fen, die eine Länge von etwa 90 Fuß und eine Maschinenleistung von 55 PS besaßen, konnte nun der Brieflauf zwischen Stralsund und Ystad von acht Tagen auf 24 Stunden gesenkt werden. Ab 1861 verlegte man die Route vom schwedischen Endhafen Ystad nach Malmö. Jetzt bildeten die Postdampfer POMMERANIA und OSCAR das Rückgrat der Linie. Um auch Post und Fahrgäste von Rügen mitzunehmen oder dort abzusetzen, hatte man bereits 1685 am Südende der langgestreckten Halbinsel Bug das Wittower Posthaus eingerichtet, das als Postverteilungsstelle und Herberge diente. Diese Station lag völlig exponiert, nämlich fünf Kilometer von den nächsten Menschen in der Försterei entfernt und noch eine halbe Stunde weiter war es bis zum Dorf Dranske, »zu Krämer, Krug und Obrigkeit«, um mit dem Autor Wolfgang Rudolph zu sprechen. Oft genug mußten winters die Postgüter und die Reisenden auf den Landweg umgeleitet werden, weil Eisgang, Sturm oder widrige Wasserstände Stralsund unerreichbar werden ließen. Ohnehin war das Fahrwasser kümmerlich genug, das ostwärts der Insel Hiddensee und durch den seichten Kubitzer Bodden die Zufahrt zum Nordausgang des Strelasundes ermöglichte.

Bei der 100-Jahr-Feier der Postdampfer-Linie Sassnitz–Trelleborg zeigte der Erinnerungspoststempel vom 1. Mai 1997 den Braeunlich-Doppelschraubendampfer IMPERATOR (Vordergrund) und auf Gegenkurs den schwedischen Doppelschraubendampfer REX.

Postdampfer-Linie Sassnitz–Trelleborg

Nachdem Stralsund 1864 Eisenbahnanschluß erhalten hatte und dieser 1891 bis nach Sassnitz verlängert worden war, wurden erste Überlegungen zum kürzesten Weg über die Ostsee zwischen den Häfen Sassnitz und Trelleborg angestellt. Auch Trelleborg war 1875 an das schwedische Eisenbahnnetz angeschlossen worden. Eine trotz stürmischer See am 3. Juni 1891 mit dem Stettiner Braeunlich-Raddampfer Freia durchgeführte Testfahrt unterstützte den Entschluß zur Schaffung der neuen Postdampferlinie. Diese wollten die Reichspostverwaltung in Berlin und die schwedische Staatspost noch vor der Jahrhundertwende eingerichtet haben. Der in Stolp/Pommern geborene Organisator des deutschen Postwesens und Gründer des Weltpostvereins, Generalpostmeister Heinrich von Stephan, war noch selbst zu Gesprächen nach Sassnitz gekommen, deren Resultat er aber nicht mehr erleben konnte. Er starb drei Wochen vor der Eröffnung der neuen Verbindung.

Bevor die Eröffnung der neuen Postdampferlinie möglich wurde, war zu allererst die Teil-Fertigstellung des Sassnitzer Hafens abzuwarten. Außerdem galt es, auf schwedischer wie deutscher Seite die richtigen Typen Postdampfer herauszufinden, damit eine gewisse Paarigkeit gegeben war, eine auf beiden Seiten gleichmäßige Leistung und Verläßlichkeit. Die technische Entwicklung war bis zur Eröffnung der neuen Linie im Jahre 1897 wesentlich fortgeschritten. Das zeigte sich nicht nur in den aufblühenden Industrien, sondern ganz besonders auch im Schiffbau.

Im Reedereikontor des Hauses Braeunlich war man sich sehr früh über die künftigen Möglichkeiten eines Sassnitzer Hafens und die Chance für eine stabile Bäderlinie Stettin-Rügen im klaren. Man ging also beizeiten daran, einen neuartigen Typ Bäderdampfer zu entwickeln, der von der Kapazität und vom Komfort samt Gastronomie dem Geschmack des Publikums entsprechen würde. Auf internationalen Standard wurde besonderer Wert gelegt. Ein großer Sprung nach vorn war gefordert.

Für diese Umstrukturierung des Unternehmens und um auch in der Zukunft konkurrenzfähig zu bleiben, war eine Erweiterung der finanziellen Basis erforderlich. Mehrere Stettiner Kaufleute taten sich hierfür zusammen und gründeten am 23.10.1896 die »Stettiner Dampfschiffs-Gesellschaft J.F. Braeunlich, G.m.b.H.« Seitens des Aufsichtsrates, vertreten durch Commerzienrat Abel, Geh. Commerzienrat Delbrück und die Herren Manasse, Nordahl und Ollendorff, wurden die Herren Oscar Johann Ferdinand Braeunlich und Dr. jur. Julius Heinrich Braeunlich als Geschäftsführer berufen. Diese brachten den Dampfer Freia in die Gesellschaft ein. Die alte Privatreederei bestand neben dieser kapitalstärkeren Schiffahrtsgesellschaft zunächst noch weiter und bediente die Ziele an der Oder und der nahen Ostseeküste.

Dr. Julius Heinrich Braeunlich mit seiner Frau Emma geb. Dresel und den Kindern Hanni Geiger und Hans Braeunlich.
Letztere waren Namensgeber der Gotzlow-Dampfer HANS und HANNI.

Unter den Firmen, die sich an der neu strukturierten, finanzkräftigen Reederei beteiligten, findet man auch die »Stettiner Oderwerke, Aktien-Gesellschaft für Schiff- und Maschinenbau« .

Die Anfänge des Unternehmens gehen auf das Jahr 1837 zurück, als sich auf dem Gelände der späteren Oderwerke die Stettiner Eisengießerei »G. Meister's Söhne« mit sechs Arbeitern etablierte. Sie fertigte Ankerspills, Ankerwinden, Wagenachsen und Grabgitter sowie Roststäbe für Dampfkessel. Aus jener Zeit stammen z.B. die Namen der Schmiede- und Gießereistraße in Stettin-Grabow. Später kamen die Vulcan- sowie die Oderwerkstraße hinzu. Die Werftenlandschaft zog sich ab Grabow über zwei Kilometer am Oderufer entlang. 1840 wurde der Betrieb an Seydell und von Würden verkauft und ging 1854 in den Besitz von Möller und Holberg über. Diese begannen mit dem Bau von Flußschiffen und Schleppdampfern. Baron von Puttkammer aus Stettin gab den Auftrag zum ersten Neubau, dem Seitenraddampfer PRINCESS CARL.

Eine Beteiligung der »Stettiner Oderwerke« an der neuen Braeunlich-Gesellschaft erklärt, warum das Schiffahrts-Unternehmen, das bis dato elf seiner Schiffe beim Vulcan bzw. dessen Vorgängerbetrieb Früchtenicht & Brock hatte bauen lassen, nunmehr eine neue Hauswerft bevorzugte. Und man brauchte diesen Entschluß nie zu bereuen, denn die Oderwerke entwickelten sich in den folgenden Jahren zu einem denkbar vielseitigen Fertigungsbetrieb. Das Bauprogramm umfaßte Wasserfahrzeuge aller Art – von Schleppern über Eimerbagger, Frachtschiffe, Fährschiffe sowie fluß- und seegehenden Fahrgastschiffen. Sechs große, erfolgreiche Fahrgastschiffe aus dieser Produktion führten die Braeunlich-Flagge, das siebente und größte Schiff – ursprünglich für Braeunlich-Bereederung, dann aber für den Norddeutschen Lloyd vorgesehen – war bei Kriegsausbruch 1939 noch im Bau und blieb während des Krieges unvollendet – das Turbo-Elektroschiff MARIENBURG, gebaut für den »Seedienst Ostpreußen«.

Die »Stettiner Oderwerke« waren es, die unter der Bau-Nr. 464 den ersten Doppelschraubendampfer für den Rügenbäderdienst bauten, der zugleich imstande sein

Der Doppelschrauben-Passagierdampfer IMPERATOR, 1079 BRT, 1.800 PSi, 1897–1909 auf der Postdampfer-Linie Sassnitz–Trelleborg und danach als Bäderdampfer der »Sassnitz-Linie« Stettin–Rügen im Einsatz.

Im Hafen von Sassnitz haben der Seitenrad-Passagierdampfer GERMANIA ex PRINSES MARIE, 1594 BRT, 3500 PSi, und der Doppelschrauben-Passagierdampfer IMPERATOR festgemacht. Beide befuhren die Postdampfer-Linie Sassnitz–Trelleborg. Vorn der damals neue Sassnitzer Hafenbahnhof.

sollte, als Postdampfer auf der noch in Planung befindlichen Route Sassnitz–Trelleborg zu fungieren. Mit einer Größe von 1.079 BRT und einer Maschinenleistung von 1.800 PS hatte sich Braeunlich zum großen Schritt nach vorn entschlossen. Das neue Flaggschiff lief 1897 vom Stapel und wurde auf den Namen IMPERATOR getauft. Man hatte ihm eine gediegen schöne goldene Bug- und Heckzier angepaßt, die dem Dekor der wilhelminischen Epoche entsprach. Der Schiffsname verpflichtete sozusagen zu einer gewissen »Kaiserlichkeit«.

Die Reedereien hatten mit der Postverwaltung einen Vertrag auf vorerst zehn Jahre abgeschlossen. Braeunlich hatte die Gunst der Stunde erfaßt, in den Vertrag eingebunden zu werden, weil man einen recht imponierenden Neubau »als Joker aus dem Ärmel ziehen konnte« – jenen Zwei-Schornstein-Dampfer IMPERATOR.

Es war nur Pech, daß die Infahrtsetzung des Schiffes nicht beizeiten zur Einweihung der neuen Postdampferverbindung gelang.

Wulf Krentzien schreibt darüber in seiner Festbroschüre »Sassnitz–Trelleborg hin & zurück«, die 1997 zur 100-Jahr-Feier der Linie erschien: »Eine besondere Ehre wurde dem Raddampfer FREIA zuteil, der fast sechs Jahre zuvor die Testfahrt zwischen Sassnitz und Trelleborg erfolgreich beendet hatte. Der deutsche Postdampfer mit dem Namen Imperator war zu dem festgesetzten Tag … nicht fertig geworden, deshalb mußte die Freia einspringen, weil sie als Reserve in Bereitschaft gehalten wurde.

Das Schiff brachte am 29. April 1897 die schwedischen Ehrengäste, unter anderem den Außenminister Graf Douglas und den Innenminister Krusenstjerna, nach Sassnitz. Am Bahnsteig stand der Zug, mit dem die deutschen Gäste, wie der preußische Eisenbahnminister von Thielen, in Sassnitz angekommen waren. Nach den Eröffnungsfeierlichkeiten in ›Küsters Hotel‹ und dem Besuch von Schloß Dwasieden begab sich die Festgesellschaft am 30. April an Bord des schwedischen Postdampfers Rex zur Fahrt nach Trelleborg auf Schwedens größtem und elegantestem Passagierdampfer.«

Am 1. Mai 1897 begann der planmäßige Betrieb, in den bald auch der Doppelschraubendampfer Imperator eingestellt werden konnte, als deutsches Gegenschiff zum schwedischen Postdampfer Rex.

Zuerst verkehrten diese beiden Schiffe das ganze Jahr über täglich einmal in jeder Richtung. Um den übernommenen Verpflichtungen gerecht werden zu können und wegen des gestiegenen Personen- und Güteraufkommens bedienten die beiden Reedereien die Linie bereits ab Mai 1898 täglich zweimal in beiden Richtungen, denn bereits in den ersten elf Monaten waren 12.260 Reisende befördert worden.

Eine derart stürmische Akzeptanz der neuen Linie erzwang vorschnell sofortige Expansion. Für das Ordern eines Neubaues war gar keine Zeit. Man mußte erneut auf die wackere Freia zurückgreifen und zum anderen einen weiteren Raddampfer herbeizaubern, so daß zunächst Abhilfe geschaffen wurde. Braeunlich erwarb in Holland den 1.594 BRT großen Zwei-Schornstein-Raddampfer Prinses Marie und stellte ihn unter dem neuen Namen Germania in Dienst. Die Germania blieb auf der Postdampfer-Linie, bis 1902 ein neuer, »maßgeschneiderter« Doppelschraubendampfer den Betrieb aufnehmen konnte.

Freilich hatte die »Stettiner Dampfschiffs-Gesellschaft J.F. Braeunlich« die Germania ebenso einer »Verschönerungskur« unterzogen wie kurz zuvor die Freia. Braeunlich hatte nach Erhöhung des Gesellschafterkapitals um weitere 180.000 Goldmark die Prinses Marie erworben und ließ auf der nunmehrigen Germania einen größeren Speisesaal und einen Deckssalon schaffen, die beide stilvoll ausgestaltet wurden.

Die sehr hochbordige Germania fuhr auch bei rauhem Wetter selten mit nassem Deck, es blieb für Brecher und Gischt schwer erreichbar. Der große »Zweischornsteiner« Germania war der größte Raddampfer, der jemals unter deutscher Flagge in Fahrt gekommen ist.

Größenmäßig übertraf die Germania den Neubau Imperator um ein Drittel, die Freia fast um das Dreifache und deren Maschinenleistung mit 3.500 PS (gegenüber jenen 1.580 PS der Freia) um mehr als das Doppelte. Sie fuhr, wie das »Blohm-Wiesel«, ebenfalls noch mit einer Compound-Maschine. Das »Kraftpaket« Germania war ebenso britischer Herkunft wie die Raddampfer Terra, Der Kaiser und

Kronprinz Friedrich Wilhelm. Die Germania war 1877 bei J. Elder in Glasgow vom Stapel gelaufen und ein Notbehelf, der von der Pünktlichkeit und Verläßlichkeit her den Anforderungen genügte.

Um so kurioser war es, daß die schwedische Partnerreederei der Postdampfer-Linie Sassnitz–Trelleborg, »AB Sverige-Kontinenten«, knapp zwei Jahre später gezwungen war, das Schwesterschiff der Germania zu erwerben und unter dem neuen Namen Svea in Dienst zu stellen. Dieser Schritt wurde durch den tragischen Totalverlust des beliebten schwedischen Postdampfers Rex erzwungen. Dem Autor Wulf Krentzien zufolge war der Winter 1899/1900 ausgesprochen fürchterlich: »Eis und Schneestürme führten schon im Januar immer wieder zu Verspätungen. Ab 15. Januar 1900 mußten die Schiffe stellenweise rückwärts fahren, um die Eisbarrieren zu durchbrechen. Dabei verlor der Dampfer Imperator am 25. Januar eine Schraube.

Alarmierende Zeitungsmeldungen erschienen: »Am 17. Februar tobte ein orkanartiger Sturm aus Südost. Der Postdampfer Rex trat trotzdem am Nachmittag mit geringer Verspätung seine Fahrt von Sassnitz nach Trelleborg an. Er gelangte jedoch nur bis zum Molenkopf, da starkes Eis die Durchfahrt verhinderte. Bei der Rückkehr in den Hafen wurde das Schiff gegen die Brücke gedrückt, so daß Schaden am Heck entstand. Der Dampfer Imperator benötigte an diesem Tag elf Stunden von Trelleborg hierher und war völlig mit Eis bedeckt.

Am 26. Februar verließ der Dampfer Rex den Trelleborger Hafen zu seiner planmäßigen Fahrt nach Sassnitz. In einer rabenschwarzen Nacht kämpfte das Schiff gegen einen Schneesturm aus Nordost, jäh wurde die Reise unterbrochen.

Was war geschehen?

In der Annahme, Stubbenkammer schon passiert zu haben, war das Schiff zu früh auf Kurs in Richtung Sassnitz gegangen. So endete die Fahrt dann am Strand von Blandow, 200 Meter vom Ufer entfernt.«

Den Rest der Geschichte erzählt ein Bericht der »Deutschen Gesellschaft zur Rettung Schiffbrüchiger« in ihrem Jahrbuch 1901:

»Am 27. Februar 1900 um 4 Uhr morgens strandete auf der Reise von Trelleborg nach Sassnitz der schwedische Postdampfer Rex … vor der Insel Rügen. Kapitän Hermelin ließ sofort alle Personen an Deck rufen und mit Rettungsgürteln versehen. Trotz der gefährlichen Lage herrschte Ruhe und Ordnung, bis auf das weibliche Personal, dessen sich eine Panik bemächtigte. Es wurde ein Boot ausgesetzt, das aber auf halbem Weg zum Strand durch eine mächtige See kenterte. Im herrschenden Dunkel gelang es nur sechs Personen, sich zu retten, während die übrigen sechs – darunter fünf Frauen – ertranken.

Inzwischen war die Rettungsstation Lohme (Vormann Venz) durch einen Fischer alarmiert worden. Durch den sofort an die Unfallstelle gebrachten Raketenapparat wurden zuerst 12 Passagiere, dann die 18 Mann der Besatzung, zuletzt, gegen 1 Uhr mittags, der Kapitän gerettet.«

Das Wrack brach drei Tage nach der Strandung auseinander. Das erschütternde Foto von dem geborstenen, von Eis überzogenen Wrack ging damals durch alle Zeitungen.

Das auseinandergebrochene Wrack des im Schneesturm am 27. Januar 1900 vor Rügen gestrandeten schwedischen Dampfers REX.

Überhaupt waren die Schiffe der »Aktiebolaget Sverige-Kontinenten« vom Pech verfolgt. Man hatte zunächst, der Not gehorchend, den Schraubendampfer NORDSTJERNAN als REX-Ersatz gekauft, der jedoch weder von der Größe noch von der Ausstattung her den Vergleich mit IMPERATOR oder GERMANIA aufnehmen konnte. Unterkünfte und Gastronomie waren zweitklassig, außerdem rollte das Schiff im Seegang zum Gotterbarmen. Die Schweden sahen sich daraufhin gezwungen, von der »Koninklijke Stoomboot Maatschapij Zeeland« auch das Schwesterschiff der GERMANIA anzukaufen, das als PRINSES ELISABETH ebenfalls auf der Fährroute zwischen Vlissingen und England eingesetzt gewesen war.

Das Schiff wurde wie gesagt in SVEA umgetauft. Nun war wenigstens die Paarigkeit bei den Schwesterschiffen GERMANIA und SVEA gegeben. Aber es dauerte nicht mehr lange, bis man reumütig auf die nur noch als Ersatzschiff vorgehaltene NJORDSTJERNAN für längere Zeit zurückgreifen mußte, denn die SVEA strandete schon am 13. März 1900 auf dem Stavsten unweit Trelleborg. Sie konnte abgeborgen werden, aber die Reparatur der schweren Schäden am Schiffsboden dauerte monatelang. Als das Schiff im Herbst 1901 endlich wieder in Fahrt gebracht werden konnte, ließ neues Unheil nicht auf sich warten. Gleich bei der Rückkehr in den Einsatzhafen Trelleborg mißglückte das Anlegemanöver total. Die SVEA war quer durch die davorliegende hölzerne Pier in die steinerne Böschung hineingeprasselt. Es war wie verhext. Abermals war eine Reparatur fällig und der Ersatz durch die NORDSTJENAN. Diese freilich blieb im Janaur 1903 in höchst bedrohlicher Lage im Eis stecken, schweren Packeis-Pressungen ausgesetzt. Zum Glück gelang es dem inzwischen auf der Route eingesetzten neuen Braeunlich-Doppelschraubendampfer ODIN, die NORDSTJERNAN freizubrechen und aus der Umklammerung herauszuziehen. Als das Schiff dann auch noch eine – wenn auch glimpflich abgelaufene – Kollision mit der schwedischen Bark ABRAHAM zustandgebracht hatte und die SVEA in der Einfahrt von Trelleborg bald nach ihrer zweiten Reparatur infolge des Rammens der Pieranlage Grundberührung erlitt, war die Zeit des Protestes durch das deutsche Reichspostministerium in Berlin und durch die Preußische Staatsbahn gegen die schwedische Reederei »AB Sverige-Kontinenten« gekommen. Sie machte keine gute Figur auf dieser Route. Und es wirkte wie ein Kontrastprogramm, daß Braeunlich die ganzen 12 Jahre von 1897 bis 1909 unfallfrei blieb und nach und nach drei vorzügliche Postdampfer-Neubauten hatte in Dienst stellen können.

Nach der fast von Anfang an im Dienst der Route eingesetzten IMPERATOR machte der ab Mai 1902 unter Führung des bewährten Kapitäns Krull eingesetzte Neubau ODIN von sich reden, der am 8. Februar 1902 als Bau-Nr. 526 bei den »Stettiner Oderwerken« vom Stapel gelaufen war. Der 1.177 BRT große Doppelschraubendampfer wurde von zwei Dreifach-Expansionsmaschinen mit 2.200 PS vorwärts bewegt. Das durchweg gelungene Schiff hatte 35, einschließlich Bedienungspersonal sogar 44 Mann Besatzung und war – mit dem Hintergedanken eines späteren Einsatzes auf der Bäderroute Stettin-Sassnitz – für maximal 1.400 Tagesgäste ausgelegt. Im Postdampfereinsatz bot das Schiff 96 Kabinen Erster Klasse und weitere Übernachtungsplätze in Schlafsesseln.

Mit Rücksicht auf die winterlichen Postdampfer-Einsätze hatten die Stettiner Oderwerke den Doppelschraubendampfer mit Eisverstärkung gebaut, die sich nachher auch bestens bewährte. Erwähnenswert ist, daß auf dem Hauptdeck ein besonderes Fürstenzimmer mit Damensalon eingerichtet wurde. Auf demselben Hauptdeck waren die Schlafkabinen untergebracht. Der Gesellschaftssalon I. Klasse befand sich auf dem vorderen Sturm- oder Wetterdeck, genau darunter – auf dem Hauptdeck – der Speisesalon mit Durchgang zu einem weiteren Gesellschaftssalon. Ein Decksalon II. Klasse war auf dem hinteren Sturmdeck zu finden. Die Kommandobrücke war noch völlig offen, im Stil der damaligen Zeit als »Flying Bridge« angelegt, auf der das wachhabende Personal völlig im Freien stand – was später abgeändert wurde.

Die Probefahrt des Neubaues hatte im Mai 1902 auf der Ostsee stattgefunden. Dabei war es dem Schiff möglich, neun Stunden lang eine Geschwindigkeit von 16 Knoten durchzuhalten, und damit war das »Blohm-Wiesel« FREIA praktisch eingeholt.

Man hatte bei dem »Einschornsteiner« ODIN alle mit der IMPERATOR gewonnenen Erfahrungen ausgewertet und berücksichtigt. Man konstruierte von vornherein

Zum neuen Star der Postdampfer-Linie Sassnitz–Trelleborg wurde 1902 der Doppelschrauben-Passagierdampfer ODIN, 1.177 BRT, 2.200 PSi, der 1909 als Bäderdampfer in die Sassnitz-Linie Stettin–Rügen eingestellt wurde. Noch war die Aussichtsplattform unterhalb der Brücke unverglast.

Die beiden Seiten neben dem langgestreckten Decksaufbau ergaben ein Promenadendeck mit Sitzbänken. Der Speisesalon auf dem Hauptdeck war im Jugendstil gestaltet. Die Pächter-Gastronomie galt als hervorragend.

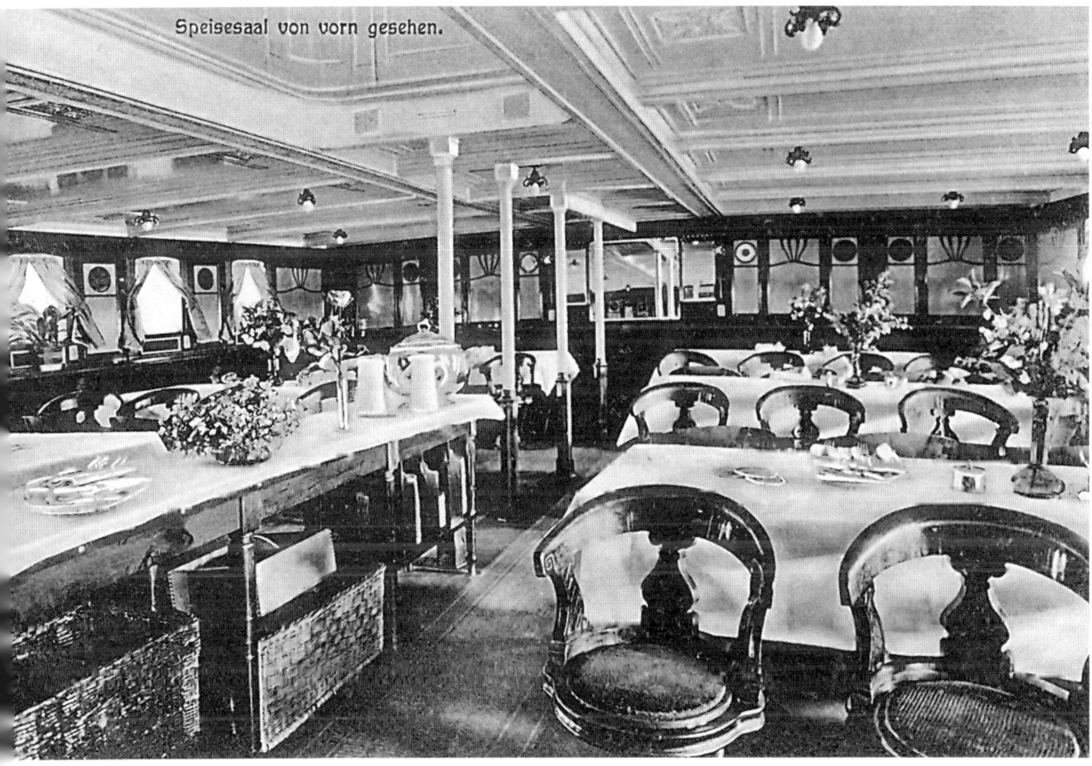

mit einer Länge von 72,11 Meter ein Schiff, das über fünf Meter länger als die Imperator war und bei fast gleicher Breite (10,34 m) schlanker und eleganter wirkte. Seine Nickschwingungen beim Stampfen gegen die See waren milder als bei der kürzeren Imperator, die Neigung der Masten und des Schornsteins waren weniger extrem als bei dem »kaiserlichen« Vorgänger.

Der Dampfer Odin bewährte sich so vorzüglich, daß Braeunlich guten Gewissens mit der nur um Nuancen größeren Hertha (1.257 BRT) ein Schwesterschiff der Odin bestellen konnte. Die Besatzungskopfzahl war von 44 auf 47 »Mann« erhöht, hingegen die Kapazität an Tagespassagieren von 1.400 auf 1.280 abgesenkt worden. Das Schiff kam 1905 in Fahrt.

Imperator, Odin und Hertha wurden beim deutschen wie schwedischen Publikum gleichermaßen wegen der hervorragenden und freundlichen Besatzung sowie der gediegenen, von ausgesuchten Pächtern betriebenen Gastronomie gelobt. Das liest sich heute so leicht dahin, aber in der damaligen Zeit war eine Erstklassigkeit auf diesem Gebiet noch eine mühsame Sache. Noch hatten sich Tiefkühlräume und Kühlschränke in der Schiffahrt nicht allgemein durchgesetzt. Nur in einigen Luxus-

1905 kam die mit 1.257 BRT um Nuancen größere Hertha (links) als Odin-Schwesterschiff hinzu. Nach dem Einsatz auf der Postdampfer-Linie Sassnitz–Trelleborg gingen die beiden schwer voneinander zu unterscheidenden Zwillinge als Bäderdampfer auf die Sassnitz-Linie.

hotels gab es nachher schon elektrische Kühlschränke, und zwar erst von den zwanziger Jahren an. Weitaus primitivere »Eisschränke« mußten jedesmal von neuem mit Stangeneis gefüllt werden, zum Glück waren aber Sassnitz wie auch Trelleborg Fischereihäfen, so daß an Bord besonders gefragter Frischfisch täglich neu beschafft werden konnte, sozusagen direkt vom Kutter.

ODIN und HERTHA hatten übrigens beide eine Postkabine mit Wohn- und Schlafraum für mindestens einen mitfahrenden Postbeamten an Bord. Der im Vorschiff untergebrachte große Laderaum für Paketpost konnte über die Ladeluke mittels eigenem Dampfwinden-Ladebaum »beschickt« werden, jedoch auch durch Seitenpforten, so daß je nach Ladungsumfang – saisonal bedingt – eine optimale Umschlagmöglichkeit gegeben war. Man wurde auf diese Weise auch mit Poststößen zu besonderen Feiertagen einschließlich Weihnachten fertig. Und man war sich sehr wohl darüber im klaren, daß die doppelte Umschlagmöglichkeit später auch für Stückgüter aller Art zur Versorgung der Ostseebäder ideal geeignet sein würde.

Wegen der immer neuen Havarien und Mißhelligkeiten mit den Schiffen NORDSTJERNAN und SVEA kam es vor, daß die Postdampferlinie zeitweilig »fest in deutscher Hand« war und von IMPERATOR, ODIN, HERTHA und FREIA allein betrieben wurde. Das fiel natürlich international auf. Und man fragte sich schwedischerseits, woher die Deutschen den Mut zu so großen Investitionen nahmen, gleich drei Doppelschrauben-Salondampfer als Neubauten in diese Route einzubringen, obwohl deren Zukunft nur für eine begrenzte Zeit gesichert war.

Zwar hatte die Stettiner Reederei 1904 mit der Reichspost-Verwaltung erneute Verhandlungen zur Verlängerung des Vertrages über die Bedienung der Linie Sassnitz–Trelleborg aufgenommen. Diese zogen sich bis zum 1. November 1905 hin, bis der neue Postvertrag für die Zeit von 1907 bis 1917 unterschrieben werden konnte. Immer deutlicher zeichnete sich jedoch schon damals im Königreich Schweden wie im Kaiserreich Deutschland die Tendenz ab, die Postdampferlinie in absehbarer Zeit durch eine Eisenbahn-Trajektlinie zu ersetzen. Tatsächlich erschien Anfang Mai 1908 der Wortlaut des zwischen Schweden und Deutschland abgeschlossenen Staatsvertrages über eine Eisenbahn-Fährlinie im Reichsgesetzblatt. Die beiden Staatsoberhäupter waren übereingekommen, die Hauptstädte Stockholm und Berlin mit durchlaufenden Fernschnellzügen direkt zu verbinden. In Stettin blieb man jedoch gelassen.

Der Firmengründer Julius Ferdinand Braeunlich starb 1890. Die Söhne Oscar und Dr. Julius Braeunlich waren schon in den achtziger Jahren in das Unternehmen eingetreten.

Größere Büroräume waren inzwischen erforderlich geworden und wurden in der neuen Handelshalle am Dampfschiffsbollwerk 1b bezogen. Dr. Braeunlich hatte 1886 geheiratet und zog mit seiner jungen Frau, einer Tochter des Wasserbauingenieurs Peter Adolph Dresel, in die Etage über den Kontorräumen. Hier wurden die Kinder Hanni und Hans geboren, von denen noch die Rede sein wird.

Nachdem 1896 die Neugründung der kapitalstärkeren »Stettiner Dampfschiffs-Gesellschaft J.F. Braeunlich« gekommen war, bestand die alte Privatreederei wie

Für den Nahverkehr Stettin–Gotzlow–Kratzwiek wurden 1898 die beiden Passagierdampfer Hans und Hanni (Vordergrund) in Dienst gestellt, sie verkehrten im Stundentakt (89 BRT, 150 PSi).

gesagt zunächst noch weiter, sie war im Nahverkehr zu den Plätzen an der unteren Oder und im Oderdelta tätig geblieben.

1899 schied Oscar Braeunlich aus der Geschäftsführung der neuen Firma aus und konzentrierte sich fortan auf den Dienst der kleineren Fahrzeuge, auf den besagten Nahverkehr. Dabei gab es 1904–1908 eine Kooperation mit der »Dampfschiffahrts-Gesellschaft Misdroy«, Stettin. Danach übernahm Oscar Braeunlich in Stettin die Vertretung der »Swinemünder Dampfschiffahrts-A.G.« und später – noch bis in die 30er Jahre hinein – die der »Stettin-Wollin-Cammin-Dievenower Dampfschiff-fahrts-Gesellschaft«, Cammin an der Dievenow.

Diese Zusammenarbeit war ersprießlich, sie führte zu einer für beide Seiten günstigen Arbeitsteilung. Die Reederei Braeunlich verkaufte ihren Doppelschraubendampfer Stettin – 1898 aus Schwedt an der Oder erworben – 1905 an die letztgenannte Gesellschaft, die ihn weiterhin nach Wollin, Cammin, Dievenow und Ueckermünde verkehren ließ und 1925 in Direktor Knauff umbenannte.

Besonderes Augenmerk richtete Oscar Braeunlich auf die Verdichtung des Dampferverkehrs Stettin–Gotzlow–Kratzwiek. Dabei kam ihm zugute, daß 1898 von der Stettiner Werft Nüscke & Co. zwei als Binnenschiffe klassifizierte kleinere Einschraubendampfer abgeliefert worden waren. Sie wurden von den beiden Kindern des Ehepaars Dr. Braeunlich, inzwischen sieben und zehn Jahre alt, gegenseitig auf ihre Vornamen Hanni und Hans getauft und fuhren bis 1921 unter der Braeunlich-Flagge. Diese beliebten, besonders gern für Sonntagsausflüge benutzten Oder-Schiffe wurden bei den Stettinern als »die Gotzlow-Dampfer« besonders populär.

Gotzlow ist nicht nur der Name eines schönen Fleckens an der Oder. Mit Gotzlow verbinden sich für Generationen von Stettinern Erinnerungen an schöne Stunden der Entspannung bei Geselligkeit und Tanz im Ausflugslokal oder auch beim Wassersport.

Stündlich legten Braeunlichs Ausflugsdampfer Hans und Hanni direkt neben dem Kaffeegarten des Restaurants an, das zu den beliebtesten Ausflugslokalen der

Aus dem 89 BRT großen Werner (oben), Schwesterschiff von Hans und Hanni, wurde 1925 die Wollin. Aus der 196 BRT großen Stettin (340 PSi, unteres Bild) 1925 die Direktor Knauff. Beide Schiffe waren an die »Stettin-Wollin-Cammin-Dievenower Dampfschiffahrts-Gesellschaft« verkauft worden.

Stettiner zählte. Jeden Sonntag und Donnerstag war im Sommer großes Militärkonzert im »Etablissement Gotzlow«, das sich ganzjährig mit zwei großen Sälen für Festlichkeiten bis zu 500 Personen anbot. Sein Inhaber Erich Tiemann war viele Jahre auch Restaurations-Pächter auf einem der großen Braeunlich-Seebäderdampfer.

Über dem Gotzlower Weinberg thront der Bismarckturm. An einem stillen Sonntagmorgen war dieses einer der schönsten Flecken in der Umgebung Stettins, von dem aus man geruhsam dem Schiffsverkehr auf der Oder sowie den Seglern des nahegelegenen »Stettiner Yacht-Clubs« zusehen konnte.

Ab 1921 fuhren HANS und HANNI unter der Flagge von Emil R. Retzlaff und ab 1932 der Maris-Schiffahrts GmbH. Beide Dampfer überstanden den Krieg, sie gelangten 1945 in den Westen und wurden dort 1950 und 1953 abgewrackt.

Ein drittes Schwesterschiff war von der Nüscke-Werft im Jahre 1900 abgeliefert und nach dem Sohn des preußischen Wasserbauinspektors Victor Braeunlich, dem jüngsten Bruder des Reeders, auf den Namen WERNER getauft worden. Aber dieser Dampfer wurde von vornherein als Seeschiff klassifiziert und befuhr die Linie nach Wollin, Cammin und Dievenow. Das Schiff ging 1909 ins Eigentum der »Stettin-Wollin-Cammin-Dievenower Dampfschiffs-Gesellschaft« über und wurde 1925 in WOLLIN umbenannt (siehe Vorseite).

»Dauerbrenner« Bornholm

Der jüngere Bruder Dr. Julius Braeunlich widmete sich verstärkt dem Rügendienst und baute die Linie nach Bornholm aus. Sie wurde später durch eine Rundtour ergänzt, die auch Dänemarks liebenswerte Hauptstadt Kopenhagen mit einbezog. Bei der Popularisierung der Bornholm-Route wie auch der immer weiter perfektionierten »Sassnitz-Linie« zu den Seebädern von Usedom und Rügen half ein besonders günstiger Umstand mit:

Auf Anregung von Dr. Braeunlich konstituierte sich im Jahre 1900 der »Verband Deutscher Ostseebäder« mit Sitz in Berlin. Damit konnten die Interessen der Badeorte und die gemeinsame Reklame im Reich besser koordiniert und die Fahrpläne von Reichsbahn und den diversen Seebäder-Reedereien aufeinander abgestimmt werden.

Aber nicht nur das: Dr. Braeunlich stellte sofort die Weiche für eine bald allgemein akzeptierte Durchgängigkeit der Fahrkarten. Man konnte schon im Binnenland ein »Billet« buchen, das wahlweise für die »Preußische Staatsbahn«, für die Braeunlich- und die Sassnitz-Dampfer gleichermaßen galt. Und als 1899 die »Rügensche Kleinbahn« mit ihrer Strecke die neue Endstation Göhren erreichte, konnte man von Berlin aus dank der neuen Normalspurstrecke nach Lauterbach, durch einmaliges Umsteigen in Putbus, mit dem heute noch existierenden »Rasenden Roland« die Ostseebäder Binz, Sellin, Baabe und Göhren direkt erreichen. Dank der Braeunlich-Initiative wurden auch die Fahrkarten der Eisenbahn-Gesellschaften ebenso wechselseitig anerkannt wie die der Dampfschiffs-Gesellschaften untereinander, auch die Karten der Bahnen auf den Schiffen und der Schiffe auf den Bahnen. Ein solches Verbundsystem erwies sich von vornherein als klüger gegenüber einem unnötigen Konkurrenzgerangel, womöglich mit Tarifunterbietungen. Das Lehrstück mit der »Swinemünder Dampfschiffahrts-Gesellschaft Swinemünde« hatte bei Braeunlich den Bedarf an solchen Kampfmaßnahmen ein für allemal gedeckt. Doch kommen wir zurück auf den Bornholm-Verkehr, der seit je ein besonderer Favorit von Dr. Julius Braeunlich war.

Wie erinnerlich, hatte bereits der Raddampfer KRONPRINZ FRIEDRICH WILHELM ab 1878 jede Woche eine Fahrt von Sassnitz nach Bornholm im Programm. Es handelte sich um einen Tagesausflug, aber die Reederei bewies ihr Geschick, eine solche, zunächst völlig aus der Art geschlagene Route bald in aller Munde zu bringen.

Bevor dieser Fahrplan reibungslos eingehalten werden konnte, galt es, Vorarbeit zu leisten. Vor allem mußte erst eine Versuchsfahrt nach Bornholm veranstaltet werden, die schon 1876, im Jahr des Ankaufs des erwähnten Raddampfers KRONPRINZ FRIEDRICH WILHELM, unternommen wurde.

Noch war es der Firmengründer Julius F. Braeunlich selbst, der diese Idee hatte. Ständig auf der Suche nach neuen Fahrtzielen, gewann er der Idee immer mehr Geschmack ab, auch mal »jenseits des Horizonts« auf Entdeckungsreise zu gehen. Man hatte ja allerlei munkeln gehört von der noch wenig bekannten Insel Bornholm.

Sie ragt als Granitklotz – 587 Quadratkilometer groß und stellenweise mit bis zu 41 Meter hohen Felsen – weitgehend senkrecht aus dem Meer empor.

Im Inneren ist die Landschaft lieblich und waldreich und von vielen Canyons durchzogen. Es gibt dort Spaltentäler sowie Strandabschnitte mit feinstem Sand. Soviel wußte man, aber nur vom Hörensagen.

Das erwähnte angenehme Klima machte Julius F. Braeunlich neugierig. Weil er den fortschrittlichen Entwicklungen gegenüber immer sehr aufgeschlossen war, annoncierte er im »Rügenschen Kreis- und Anzeigenblatt« im Herbst 1876 besagte Fahrt mit dem Dampfer Kronprinz Friedrich Wilhelm zur dänischen Insel Bornholm.

An Bord waren nicht nur Feriengäste, sondern es fuhren auch einige Journalisten mit, die durch ihre Veröffentlichungen über diese Fahrt den Grundstein für die gezielte Tourismuserschließung der Insel legten. Man hatte drei Tage Bornholm besucht, mit 15 gemieteten Kutschen durchstreift und war begeistert von dem Gesehenen und sich bewußt, daß noch viel zu sehen übrigblieb. Die Teilnehmer dieser Entdeckungsreise waren auch des Lobes voll über die Privatunterkünfte, denn Hotels gab es ja noch keine.

Ab 1878 unternahm die Kronprinz Friedrich Wilhelm jeden zweiten Sonntag eine Bornholmfahrt, mit Rückreise noch am gleichen Tag. Bald aber nahm der Reiseverkehr nach Rügen sowie nach Bornholm immer weiter zu. So paßte es bestens ins Konzept, daß 1890 die Freia unter Braeunlich-Flagge in Fahrt kam.

Dieses Schiff war damals mit 833 BRT ein Ereignis für Stettin. Es fuhr insbesondere im Rügendienst, wurde aber auch von Sassnitz aus nach Kopenhagen sowie nach Gudhjem oder Hammerhavn auf Bornholm eingesetzt. Fahrgäste, die bisher die schönen Ausflugsziele in der Nähe Stettins angesteuert hatten, wollten nun die weitere Umgebung ihrer Heimat kennenlernen. Aber recht bald waren es keineswegs nur Stettiner, die gern mit den Dampfern fuhren, sie kamen schon aus ganz Deutschland. Die Braeunlich-Fahrten nach Bornholm blieben bis 1939 ein »Dauerbrenner«, den man mit Erstaunen zur Kenntnis nahm. Der Beliebtheitsgrad dieser Insel ließ sich nur schwer erklären. Es mußte irgend etwas Geheimnisvolles, Ungewöhnliches mit dieser Insel verbunden sein, seitdem der englische Entdeckungsreisende Wulfstan, mit hoher Wahrscheinlichkeit ein Missionar, um das Jahr 900 herum schrieb: »Burgundaland liegt an Backbord hinter uns, und es hat seinen eigenen König.«

Auch wenn es sich nur um einen Stammesfürsten der Wikingerzeit gehandelt haben kann, nachdem Gorm der Alte im jütländischen Jelling kurz zuvor zum Einiger des Dänenreiches geworden war: Mit »Burgundaland« war ohne Zweifel Bornholm gemeint, dessen ursprüngliche Bezeichnung möglicherweise mit den Burgundern zusammenhängt. Dieser zu den Ostgoten zählende Germanenstamm war in der Völkerwanderungszeit über die Ostsee aufs europäische Festland gelangt. Aber es ist auch die andere Deutung denkbar, daß Burgundaland nichts anderes bedeutet als »Land der Burgen«.

Ein Phänomen ist die zum Königreich Dänemark gehörende Insel Bornholm in jeder Hinsicht, schon wegen ihrer Position. Sie liegt nämlich 135 Kilometer von der nächsten dänischen Küste – Insel Möen – entfernt, während der Reiseweg von Bornholms südöstlichem Zipfel nach Kolberg nur 90 Kilometer, nach Rügen nur 80 Kilometer und – von der Nordspitze Hammerodde aus – nach Schweden nur 37 Kilometer beträgt. Es ist kein Wunder, daß man die Bornholmer im dänischen Volksmund nur als »Reserve-Schweden« zu bezeichnen pflegte und daß die Insel im Bewußtsein der Dänen bis weit in unser Jahrhundert hinein keine Bedeutung hatte, touristisch überhaupt nicht »auf der Rechnung« war.

Um so bedeutsamer war seit je die verkehrsgeografische und seestrategische Lage Bornholms als »Wegekreuzung der Ostsee«. Nicht nur durch die »helleristninge« bei Sandvig, sondern auch durch zahlreiche andere Felszeichnungen gelangte man zu der Erkenntnis, daß Bornholm bereits zur Bronzezeit eine wichtige Rolle im Seeverkehr spielte, der damals mit fellbespannten Booten betrieben wurde und schon einen Seehandel ermöglicht haben dürfte. Erst recht war die Seehandelsfunktion Bornholms in der Wikingerzeit ebenso bedeutend wie beim Salz- und Heringshandel der Hanse. Immer wieder wurde das derart exponiert liegende »Burgundaland« politischer Zankapfel und Angriffsobjekt. Die Ruinen der 1159 zerstörten Lilleborg in der weiten, 2.410 Hektar großen Waldlandschaft des Almindingen zeugen noch heute von den seeräuberischen Überfällen der auf Rügen ansässig gewesenen wendischen Ranen. Auch die vier berühmten, in ganz Europa einmaligen Rundkirchen – als Wehrtürme und Kirchen zugleich – erinnern an diese unsicheren Zeiten, denen erst die Eroberung und Ausschaltung der Jaromarsburg beim Kap Arkona durch die Dänen im Jahr 1168 und die Christianisierung der Ranen ein Ende setzten.

Eine Insel, die so seebeherrschend war wie Bornholm, wurde zwangsläufig immer von neuem Streitobjekt zwischen benachbarten Mächten. Und so ist es nicht verwunderlich, daß die Feste Hammershus die mächtigste Burganlage Nordeuropas ist. Sie wurde dennoch von den Lübeckern bezwungen, die sich für 50 Jahre Bornholm einverleibten.

Die Insel blieb Konfliktgebiet zwischen der Hanse und der Krone von Dänemark, schließlich zwischen Dänemark und Schweden.

Auch jeder Streifzug auf den Spuren der Vorgeschichte wird dort zum Erlebnis. Da gibt es von Eschen und Eichen bewachsene Hünengräber aus der Bronzezeit und die wesentlich älteren steinzeitlichen Großkammergräber. Es gibt in den Wäldern 242 Bautasteine, zu ganzen Steinsetzungen gruppiert. Niemand weiß diese sicherlich nach astronomischen Richtpunkten aufgestellten Findlinge historisch korrekt einzuordnen. Auf jeden Fall ähneln sie den Menhiren des galischen, sprich altkeltischen Kulturkreises. Sie kommen in ähnlicher Form nur in der Bretagne, in Irland, auf den Hebriden und den Orkneys vor und stellen Fragen an die Geschichte. Es war wohl die Zeit dieser Steinsetzungen, als sich die Bornholmer immer häufiger gegen fremde Eindringlinge zur Wehr setzen mußten, vor allem in den Stürmen der Völkerwanderung. So entstanden die Gamleborg auf einem Felsplateau des Almindingen und die etwas weiter im Süden des Paradiesbakkerne liegende zweite Fluchtburg. Aber auch die Kunstgeschichtler kommen auf Bornholm auf ihre Kosten. Neben den vier berühmten Rundkirchen sind es vierzehn weitere Wehrkirchen aus der Zeit der Christianisierung der Wikingerlande. Sie sind aus Granitfeldsteinen wie für die Ewigkeit gebaut, in romanischem Stil, schneeweiß getüncht.

Bornholm fällt auch geologisch aus dem Rahmen, es ist die einzige Region des Königreiches Dänemark, wo Urgestein »ausbeißt«. Es ist damit der älteste in ganz Dänemark zutage liegende Boden, denn er besteht zu zwei Dritteln aus Granit und Gneis. Bornholm ist ein Restbestandteil des großen fennoskandischen Schildes, der die Landschaft von Norwegen, Schweden und Finnland bestimmt – jene vor 65 Millionen Jahren in Bewegung geratenen Tertiärzeit-Gebirgsscholle, deren Faltenbildung auch zum Entstehen der Alpen führte. Im Süden brach der fennoskandische Schild abrupt weg. Nur Bornholm blieb als ein Horst stehen, als ein Gesteinsbuckel einmaliger Prägung. Seine Felssteilküsten sind faszinierend, sei es bei Jons Kapel auf der Westseite oder im gesamten Bereich des bei allen Wanderern als Geheimtip gehandelten Prinzessin-Weges zwischen Gudjem und Allinge-Sandvig. Dort bilden die Heiligtum- und die Kerzenklippe, im Schärengewirr unterhalb des Hochuferweges, ein verlockendes Motiv für Maler und Fotografen.

Bornholm ist durch seinen überall sichtbaren Wechsel zwischen Felswänden, Wäldern, Heide und Moorseen landschaftlich äußerst reizvoll. Die Wikingerzeit hat mit etwa 40 Runensteinen und Ortsnamen wie Sandvig ihre Spuren hinterlassen. Sie hat mit ihrem Odalsrecht des grundsätzlich unteilbaren Erbes, das Hof und Land nur an Erstgeborene weitergeben durfte, jede Zerstückelung und kleine, unrentable Hufen unmöglich gemacht und mit sich gebracht, daß heute rund 6.000 stattliche Bauernhöfe über das mit guten Böden gesegnete Land verteilt sind. Ihre Betriebsgrößen sorgen auch weiterhin für gewerbliche Stabilität. So ist Bornholm eine Region gestandener Seßhaftigkeit, Ruhe und Bewahrung ausstrahlend. Seiner liebenswerten Landschaft stehen ausgesprochen idyllische Fachwerkstädtchen im Schonenschen Stil gegenüber: Gudhjem, Svaneke oder Alt-Rönne, mit Rosenstöcken und Malven vor den buntgetünchten, zumeist puppig kleinen Häusern, begeisterten die für Romantik besonders empfänglichen Deutschen. Sie durchschlenderten die kleinen Gassen mit ihrem Katzenkopfpflaster wie in dem Andersen-Märchen »Die Galoschen des Glücks«.

Braeunlich wurde Schrittmacher bei der Entwicklung eines Bäder-Tourismus auf Bornholm. Es gibt neben den bizarren Felssteilküsten auch Sandstrände – im Süden bei der Dueodde und im Norden bei Sandvig. Dieser schon aus der Wikingerzeit stammende Ortsname sagt es klar aus, daß sich dort im Nordosten der Insel eine geschützte Bucht mit weißem Sandstrand befindet. Sie machte die Kombination von Badeurlaub mit Wanderurlaub auf ideale Weise möglich. Braeunlich baute deshalb in den Jahren 1911 und 1913 die beiden ersten Kurhotels in Sandvig, die noch heute vorhanden sind.

Die »Stettiner Dampfschiffs-Gesellschaft J.F. Braeunlich« mußte aufgrund der starken Nachfrage auch Direktfahrten von Stettin nach Hammerhavn oder Gudhjem unternehmen, die je nach Wetterlage und Windrichtung angelaufen wurden. Es gab weiterhin Tagesfahrten von Sassnitz nach Bornholm, aber nachher auch Paketangebote mit beliebig langem Aufenthalt in einem der Bornholm-Hotels. Es gab seit der Jahrhundertwende auch kombinierte Fahrten nach Bornholm und Kopenhagen. Immerhin hatten die Dampfer Kabinen und gute Gastronomie, so daß sich kleinere Kreuzfahrten geradezu anboten. Bald fuhren die nach Auflassung der Postdampfer-Linie Sassnitz-Trelleborg infolge Aufnahme des Eisenbahntrajekt-Verkehrs – ab 1909 entbehrlich gewordenen – Dampfer IMPERATOR und HERTHA viermal pro Woche eine höchst erfolgreiche Rundtour von Sassnitz nach Bornholm, Simrishamn, Malmö und Kopenhagen aus. Auch in den neu hinzugekommenen Häfen wurden die »Weißen Schwäne« unter der Braeunlich-Flagge bald gern gesehene Gäste. Aber damit gab sich Dr. Julius Braeunlich keineswegs zufrieden, er gab weiteren Skandinavien-Fahrten große Zukunftschancen.

So war beabsichtigt, die Fahrten zur dänischen Hauptstadt über Kopenhagen hinaus auszudehnen und durch den Sund ins Kattegat und Skagerrak weiterzufahren, damit auch Norwegens Hauptstadt Oslo – damals noch Christiania genannt – in das Rundtour-Programm aufgenommen werden konnte. Man muß dazu wissen, daß Norwegen 1905 die Personalunion mit der schwedischen Krone aufgekündigt hatte und erst damit zum selbständigen Königreich geworden war. Der autonom gewordene Staat bemühte sich sehr um internationale Reputation, zu der mit Sicherheit auch die alljährlichen Nordlandreisen Kaiser Wilhelms II. mit seiner Staatsjacht HOHENZOLLERN nicht unerheblich beitrugen. Aber diese Reisen führten ins Fjordland, vorwiegend zum Sognefjord, während das heutige Oslo (es erhielt erst 1922 diesen historischen Namen zurück) noch unter seiner Randlage litt. Ein Fährverkehr in die Nachbarländer war noch Zukunftsmusik, aber Seetourismus dorthin würde förderlich sein. Im Stettiner Reedereikontor hatte man das erkannt und entsprechende Verhandlungen aufgenommen. Nach Versuchsfahrten der FREIA und schließlich der IMPERATOR drückten der IMPERATOR-Kapitän Theodor Schultz und der Sohn des Reeders noch einmal gemeinsam die Schulbank, um Norwegisch zu lernen. Aber es kam bis Ende Juli 1914 nur zu wenigen, wenn auch erfolgreichen Bornholm–Kopenhagen–Oslo-Kreuzfahrten, weil am 2. August 1914 der Kriegsausbruch die friedliche Seefahrt unterband.

Die international beachteten Erfolge im Bornholm-Verkehr und bei den geschilderten Rundtouren dürfen nicht den Blick dafür verstellen, daß das eigentliche Standbein der Braeunlich-Reederei die Sassnitz-Linie wurde, die von Stettin über Swinemünde–Heringsdorf–Zinnowitz–Göhren–Sellin–Binz nach Sassnitz führte. Diese Route setzte freilich den Bau von Seebrücken in den genannten Ostseebädern voraus, die aber erst nach und nach entstehen konnten. Sie wurden jedoch Voraussetzung für die gedeihliche Weiterentwicklung der Ostseebäder.

»Piers« an hafenlosen Küsten

Kehren wir noch einmal zurück zu den Anfängen der Bäderbewegung. Mit der Fischerei von den offenen Stränden der Inseln Wollin und Usedom aus stand es von der Jahrhundertmitte an nicht zum besten. Zuvor hatte vor allem Heringsfang und das Einsalzen gleich nach dem Anlanden der Fänge eine halbwegs sichere Erwerbsgrundlage abgegeben. Aber aus unerfindlichen Gründen veränderte sich das Schwarmverhalten in den Jahren 1840–1850, so daß die Aufnahme eines Badebetriebes zur rettenden Zweiteinnahme wurde. Es war in den Fischerdörfern nicht verborgen geblieben, welche Erfolge – zunächst auch dort nur mit der Warmbaderei – der pommersche Landespräsident Johann August Sack (1816–1831) mit der Schaffung eines Seebades in Swinemünde erreicht hatte. Er ernannte bereits 1824 eine Swinemünder Badedirektion, der auch Hofarzt Dr. Richard Kind angehörte. Sein Titel besagt, daß er einen »direkten Draht« zum preußischen Königshaus hatte. Mit einer Eingabe an König Friedrich Wilhelm III. erbat er 1825 finanzielle Zuschüsse für den Bau eines Swinemünder Gesellschaftshauses und die Anschaffung von Badehütten. Der Monarch ging darauf ein, so daß künftig eine Förderung des Seebadewesens aus der königlichen Schatulle zur Regel wurde. Man hatte in Berlin sehr wohl die soziale Bedeutung der Bäderbewegung erkannt. Sie war ein Mittel gegen die Armut der Insulaner.

Auf Usedom zogen Ahlbeck, Koserow, Zinnowitz, schließlich auch andere Fischerdörfer wie Bansin, Ückeritz, Zempin, Karlshagen in bestimmten Zeitabständen nach, auf Wollin waren es Misdroy und Heidebrink und als östlichster Platz am Mündungsdelta der Oder auch Berg-Dievenow. Noch fehlte es an Pensionen und Hotels, aber Familienurlaub im Fischerhaus wurde zur neuen Mode. Die Entwicklung der Ostseebäder verlief unterschiedlich schnell, sie hing weitgehend von der Anbindung an die Dampfschiffahrt ab. So hatte das rasch aufblühende Ostseebad Misdroy auf Wollin von der Einrichtung des besagten Dampfschiffsbollwerks an der Laatziger Ablage, auf der Boddenseite, profitiert. Aber der Gemeinderat Misdroy entschloß sich bereits 1885 auch zum Bau einer Seebrücke am offenen Strand, um auf der Seeseite ebenfalls für Dampfschiffe anlaufbar zu werden.

Dietrich Gildenhaar schrieb darüber 1993: »Die *Kaiser-Friedrich-Brücke* setzte nicht nur Maßstäbe in der Holzbauweise, sondern trug in ihrer Gestaltung Vorbildcharakter. Der großzügig ausgelegte Steg diente als Schiffsanleger und Flanierstrecke zugleich. Bereits auf der Düne stehend, erhob sich die (Brücken-)Halle mit Geschäften, Gaststätten, der Gepäckabfertigung und dem Billetverkauf. Die an sich schmucklose Haupthalle wurde architektonisch aufgewertet durch das großzügige Hauptportal mit zwei gedrungenen Seitentürmen.

Die Türme liefen nicht spitz zu, sondern endeten in abgerundeten Hauben. Die Seebrücke bildete den Mittelpunkt der beeindruckend gestalteten breiten Promenade.«

Auch wenn es eine chronologische Vorwegnahme bedeutet, ist nicht uninteressant, was Dietrich Gildenhaar des weiteren über diese *»Kaiser-Friedrich-Brücke«* aussagt: »1906 folgte der Ausbau der Seebrücke durch die Verlängerung des Steges auf 360 Meter, und sie war somit besser geeignet für das Anlegen von Schiffen, wobei die (stets wettergeschützte und seegangfreie) Laatziger Ablage der Haupthafen bleiben sollte.«

Der Rittergutsbesitzer und Oberforstmeister Bernhard von Bülow wußte die Zukunft des Fischerdorfs Heringsdorf richtig zu deuten. Es gelang ihm, namhafte Förderer für den Aufbau eines dortigen Badewesens zu gewinnen. Heringsdorf wurde unter Federführung des Bankiers Dr. Hugo Dellbrück ab 1870 zum ersten deutschen Seebad auf Aktienbasis und wurde bald als »Badewanne der Berliner« auf Usedom führend. Schon 1874 hatten Heringsdorf mit 7.428 und Misdroy mit sogar 7.620 Badegästen das Vorbild Swinemünde (mit 4.930) überrundet.

Einen großen Schritt nach vorn wagte man in Heringsdorf. Die weitere Entwicklung dieses Prominentenbades setzte den Bau einer ausreichend langen Seebrücke voraus, an der auch Schiffe wie der Raddampfer Freia und künftige noch viel größere Dampfer der ausbaufähigen Seebäder-Linie würden anlegen können.

1891 legte man den Grundstein für eine 500 Meter lange Seebrücke, die zwei Jahre später fertiggestellt und durch kaiserlichen Erlaß den Namen *»Kaiser-Wilhelm-Brücke«* führen durfte.

Das Bauwerk war ungewöhnlich konzipiert, denn der rechtwinklig vom Strand abgehende Zugangssteg zum Anlegerbereich setzte sich nicht geradlinig fort. Dem umfangreich bebauten und durch einen Wellenbrecher geschützten Brückenkopf schloß sich im rechten Winkel dazu ein Anleger für Küstendampfer an. 1903 wurde er durch einen seitlichen Anleger für die Rügendampfer erweitert, die »Odin-Brücke«. An ihr legten die Braeunlich-Dampfer auf dem Weg zu den Rügenbädern an und brachten die Sommergäste aus Stettin, die aus dem ganzen Reich, aber besonders aus Berlin angereist waren. Eine über acht Kilometer lange Strandpromenade verbindet die drei Seebäder Bansin, Heringsdorf und Ahlbeck miteinander und führte weiter bis Swinemünde.

Der Eingangsbereich der Heringsdorfer Seebrücke bot mit seinen vier Fachwerk-Ecktürmen und einem dreihelmigen Hauptturm in der Mitte – einer Pagode nicht unähnlich – ein pittoreskes Bild. Ihm schloß sich nach dem Muster von Misdroy eine größere Abfertigungshalle an, während der Brückenkopf Wartehallen und ein Café trug. Es ist nicht uninteressant zu wissen, wie diese damals größte und modernste Seebrücke erhalten und bald sogar noch erweitert werden konnte. Dietrich Gildenhaar hat die Details ermittelt: »Es wurden die notwendigen finanziellen Mittel (teils von der Kurtaxe finanziert und) auch durch geregelte Tarife für die Brückenbenutzung eingenommen.

Blick seewärts zum Kopf der Heringsdorfer Seebrücke. Seitlich davon macht gerade die HERTHA an der 1903 hinzugefügten ODIN-Brücke fest.

1. Es gab Abonnementskarten, gültig für die Zeit von der (saisonalen) Eröffnung der Brücke bis zum 30. September. Sie kosteten zwei Mark. Sie wurden auf den Namen ausgestellt … und waren nicht übertragbar. Die Abonnementskarten wurden im Kurbad und nur an Inhaber von Heringsdorfer Kurkarten ausgegeben.
2. Für einmaligen Besuch der Brücke (Eintritt auf der rechten Seite durch das Zählwerk) war das Eintrittsgeld von 10 Pfg. pro Person zu entrichten.
3. Der Führer jedes Fahrzeugs, welches an der Brücke landete, hatte für jedes Anlegen an den Brückenwärter 4 Mark bzw. 6 Mark bzw. 10 Mark zu entrichten, je nach Größe des Schiffes. (Es handelte sich um Goldmark!) Für die Güterlöschung von Schiffen und Verladung auf dieselben wurde ein Brückengeld von 20 Pfg. für jede angefangenen 50 Kilo vom Brückenwärter erhoben. Passagiergepäck war von der Abgabe befreit.«

Im Kgl. Preußischen Verkehrsministerium hatte man längst die Förderungswürdigkeiten der neuen hölzernen Kunstbauten erkannt. Der Minister für öffentliche Arbeiten gewährte Zuschüsse für den Bau. Das Verkehrsministerium sorgte für Risikoausgleich: Wenn eine Seebrücke durch Naturgewalten, insbesondere durch winterliches Packeis, zerstört wurde, dann hat man den Neuaufbau aus Mitteln der öffentlichen Hand bestritten.

Welche Bauart würde sich als die bestgeeignete herausstellen – stählerne oder hölzerne Seebrücken? Das war die Frage. Um sie zu klären, trat jetzt wieder der Geheime Oberbaurat Dipl.-Ing. Peter Adolph Dresel ins Bild, der als Wasserbauer die Kaiserfahrt geschaffen hatte und dessen Rat man in Berlin besonders gern in der Brückenfrage hörte. Dresel hatte Studienreisen in die westlichen Nachbarländer unternommen und befaßte sich besonders in England mit den dort in Mode gekommenen stählernen Seebrücken, die als »Piers« zu einer Art Wahrzeichen der viktorianischen Epoche geworden waren. Noch heute sieht man solche immer wieder reparierten und renovierten Bauwerke, z.B. in Ryde auf der Insel Wight. So umständlich auch das alljährliche Konservieren und der Neuanstrich der korrosionsempfindlichen stählernen Seebrücken waren: Die Piers wurden zu einer Art Markenzeichen des klassischen Landes der eisenschaffenden Industrie, des Ursprunglandes der Dampfmaschine und des Stahlschiffbaues – Großbritannien. Und so lag es nahe, das Urteil eines so versierten Fachmannes wie Dresel einzuholen. Es fiel recht eindeutig aus: Dresel riet davon ab, auch in Vorpommern stählerne Seebrücken zu bauen. Die hohen Folgekosten der Korrosionsschutzmaßnahmen waren nicht allein für die Ablehnung ausschlaggebend. Dresel wies darauf hin, daß es an den Küsten Englands dank Golfstromausläufer im Kanal keine Eisbildung gab, jedenfalls nicht in Gestalt gefährlicher Packeisgeschiebe. An den Küsten von Wollin, Usedom und Rügen aber bestand die Gefahr irreparabler Torsionen (Verwringungen) stählerner Brücken. Eisschäden ließen sich mit den örtlich vorhandenen Hölzern ungleich besser und wirksamer »courieren«.

Auf kürzere hölzerne Seestege zur Verbindung der Bäder untereinander verzichteten dann auch nicht die kleineren Badeorte auf Usedom wie z.B. Ückeritz, Kölpinsee, Koserow, Zempin und Karlshagen, an denen freilich nur Boote und kleinere Küstendampfer anlegten und denen alle dazugehörigen Dienstleistungsbauten fehlten.

Auf Usedom entstand jedoch die zweite große, für die Bäderdampfer der Sassnitz-Linie geeignete Seebrücke im Ostseebad Zinnowitz.

Mit seinem pagodenhaften Turm und den vier Nebentürmchen wirkte das Heringsdorfer Brückenhaus exotisch-pittoresk.

Der ursprünglich vorhanden gewesene, kleinere Seesteg wurde 1908 nach dem Heringsdorfer Vorbild auf ebenfalls 500 Meter Länge gebracht und 1909 durch Hinzufügen der Abfertigungshalle und sonstiger Räumlichkeiten als vollwertige Seebrücke vollendet.

Auch auf Rügen war man in den neunziger Jahren ans Werk gegangen. Man wußte sehr wohl, was von der Anbindung an die Dampfschiffsrouten abhing.

Im Ostseebad Göhren, das 1876 ins Bäderzeitalter eingetreten war, behalf man sich zunächst mit einem Provisorium. In der vor West- und Nordwinden geschützten und damit in der Regel seegangsärmeren Südstrandbucht befand sich noch eine kleine steinerne »Schwedenbrücke«, die 1813 und damit in der (gerade noch) schwedischen Zeit Rügens durch Steinschüttungen gebildet worden war. Man überbaute die »Schwedenbrücke« mit einem kleinen, hölzernen Bootssteg. Aber dieses Provisorium half nur bedingt. Es ermöglichte ab 1894 wenigstens das Ausbooten von Fahrgästen in Göhren. Diese Möglichkeit wurde nachweisbar von der FREIA sowie auch von der (wohl zeitweilig auf der Postdampfer-Linie Sassnitz–Trelleborg entbehrlich gewordenen) GERMANIA wahrgenommen, wie ein Foto aus der Zeit um die Jahrhundertwende beweist.

Überhaupt muß an dieser Stelle hinzugefügt werden, daß die Braeunlich-Raddampfer schon sehr früh die »Kunden« der Seebrücken von Misdroy, Heringsdorf sowie der ersten Behelfsbrücke von Zinnowitz wurden. Das ist nachzuweisen bei den Dampfern TERRA, DER KAISER, KRONPRINZ FRIEDRICH WILHELM und bei der kurzlebigen CUXHAVEN (deren Eigner Albert Ballin war). Um die Jahrhundertwende verschwanden die genannten Raddampfer alle, wenn man von der bereits 1891 verunglückten CUXHAVEN absieht. Sie wurden abgewrackt (DER KAISER im Jahr 1900) oder verkauft (KRONPRINZ FRIEDRICH WILHELM im Jahr 1901). Auch die TERRA dürfte um diese Zeit aus der Braeunlich-Schiffsliste verschwunden sein. Bei der GERMANIA steht fest, daß sie 1902 verschrottet wurde, nachdem sie durch den neuen Schraubendampfer ODIN hatte ersetzt werden können. Die PRINCESS ROYAL VICTORIA wurde 1901 an die Reederei W. Kunstmann, Stettin, verkauft. Kunstmann war es auch, der schon 1900 den Seitenraddampfer MISDROY von Braeunlich erworben hatte.

Doch zurück zum Thema Seebrücken auf Rügen. Im Hinblick auf eine künftig perfekt funktionierende Sassnitz-Linie hatten Dr. Julius Braeunlich und der anstelle des ausgeschiedenen Oscar Braeunlich als zweiter Geschäftsführer nachgerückte Franz Gribel im Jahr 1900 Verhandlungen mit der Kgl. Preußischen Regierung aufgenommen. Das Ziel der Gespräche waren bessere Landungsmöglichkeiten auch an den Ostseebädern der Insel Rügen. Zum Zweck der systematischen Tourismusförderung gewährte man in Berlin zinslose Darlehen auch für dortigen Seebrückenbau. Der Hauptnutzer Braeunlich übernahm die großen Brücken zur Hälfte ins Eigentum, die jeweilige Gemeinde die andere Hälfte. Die Amortisation der Brücken war durch die Anlegegebühr, den Güterumschlag und die zusätzlichen Brückenzölle (Eintrittsgelder für das Betreten) abgesichert, die Staatsbeihilfen bei der Beseitigung von Sturmflut- und Eisschäden wurden nach Usedomer Muster überall garantiert. Dipl.-Ing. Peter Adolph Dresel schied 1902 aus dem aktiven Staatsdienst aus. Als Ruheständler erhielt er sofort einen Konsultationsvertrag zur Vorbereitung des Baues neuer, großer Seebrücken. Er nahm die in der preußischen Gemeindeordnung vorgeschriebene Anhörungspflicht ernst. Zunächst hörten die Gemeinderäte Dresels Referat über das vorgesehene Neubauprojekt an, anschließend wurden die zumeist gegnerischen Argumente von Schiffsleuten und Fischern vorgetragen. Letztere fürchteten vor allem um ihre ausgebrachten Treibnetze und Reusen durch anlegende Dampfer, deren Verkehr als störend empfunden wurde. Es bedurfte intensiver Aufklärungsarbeit und schließlich Gewöhnung an die neuartigen Holzbauten, ehe sich die Furcht vor ihnen als gegenstandslos erwies. Mit Fingerspitzengefühl einigte man sich über Schutzzonen, die von beiden Seiten respektiert wurden und eine Beschädigung von Netzen im Manövrierbereich der Dampfer ausschlossen.

An sämtlichen großen Seebrücken von Usedom und Rügen befanden sich auf halber Steglänge die Anlegepodeste für die kleineren Küstendampfer, die den Zubringer- und Anschlußverkehr für die Badeorte mit kleineren Seebrücken sicherstellten.

Stellvertretend für die anderen soll hier über die Selliner Seebrücke berichtet werden und die Entwicklung, die einherging mit dem stetig zunehmenden Badeleben. Angefangen hatte es damit, daß die Fischer in der Badesaison die ankommenden Gäste ausbooten mußten. Das war bei unruhiger See aber nicht ungefährlich. Nach ersten kleinen Stegen wurde 1905 der Beschluß zum Bau einer 500 Meter langen Brücke gefaßt, die am 2.8.1906 mit einer Feier für den Verkehr freigegeben wurde. In Zusammenarbeit mit der Reederei Braeunlich wurde sie so gestaltet, daß der Kopf den Stettiner Dampfern eine sichere Anlegemöglichkeit bot.

Die Selliner Seebrücke erhielt – wie nachher auch die beiden anderen großen Seebrücken Rügens – auf halber Länge Anlegepodeste für die kleineren, weniger Wassertiefe benötigenden Küstendampfer der »Sassnitzer Dampfschiffahrts-Gesellschaft«.

Diese war 1906 aus der vormaligen »Motorboots-Gesellschaft Sassnitz« entstanden. Sie stellte gleich im Gründungsjahr ihren ersten Dampfer Sassnitz in Dienst. Das geschah rechtzeitig vor der feierlichen Einweihung der Selliner Seebrücke am 2. August 1906. Bald folgten der Sassnitz weitere Dampfer mit speziellen Rügen-Namen wie Baabe, Sellin, Binz, Stubbenkammer, Arkona. Sie unterhielten ein recht perfektes Nahverkehrsnetz und machten die großen Seebrücken von Göhren, Sellin und Binz mit D-Zug-Stationen vergleichbar, auf denen Anschluß-»Personenzüge« zu den kleineren, im Entstehen befindlichen Ostseebädern wie Thiessow, Baabe, Lohme, Juliusruh abfuhren. Die in Fahrplanabsprache mit Braeunlich eingesetzten Küstendampfer verbanden nicht nur die Ostseebäder Rügens miteinander und verknüpften sie mit besonderen Sehenswürdigkeiten wie Stubbenkammer und Kap Arkona (wo ebenfalls Seebrücken gebaut wurden) – sie vernetzten auch die fahrplanmäßig ankommenden und abfahrenden »Stettiner Dampfer« mit den kleineren Badeorten.

Das Zusammenspiel zwischen den »Stettiner« und den »Sassnitzer« Dampfern, die Vernetzung der »D-Zug«- und der »Personenzug-Stationen« klappte nachher reibungslos, sogar mit durchgehenden Fahrkarten von der einen auf die andere Linie. Im Zusammenspiel mit anderen Küstendampfer-Betreibern funktionierte das ebenso auf Usedom und Wollin.

Die Gemeinde und Kurverwaltung des Ostseebades Binz zahlte zweimal hintereinander bitteres Lehrgeld. Die 1905 in Betrieb genommene 600 Meter lange Seebrücke fiel bereits 1907 schweren Eispressungen zum Opfer. Sie mußte total neu gebaut werden. Aber man besaß seinerzeit noch keine ausreichenden Erfahrungen mit der Statik hölzerner Seebrücken. Es kam deshalb am 28. Juli 1912 zu einer folgenschweren Katastrophe. Die Hochseeflotte machte ihre Seebäderbesuche zum »Tag der Flotte«. Die großen Linienschiffe ankerten draußen auf Reede, die Beiboote besorgten den Pendelverkehr von der Seebrücke zu den Schiffen der Kaiserlichen Marine.

Die Nachfrage nach solchen Besichtigungen war während der Großen Ferien erfahrungsgemäß enorm. Zwecks laufender Ein- und Ausbootung für den Kriegsschiffbesuch befand sich extrem viel Publikum auf der Binzer Seebrücke, als schließlich ein zusätzlicher Menschenstrom bei der Ankunft des aus Stettin kommenden Braeunlich-Dampfers entstand. Unter der Überlast der vielen Menschen stürzte ein Teil der Seebrücke ein. Etwa hundert Personen fielen ins Wasser, von denen leider siebzehn ertranken. Angehörige der Marine und vor allem ein dabei ums Leben gekommener Binzer Gendarm machten sich sofort um die Rettung der meisten anderen verdient, die vor dem Tod bewahrt werden konnten. Der Schock, den die in ganz Deutschland bekannt gewordene Binzer Seebrücken-Katastrophe auslöste, führte spontan zur Gründung der verdienstvollen »Deutschen Lebensrettungs-Gesellschaft (DLRG). Selbstverständlich wurde die Binzer Brücke sofort repariert, sie versah fortan reibungslos ihren Dienst.

Aber eins zeigte sich auf Rügen bald ebenso wie schon zuvor auf Usedom:

Die Seebrücken der Badeorte wurden jede auf ihre Weise eine Attraktion. Sie dienten nicht nur dem An- und Ablegen der großen Seebäderdampfer im tieferen Wasser am Brückenkopf und für die kleineren Küsten- und Ausflugsschiffe auf halber Brückenlänge. Sie waren auch Flaniermeile und führten vorbei an Geschäften, Lesehalle, Zeitungskiosk und Café. Die Brückenhäuser beherbergten Fahrkartenschalter, Gepäckabfertigung, Zimmernachweis und Erste-Hilfe-Station. Natürlich war auch immer der Strandfotograf dann zur Stelle, wenn ein Schiff anlegte, um die neuen Gäste abzulichten. Einige Stunden später konnten sie dann ihr Erinnerungsfoto in Empfang nehmen. In Sellin war es Hans Knospe, Deutschlands ältester »Bäderphotograph«, der diesen von ihm so geliebten Beruf seit 1919 ausübte. Eines seiner bekanntesten Bilder ist der große »Selliner Stern« von 1930. Ein Dokument der Bademode. Ein Kreis von achtzehn Nixen im bunten Zweiteiler, von der Seebrücke herab fotografiert. Bis in seine letzten Jahre tätig, verstarb der einzige Selliner Ehrenbürger Mitte April 1999, nur knapp vier Monate vor seinem hundertsten Geburtstag, den er so gern noch erlebt hätte.

Aus heutiger Sicht tat sich das Ostseebad Göhren mit dem Bau einer großen Seebrücke am schwersten, denn man kam damit erst 1909 »zu Potte«, wie man in Pommern sagt. Sicherlich war die Braeunlich-Reederei daran nicht ganz schuldlos. Sie plädierte für eine Seebrücke, die nicht – wie in Sellin und Binz – bei Starkwind aus den Richtungen Nordwest bis Nordost – das Anlegen allzu riskant machte. Man ging davon aus, daß man mit einer geschützter gelegenen Seebrücke des Ostseebades Göhren immer noch die Möglichkeit hätte, bei solchen Wetterlagen auch die nach Baabe, Sellin und Binz bestimmten Fahrgäste ungefährdet an Land zu bringen. Sie konnten in solchen Fällen die genannten Zielorte bequem mit der Dampfkleinbahn erreichen.

Diesen Argumentationen verschloß man sich nicht, sie waren plausibel. Dennoch wußte man im Berliner Verkehrsministerium ebenso wie im Stettiner Reedereikontor, worauf man sich mit dem Plan einer Seebrücke am besser gegen nördlichen Seegang gesicherten Göhrener Südstrand eingelassen hatte: Das Wasser war dort derart seicht, daß diese Seebrücke eine Länge von 1.002 Metern bekommen mußte. Diese »Kilometerbrücke« wurde die längste, die jemals an der deutschen Ostseeküste gebaut wurde. Ihre Eröffnung zum Saisonbeginn des Jahres 1909 erregte entsprechendes Aufsehen, sie wurde auch im Binnenland zum Pressethema. Mit ihr wurde die von Dr. Julius Braeunlich und Franz Gribel als Hauptprojekt angestrebte, auf die Großseebrücken gestützte »Sassnitz-Linie« Stettin–Swinemünde–Heringsdorf–Zinnowitz–Göhren–Sellin–Binz–Sassnitz endgültig Realität. Sie war nun kein Stückwerk mehr. Die vorherigen Unzulänglichkeiten mit der Seebrücke von Zinnowitz und dem Schwachpunkt des Ausbootens in Göhren waren Vergangenheit. Und es kam alles genau zur richtigen Zeit: Die Linie konnte mit den Doppelschraubendampfern Odin und Hertha im täglichen Gegenlauf »paarig« betrieben werden. Als drittes Schiff hatte man den Doppelschraubendampfer Imperator und als Entlastungsschiff nach wie vor die gute, alte Freia zur Verfügung.

Ein »epochales Ereignis«

Aber zunächst einmal mußten alle vier Dampfer gleichzeitig eingesetzt werden, um die große Zahl der Schaulustigen nach Sassnitz zu bringen. Das, was dort am 6. Juli 1909 stattfand, nannte die Berliner »Vossische Zeitung« ein »epochales Ereignis«, bei dem natürlich jeder gern dabei sein wollte:

Auf der Reede von Sassnitz hatte das schwedische Panzerschiff OSCAR II. geankert, das den schwedischen König Gustav V. an Bord hatte. Daneben ankerte die deutsche Staatsjacht HOHENZOLLERN, die den deutschen Kaiser Wilhelm II. herbeibrachte. Die beiden Monarchen weihten an diesem Tag die damals längste Eisenbahn-Fährlinie der Welt ein. Eigens für diese 65 Seemeilen oder 107 Kilometer lange Strecke Sassnitz–Trelleborg hatte die Kgl. Preußische Staatsbahn beim »Stettiner Vulcan« die beiden Hochseefährschiffe DEUTSCHLAND und PREUSSEN bauen lassen, die jetzt über die Toppen geflaggt im Sassnitzer Hafen lagen. Dieses Zwillingspaar machte den Anfang auf der nach den beiden Monarchen benannten »Königslinie«. Desgleichen nahm auch das schwedische Fährschiff DROTTNING VICTORIA und ein Jahr danach dessen Schwesterschiff KONUNG GUSTAF V. der schwedischen Staatsbahn »Svenska Järnvägar« den Dienst auf dieser Fährroute auf, mit der die vorherige Postdampfer-Linie Sassnitz–Trelleborg überflüssig und die dort eingesetzten Braeunlich-Dampfer für die »Sassnitz-Linie« frei wurden.

Schon von der Namensgebung her war klar, daß Fährschiff DEUTSCHLAND das Flaggschiff der deutschen Fährschiff-Flotte sein mußte.

Die Hochseetrajekte DEUTSCHLAND und PREUSSEN (im Bild), 2.935 BRT großen, mit 2.700 PSi Maschinenleistung auf jedem Propeller waren 1909 die größten und modernsten Fährschiffe der Welt.

Das Fährschiff Deutschland war mit 2.935 Bruttoregistertonnen vermessen, die Tragfähigkeit lag bei 4.500 Tonnen. Es war 108 Meter lang und 15 Meter breit. Sechs Heizkessel mit zwölf Feuerungen trieben zwei Dreifach-Expansionsmaschinen von jeweils 2.700 PS an. Die Höchstgeschwindigkeit lag bei 18 Seemeilen in der Stunde. Auf dem Wagendeck konnten sechs D-Zugwagen oder 16 bis 18 Güterwaggons die Überfahrt mitmachen. Die Werftkosten beliefen sich für den Neubau auf 1.109.000 Reichsmark. Für damalige Zeiten eine enorm große Summe! Bei der Indienststellung waren die Hochseefähren Deutschland und Preussen die größten und modernsten Fährschiffe der Welt.

Für Braeunlich war der künftige Verzicht auf die vorherige Postdampferlinie nicht sonderlich schmerzhaft. Der mit den beiden Privatreedereien der schwedischen und der deutschen Seite 1907 abgeschlossene neue Postdampfervertrag war eigentlich noch bis zum Jahr 1917 gültig. Aber nun wurde Braeunlich im Jahr 1909 mit der Zahlung von 1,050 Millionen Goldmark entschädigt, so daß in diesem Geschäftsjahr die einmalige Dividende von 75 Prozent der Einlage für die Gesellschafter möglich war.

Aber die Preußische Staatsbahn und das Postministerium ließen sich die gezahlte Entschädigung mit *einer* Gegenleistung honorieren. Sie bestand darin, daß der einschlägig besterfahrene Braeunlich-Kapitän der vorherigen Postdampferlinie in den Dienst der Preußischen Staatsbahn treten mußte. Es handelte sich um Kapitän Friedrich Delfs, der von 1905 bis 1907 auf dieser Route die Freia geführt und danach den Neubau Hertha übernommen hatte. Delfs hatte mit beiden Schiffen auch unter extrem ungünstigen winterlichen Wetterbedingungen die Trelleborg-Route gemeistert. Er besaß jenen sechsten Sinn, ohne den der »Blindflug zu Schiff« bei Schneesturm und Nebel ein hoffnungsloses Unterfangen gewesen wäre. Schon die von ihm gefahrenen Manöver mit dem »Blohm-Wiesel« machten ihn bald als »Seemannschaftler« ersten Ranges populär. Und so hatte es niemanden gewundert, als er bald das Kommando über den Neubau Hertha übernahm.

Das Preußische Verkehrsministerium wußte sehr wohl, warum man Braeunlich gerade diesen Schiffsführer abhandelte. Er wurde nun beauftragt, seine reichen Erfahrungen in die Projektierung der beiden neuartigen Hochseefährschiffe einzubringen. Delfs nahm Einfluß auf die Konstruktion und Ausrüstung dieser Eisenbahn-Trajekte sowie auch auf den Bau der speziell für diese Schiffe »maßgeschneiderten« Fähranleger in Sassnitz. Delfs übernahm in Stettin schließlich die Bauaufsicht für die beiden Neubauten Deutschland und Preussen zugleich.

Gleichzeitig übernahm er von der Kgl. Preußischen Staatsbahn den Auftrag, das seemännische Personal für die neuen Eisenbahnfähren Deutschland und Preussen auszusuchen. Bei der Auswahl achtete er sehr darauf, daß die Nautiker und Matrosen der Fähren Segelschiffserfahrungen auf Großer Fahrt nachweisen konnten, weil sie dann die besten Voraussetzungen mitbrachten, zu jeder Jahreszeit mit Wind und Wetter fertigzuwerden und das Handwerk der Seemannschaft besonders intensiv erlernt zu haben.

Nach Fertigstellung der Deutschland übernahm Kapitän Delfs selbst die Führung dieses Flaggschiffs, dessen Maschinenerprobungen, Werftprobefahrten und Abnahmeprobefahrt er mitmachte, bevor die »Vulcan«-Flagge niedergeholt, die Flagge der Kgl. Preußischen Staatsbahn gesetzt wurde und der Werftkapitän das Kommando offiziell an Friedrich Delfs übergab.

Am 14. Juni 1909 lief unter seiner Führung das Fährschiff DEUTSCHLAND erstmals seinen künftigen Heimathafen Sassnitz an. Nun standen dort die Erprobungen der Fährbetten und das probehalber vorgenommene Einrangieren von Personen- und Güterzügen an. Und wie immer vor Antritt der eigentlichen Jungfernreise fielen noch ein paar »Restpunkte« an, die in einer Liste zusammengefaßt und Werfttechnikern des »Vulcan«, die von Stettin mit herübergekommen waren, zwecks Beseitigung dieser kleineren Mängel »vor Ort« übergeben wurden.

Am 1. Juni kam auch Fährschiff PREUSSEN herüber, so daß dem »Tag des Herrn« nichts mehr im Wege stand – der symbolischen Eröffnung der »Königslinie« durch die beiden Staatsoberhäupter von Schweden und von Deutschland. Als Gastgeber hieß Kaiser Wilhelm den schwedischen König willkommen. Nach der Begrüßungszeremonie begannen die Feierlichkeiten auf dem dafür hergerichteten, festlich geschmückten Achterdeck des Fährschiffs DEUTSCHLAND.

Die beiden Könige – der deutsche Kaiser war ja zugleich König von Preußen – fuhren also zu dem neuen Fährschiff hinüber. Wilhelm II. hatte schon vom Deck der HOHENZOLLERN aus bemerkt, daß Fährschiff DEUTSCHLAND die Reichspostflagge mit einem Eisernen Kreuz in der Ecke führte. Damit war klar, daß dieses Schiff von einem Reserveoffizier der Kaiserlichen Marine geführt wurde.

Als nun der Kaiser mit seinem ranghohen schwedischen Gast die DEUTSCHLAND betrat, auf deren Achterdeck alles zur Eröffnungsfeier vorbereitet war, wurde den Augenzeugen klar, daß Kaiser Wilhelm den Kapitän Delfs – er trug Gehrock und Schleppsäbel zur Uniform eines Staatsbahn-Nautikers – als »Master next God« respektierte. Nach internationalem Brauch ist der Kapitän an Bord eines Schiffes die höchstgestellte Persönlichkeit, der sich auch gekrönte Häupter unterzuordnen wissen. Formvollendet »meldete« darum Wilhelm II. »sich und seinen königlichen Gast an Bord«. Und er nahm mit sichtbarem Wohlwollen entgegen, daß »Kapitän Delfs, Führer des Fährschiffes DEUTSCHLAND und Kapitänleutnant der Reserve, sich gehorsamst erlaubt(e), Eure Kaiserliche Majestät und Eure Königliche Majestät willkommen zu heißen«.

Am Nachmittag begab man sich mit den drei Fährschiffen DEUTSCHLAND, PREUSSEN und KONUNG GUSTAV V. nach Schweden und wurde in Trelleborg mit donnerndem Salut schwedischer Kriegsschiffe empfangen. Auch im Königreich Schweden hatte man eine würdige Festlichkeit vorbereitet. Und so konnte am nächsten Tag, dem 7. Juli 1909, mit zunächst drei Fährschiffen der fahrplanmäßige Fährbetrieb aufgenommen werden.

Die Eröffnung der »Königslinie« war ein großer Tag für Sassnitz wie für Trelleborg. Friedrich Delfs war an diesem Tage der denkbar beste Repräsentant. Er zählte zur Elite der Braeunlich-Kapitäne, und es lohnt sich durchaus, über seinen Lebensweg in der von seinem Großneffen Kurt Wulf verfaßten Familienchronik nachzulesen. Kapitän Delfs entstammte einer alten Holsteiner Seefahrerfamilie. Sein Vater hatte den Kieler Frachtdampfer AUGUST bis zu seinem 80. Lebensjahr (!) geführt und war damit Deutschlands ältester diensttuender Schiffsführer geworden.

Kapitän Friedrich Delfs hatte die Bauaufsicht für beide Fährschiffe und führte nachher die DEUTSCHLAND als Flaggschiff der Preußischen Staatsbahn.
Das Foto zeigt ihn als Braeunlich-Kapitän des Raddampfers FREIA, mit dem er 1897 die Postdampfer-Linie Sassnitz–Trelleborg eröffnet hatte.

Sein 1875 in Kiel geborener Sohn Friedrich Delfs – überall nur Friedel genannt – fuhr nach der Schulzeit zur See. Vom Schiffsjungen bis zum Vollmatrosen absolvierte er seine Segelschiffsfahrzeit auf frachttragenden Rahseglern und erlebte dabei eine der längsten und stürmischsten Umrundungen des Kap Hoorn, die je in der Schiffahrtsgeschichte registriert wurden. Nach Erwerb des Nautikerpatents zum Seesteuermann auf Großer Fahrt meldete er sich als Einjährig-Freiwilliger zur Kaiserlichen Marine. »Einjährige« wurden solche Soldaten genannt, die auf Grund höherer Schulbildung nur ein Jahr »Kaisers Rock« tragen mußten. Sie wurden dann Reserveoffiziersanwärter, nach neun Monaten Dienstzeit bereits zum Maaten (Unteroffizier) befördert.

Auch als Reservist machte Delfs in der Folgezeit ziemlich schnell Karriere, er stieg bis zum Dienstgrad Kapitänleutnant d.R. auf, was damals viel heißen wollte.

Seine hervorragenden Dienstzeugnisse aus der Handelsschiffahrt und Kaiserlichen Marine bewogen die Reederei Braeunlich, diesen Kapitän einzustellen. Man übertrug ihm 1905 das Kommando über die Freia. Das Foto des Königlich Preußischen Hoffotographen Klett in Stettin (siehe Seite 71) zeigt ihn zu dieser Zeit im langen blauen Uniformrock mit drei Ärmelstreifen und je drei Sternen auf den Kragenseiten. Das weist ihn als Kapitän in der »Kleinen Fahrt« aus, der jedoch bereits das Kapitänspatent auf Großer Fahrt besitzt. Im Mützen-Eichenkranz erkennt man die Braeunlich-Flagge und darüber die schwarz-weiß-rote Reichskokarde, die nur von Reserveoffizieren der Kaiserlichen Marine getragen werden durfte. Das Kommando über das damals modernste und größte Fährschiff der Welt empfand Delfs natürlich als hohe Auszeichnung und Krönung seiner Seemannslaufbahn bis zu diesem Tag. Die »Stettiner Dampfschiffs-Gesellschaft J.F. Braeunlich« hatte gerade ihn äußerst ungern abgegeben.

Mit der Anmusterung traten alle Besatzungsangehörige der beiden Groß-Fähren in den Staatsdienst; ihre Kapitäne und Offiziere wurden Staatsbahn-Beamte.

Friedel Delfs mißfiel dieser Beamtenstatus: er war ihm zu schwerfällig, zu streng und kompliziert, er bot darüber hinaus nicht die materielle Entfaltungsmöglichkeit, die er als Kapitän eines Fahrgastschiffes in der Handelsmarine gewohnt war. Er konnte zum Beispiel nicht einsehen, daß für die Beschaffung eines im Dienst benötigten Gerätes ein formvollendeter schriftlicher Antrag bei der Staatsbahn gestellt werden mußte. Es ärgerte ihn auch, daß er als Kapitän eines großen Schiffes erst das Flötenzeichen eines Eisenbahners von Land abwarten mußte, bevor er das Signal zum Ablegen aus dem Fährbecken gab!

Die deutschen und schwedischen Fährschiffe pendelten zwischen Sassnitz und Trelleborg mit größter Pünktlichkeit, so daß die Eisenbahnen ihre Fernzüge auf dem Festland in den Fahrplan einbauen konnten. Pünktlich war das höchste Gebot im Fährdienst! Das führte dazu, daß die Hochseefähren auch bei den schlechtesten Sicht- und Wetterverhältnissen stets mit Volldampf zu fahren hatten, d.h. auch im dicken Nebel mit der Fahrtstufe »volle Kraft voraus«. Hierbei querten die Schiffe, die seinerzeit weder Radar noch andere nautisch-technischen Hilfsmittel kannten, die vielbefahrenen internationalen Seeschiffahrtswege der Ostsee.

Kapitän Delfs protestierte hiergegen: »Ich bin Seemann und handele nach den Seeverkehrsbestimmungen, nicht nach den Eisenbahnverkehrsvorschriften!«

Die Folge all dieser Unbehaglichkeiten war, daß er nach wenigen Monaten seinen Dienst im Fährverkehr kündigte.

Nach der Übergabe an seinen Nachfolger, Kapitän Hans Thesenvitz, stand Friedel Delfs allzu gern wieder auf der Kommandobrücke seiner geliebten HERTHA. Bevor er später noch andere Braeunlich-Dampfer übernahm und zwischenzeitlich sogar noch einmal auf seine ihm nostalgisch-sympathische FREIA zurückkehrte – im Zusammenhang mit Skandinavien-Testfahrten zur Erkundung neuer Fahrtgebiete – wurde in den Schiffsregistern des Germanischen Lloyd eben jener Friedel Delfs als Kapitän des Seebäderschiffes HERTHA in den Jahren 1907 und 1912 genannt. 1910 machte Kapt. Delfs Schlagzeilen in den Tageszeitungen, als er mit seiner Besatzung und insbesondere seinem 1. Offizier Mierke der in Seenot geratenen Galeasse GEORGINE zur Hilfe eilte und zwei Besatzungsmitglieder abgeborgen werden konnten.

Dem Jahresbericht der Gesellschaft zur Rettung Schiffbrüchiger, Jahrgang 1911/12, ist zu entnehmen, daß am 22. Juli »durch den deutschen Dampfer HERTHA, Kapitän J.Fr. Delfs, Seeleute der deutschen Galeasse GEORGINE gerettet werden konnten«. Die Rettungsaktion fand unter äußerst erschwerten Umständen statt, Kapitän Delfs ging ein hohes Risiko ein, weil die HERTHA dabei im »Leegerwall« manövrieren mußte, bei auflandigem Sturm. Sie mußte sich wie ein Wellenbrecher vor die sinkende Galeasse legen, damit das ausgesetzte Rettungsboot unter Führung des I. Offiziers in Lee, im Sturmschatten, die Schiffbrüchigen abbergen konnte. Delfs und sein I. Offizier Mierke erhielten die Laeisz-Medaille am Bande, die aus der 1862 gegründeten Laeisz-Stiftung für Rettung aus Seenot hervorgegangen war und alljährlich von der Deutschen Gesellschaft zur Rettung Schiffbrüchiger als Rettungsmedaille für besonders tapfere Rettungsleistungen verliehen wurde. Delfs erhielt die Auszeichnung in Gold, Mierke in Silber.

Auf der HERTHA machte Kapitän Delfs immer von neuem »drei Kreuze« und beglückwünschte sich zu dem Entschluß, dem Beamtendasein bei der Kgl. Preußischen Staatsbahn wieder entronnen zu sein. Auf einer Braeunlich-Kommandobrücke durften ihm weder Eisenbahnbedienstete noch andere Staatsbeamte Weisungen erteilen oder gar Befehle geben.

Allenfalls die beiden Geschäftsführer seiner Reederei konnten ihm Anordnungen auferlegen. Aber zu denen bestand ein von gegenseitiger Hochachtung getragenes patriarchalisches Verhältnis. Niemals pflegte man über die Köpfe der Kapitäne hinweg irgend etwas anzuordnen. Es kam mehr bei allen Entscheidungsfindungen heraus, wenn man sie im Gespräch mit den Praktikern auf der Kommandobrücke und im Maschinenleitstand erörterte. Das heutige Wort »Teamwork« trifft genau das damalige Braeunlich-Betriebsklima. Und Kapitän Delfs war nur ein herausgegriffenes Beispiel. Unter der Braeunlich-Schornsteinmarke – gelber Schornstein mit schwarzer Kappe – fuhr eine Elite von Nautikern und Ingenieuren. Man konnte sich eine besonders scharfe Personalauslese leisten, denn man wurde mit Stellengesuchen überhäuft.

Personell war die Reederei in einer ungewöhnlich günstigen Lage. Es kam nicht von ungefähr, daß es für Schiffsoffiziere und Schiffsingenieure eine Art Traumziel war, bei Braeunlich anmustern zu dürfen.

Den Eisbrechern sei Dank

Damals definierte man scherzhaft einen Seemann als jemanden, »der nach langer Zeit immer mal wieder kurz nach Hause kommt, um die Uhr aufzuziehen und die Kinder zu verhauen«.

Tatsächlich waren in der Überseefahrt sehr lange Abwesenheiten vom Heimathafen unvermeidlich, die Urlaubsansprüche noch minimal.

Zwar gab es das Sprichwort, daß »Seemanns-Ehen immer die besten Ehen« seien. Waren beide Eheleute charakterfest genug, dann verstärkte die monate- oder gar jahrelange Abwesenheit durch Sehnsucht nach dem Partner die Zuneigung. Die kargen Zeiten des Zusammenseins wurden sozusagen zu Festtagen. Und doch war klar, daß irgend etwas darunter litt, wenn die Mutter sozusagen als »Halbwitwe« mehr oder weniger Alleinerzieherin war.

So sehr man als junger Mann darauf gedrängt hatte, möglichst weite Reisen machen zu können und auf diese – für den Normalbürger damals einzig mögliche Weise – viel von der Welt zu sehen, sogar andere Kontinente wenigstens auszugsweise kennenzulernen, so sehr veränderte sich die Denkweise in dem Augenblick, in dem man die Frau für das Leben kennengelernt und gar schon eine Familie gegründet hatte. Dann begann der neue Traum: Seemann bleiben, aber öfters nach Hause kommen. Am liebsten jede Woche mehrfach.

Natürlich waren Nautikerstellungen auf Tonnenlegern, Lotsendampfern, Vermessungsschiffen zahlenmäßig begrenzt, auch die Planstellen bei den Seelotsen. Die Lotsenbrüderschaften wurden ebenfalls mit Bewerbungen regelrecht überlaufen. Kapitän auf einem Bäderdampfer, das war natürlich auch nicht schlecht. Aber die Sache hatte einen Haken: Solche Schiffe kamen frühestens zu Ostern in Fahrt und beendeten ihren Dienst spätestens Ende September. Im Winter drohte Arbeitslosigkeit, man mußte sich entsprechend bescheiden und stempeln gehen. Aber eine einzige Reederei sicherte allen Nautikern und Schiffsingenieuren, allen Vollmatrosen, Schmierern und Heizern, ebenso allen Bootsmännern und Schiffszimmerleuten ganzjährige Vollbeschäftigung zu. Das war die Reederei J.F. Braeunlich, und zwar schon seit 1889.

Es wurde bereits von der in Deutschland einmaligen Symbiose mit der Eisbrecherverwaltung der Industrie- und Handelskammer Stettin gesprochen. Dieses interessante Thema verdient ausführlichere Darstellung:

Stettin als besagter Sitz von 22 Reedereien der europäischen und überseeischen Fahrt hatte ungeachtet seiner günstigen wirtschaftsgeografischen Lage eine Achillesferse: In den früher noch sehr strengen Wintern, besonders ostwärts der Elbe, lagen die mittleren absoluten Monatsminima der Temperaturen (nach Messungen der Jahre 1881–1890) für die Monate November bis April bei –7°, die äußersten absoluten Monatsminima sogar bei –24,4° Celsius.

Die mit der Seeschiffahrt befaßten und verbundenen Betriebe hatten die leidvolle Erfahrung machen müssen, daß Stettin zwischen 1850 und 1890 im Jahresdurchschnitt rund 90 Frosttage und mindestens einen Monat lang schweres Eis, das jegliche Schiffahrt unmöglich machte, zu beklagen hatte. Oft genug kam sogar zwei oder gar drei Monate lang jeder Schiffsverkehr zum Erliegen. Besonders schlimm vereiste fast immer das 635 Quadratkilometer große, ziemlich seichte Stettiner Haff, durch das die 65 Kilometer lange Seeschiffahrtsstraße Stettin–Swinemünde hindurchführt. Auch die Ostsee, in die das Oderdelta mündet, zeigte als golfstromfernes, salzarmes Randmeer der mittleren Breiten die Neigung zu starker winterlicher Eisbildung. Schon vor der Einfahrt nach Swinemünde bildete sich nahezu allwinterlich zwei Monate lang ein etwa 15 Kilometer breiter Festeis-Streifen und bis zu einem Monat im Jahr ein davorliegender Treibeisgürtel von weiteren 30 Kilometer.

Rechnete man die Treibeisperioden während des Tauwetters hinzu, kam es früher manchmal vor, daß von Ende November/Anfang Dezember bis in den April hinein kein einziges Schiff den Stettiner Hafen erreichte.

In einer Chronik hieß es: »Sobald eine solche verkehrsstille Winterzeit einsetzte, nahm die laufende Arbeit in den zahlreichen Kontoren der Reedereien, der Handels- und Speditionshäuser der Stadt ab. Die jungen Leute wußten oft nicht mehr, was sie vor Langerweile tun sollten, wenn die winterlichen Aufklarungsarbeiten beendet oder die Lager geräumt waren.«

Es gab keine Waffe gegen den weißen Würgegriff, der die Wirtschaft jedesmal zum Stagnieren brachte. Man war dem Eis fast vollständig hilflos ausgeliefert, solange noch keine Dampfeisbrecher erfunden worden waren. 1871 war das endlich so weit: Auf der Reiherstieg-Werft in Hamburg wurde der EISBRECHER NO.1, konstruiert von einem Schiffau-Ingenieur namens C.F. Steinhaus, fertiggestellt. Dieses Spezialschiff wurde Ahnherr aller danach gebauten sog. Zerdrückeisbrecher. Dank seines abgerundeten Vorstevens schiebt sich ein solches Spezialschiff, wenn es mit voller Fahrt gegen feste Eismassen fährt, bis zu einem gewissen Teil seiner Länge auf dieselben hinaus, um dann mit dem Gewicht seines Rumpfes das Durchbrechen der Eisdecke oder Eisbarre zu bewirken.

Die Kaufmannschaft von Stettin wünschte schließlich mit Nachdruck, daß solche inzwischen anderswo bewährten »Eisbrechdampfer« endlich auch für die Seeschiffahrtsstraße Stettin–Swinemünde zur Verfügung gestellt würden. Aber die preußische Regierung verhielt sich stur ablehnend. Die Gründe waren vielfältiger Natur, sie sollen hier nicht weiter erörtert werden. Aber der Stettiner »Korporation der Kaufmannschaft« – später Industrie- und Handelskammer zu Stettin – war klar, daß nur Selbsthilfe übrig blieb. Unter Mitbeteiligung des Stettiner Magistrats bestellte sie 1888 auf eigene Rechnung bei der »Maschinenbau A.G. Vulcan« die beiden ersten Dampfeisbrecher STETTIN und SWINEMÜNDE. Die Auslieferung der größeren BERLIN erfolgte ein Jahr später. Es gab somit eine sinnvolle, nicht nur kostensparende, sondern auch soziale Vereinbarung zwischen der Eisbrecherverwaltung und der Reederei Braeunlich. Danach stand für alle Eisbrecher im Winter jederzeit eine ausgebildete und geschulte Mannschaft samt Kapitän zur Verfügung, gestellt von der überwiegend im Sommerhalbjahr verkehrenden Seebäder-Reederei. Für die ständige Wartung der Schiffe zur Einsatzbereitschaft war deshalb nur eine kleine Stammbesatzung erforderlich.

Der Betrieb der Stettiner Eisbrecherflotte war von Anfang an – personell und nautisch-technisch – der Reederei Braeunlich übertragen worden, als die Stettiner Kaufmannschaft 1888 besagte drei Eisbrechdampfer für 400.000,– Goldmark bei der »Vulcan« A.G. in Auftrag gab.

Mit dem sich immer stärker ausweitenden internationalen Seeverkehr nach Stettin, bei fortschreitendem Größenwachstum der Schiffe, bestand bald Bedarf an weiteren, immer größeren Eisbrechern. So lieferten die »Stettiner Oderwerke« in den Jahren 1905 bis 1921 die Neubauten POMMERN, HINDENBURG und PREUSSEN ab (von denen die HINDENBURG nach nur drei Wintern Einsatz im heimatlichen Revier am 9. März 1918 bei einem Kriegseinsatz in der Aalandsee einem Minentreffer zum Opfer fiel).

Aus Anlaß der 50-Jahr-Feier der Eisbrecherverwaltung der Industrie- und Handelskammer zu Stettin defilierten 1938 alle fünf damals vorhandenen, von Braeunlich-Besatzungen gefahrenen Eisbrecher am Fotografen vorbei: Dem Flaggschiff STETTIN folgen die PREUSSEN, POMMERN, BERLIN und SWINEMÜNDE ex STETTIN.

Immerhin wehte die blaue Flagge mit dem weißen Eisbären darin als Kontorflagge der Eisbrecherverwaltung der Kaufmännischen Korporation Stettin, ab 1926 der Industrie- und Handelskammer zu Stettin, über insgesamt sieben Eisbrechern, denn 1933 kam auch noch die eingangs erwähnte STETTIN (II) als Deutschlands größter Eisbrecher hinzu. Es fügte sich glücklich, daß dem Wachstum des Seeverkehrs nach Stettin auch jener der Braeunlich-Flotte adäquat war. Es bereitete also niemals Schwierigkeiten, ausreichend viel Braeunlich-Personal für die Eisbrecher zu stellen. Für jeden Eisbrecher stand winters eine einsatzbereite, mit typgleichen Dreifach-Expansions-Dampfmaschinen und kohlegefeuerten Kesseln an Bord der Seebäderschiffe wohlvertraute Besatzung zur Verfügung.

Hans Georg Prager und Dr. Christian Ostersehlte führten darüber in ihrem Buch »Dampfeisbrecher STETTIN + die Eisbrecher der Welt« aus: »Die schon 1888 eingeführte Bereederung durch die Reederei J.F. Braeunlich und durch die spätere ›Stettiner Dampfschiffs-Gesellschaft J.F. Braeunlich G.m.b.H.‹ war eine ideale Lösung. Die Eisbrecherverwaltung der Kaufmannschaft (sowie der späteren IHK Stettin) zahlte jährlich eine angemessene Bereederungs-Pauschale an Braeunlich, sozusagen als Bearbeitungsgebühr. Dafür hängte die Reederei die Eisbrecher beschaffungsmäßig, auch in Personalfragen, an die Betreuung ihres eigenen Schiffsparkes an. Die Nautische Inspektion wachte über die Gültigkeit aller Handbücher und die laufende Berichtigung der Seekarten, die Prüfatteste der nautischen Instrumente und Positionslaternen. Sie kümmerte sich um die Sicherheitsauflagen der See-Berufsgenossenschaft und die nautisch-seemännische Ausrüstung der Schiffe (einschließlich der Rettungsmittel und Feuerlöschgeräte). Sie besorgte die jeweiligen Neuklassifizierungen durch den Germanischen Lloyd und organisierte die Eindockungen für die jeweiligen Zwischenbesichtigungen.

Die Maschineninspektion der Reederei war verantwortlich für den Einkauf von Bunkerkohle, Schmierstoffen, Ersatzteilen, Trink- und Kesselspeisewasser, für turnusmäßige Reparaturen und Instandsetzungen, für sämtliche behördlich vorgeschriebene Abnahmen (Wasserdruckprobe und Dampfdruckprobe aller Kessel, Neuklassifizierungen im maschinentechnischen Bereich).

Es verbilligte den Betrieb der Eisbrecherverwaltung erheblich, daß selbst der Einkauf von Proviant, Tauwerk oder Ölfarben ›in einem Abwasch‹ von einer merkantilen Reederei miterledigt wurde ...

Im Winter wechselten die Nautiker und Ingenieure sowie sämtliche Fachkräfte auf die Eisbrecher über, die gerade in dem Augenblick – nach ihrer Sommerruhe – wieder fahrbereit gemacht wurden, wenn die Seebäderdampfer ihren Winterschlaf begannen. So war beiden Seiten geholfen: Die Eisbrecherverwaltung hatte ständig gutes, einschlägig erfahrenes Personal, für das sie im Sommer keine Sorge zu tragen brauchte. Braeunlich aber mußte seine Führungskräfte der Bäderdampfer im Winter nicht arbeitslos machen oder sie unnötig weiterbeschäftigen.«

Wenn im November die Eisbrecher seeklar machten, verholte man sie von ihrem Sommerliegeplatz zum Dampfaufmachen an das bekannte Stettiner Dampfschiffsbollwerk. Dieser Liegeplatz befindet sich unterhalb des Stadtzentrums, vor der

1904–1907 angelegten Hakenterrasse. Er war im Sommer die Abfahrtstelle der Braeunlich-Bäderschiffe.

Die Matrosen und Heizer wurden jeweils vor der Wiederindienststellung der Eisbrecher beim Seemannsamt neu angemustert. Die Korporation der Kaufmannschaft bzw. die Industrie- und Handelskammer zahlte für die Nautiker, Ingenieure sowie Unteroffiziere (Bootsmann, Zimmermann) die Gehälter für die Monate Januar bis März, auch dann, wenn die Eisbrecher mal weniger als 90 Tage oder womöglich gar nicht eingesetzt werden mußten. Beanspruchte die Eisbrecherverwaltung der Kaufmannschaft bzw. Kammer jedoch diese Führungskräfte mehr als 90 Tage, so zahlte sie die Gehälter für die ganze Zeit der tatsächlichen Beschäftigung an Bord der Eisbrecher.

Die Mannschaften der Eisbrecherflotte wurden durch Vermittlung der Heuerstelle jedes Jahre neu angemustert. Zum größten Teil waren es Leute, die schon seit Jahren auf den Eisbrechern Dienst taten und darum mit ihrer Erfahrung besonders willkommen waren. (Es hatte jedoch rechtliche Gründe, daß die Nichtangestellten als Lohnempfänger stets »neu angenommen« werden mußten, aber dennoch handelte es sich auch bei ihnen größtenteils um gestandene Braeunlich-Fahrer. D.Verf.)

Es wurde zur eingespielten Gewohnheit, daß die »Flottenkapitäne« der Eisbrecherverwaltung ebenfalls Braeunlich-Kapitäne und vor oder nach dieser Leitungsfunktion Nautische Inspektoren der Braeunlich-Unternehmen wurden.

Diese in der Seefahrtsgeschichte einmalige Besetzung zweier Seeverkehrsunternehmen mit ein und demselben Fachpersonal war der Grund für die optimale Personalauslese. Es wurde zum Gütesiegel, daß alle Braeunlich-Dampfer vor 1914 unfallfrei zur See fuhren. Was Pioniergestalten wie die Kapitäne Last, Ruth und Rademann mit ihren Raddampfern vor mehr als 140 Jahren aufgebaut hatten, wurde von Kapitänen wie Delfs, Schultz, Hansen, Wentzel, Krull, Zimmermann, Beyreis, später auch Tank, Gaedt, Clavier, Hausmann, Jacobson, Magdeburg, Dittmer, Klütz und Wilhelm Krüger im besten Sinne des Wortes fortgesetzt. Sie bekleideten sämtlich die Doppelfunktion als Bäderdampfer- und Eisbrecher-Kapitän. Mancher wurde durch die Tätigkeit auf den Fahrgastschiffen bei ihrer Stammkundschaft ähnlich populär wie die Schnelldampfer-Kapitäne der Nordatlantik-Route. Kein Mann ist so wenig eitel, daß er es nicht doch ein bißchen genießt, bewundernde Blicke der Passagiere auf sich gerichtet zu fühlen. Das galt natürlich besonders für solche von besonders schönen Mädchen und Frauen, an denen unter der großen Zahl von Fahrgästen kein Mangel herrschte. Nicht nur der Kapitän auf der Kommandobrücke, sondern auch die Schiffsoffiziere machten im marineblauen Tuch, mit goldenen Knöpfen und Ärmelstreifen, eine schmucke Figur. Das galt ganz besonders, wenn im Sommer die weiße Uniform einschließlich der weißen Schuhe getragen wurden. Und so stand jeder Nautiker auch auf den Manöverstationen im Mittelpunkt. Nach üblichem Brauch hatte der 1. Offizier bei allen Anlege- und Ankermanövern die Manöverstation Back – auf dem Vorschiff – unter sich, der 2. Offizier die Manöverstation Heck. Ganz zu Anfang wurden die Befehle noch per Trillerpfeife von der Kommandobrücke gegeben und von den Manöverleitern durch Handheben als Verstandenzeichen quittiert. Aber es hing doch allzu viel von einer reibungslosen, vor allem akustisch ungestörten Kommunikation ab. Noch vor dem Ersten Weltkrieg wurden deshalb auf allen Braeunlich-Dampfern die Manövertelefone eingeführt, die notfalls auch Rückfragen an die Kommandobrücke ermöglichten. Es hing schlechthin alles von der reibungslosen Zusammenarbeit von Schiffsführung und Manöverstationen ab. Die Besatzung mußte Hand in Hand arbeiten, damit die Fender genau an der richtigen Stelle ausgebracht wurden und die weiße Bordwand vor unsanften Berührungen mit den hölzernen Dalben und Podesten der Seebrücken schützten. Wie, wann und in welcher Reihenfolge die Festmachtrossen an Land gegeben und dort über die Poller gehoben und nachher auch wieder losgeworfen wurden, das bedurfte eines Zusammenspiels aller Beteiligten, auch übrigens zwischen Brücke und Maschinenfahrstand. Die Kommandos wurden über die beiden Maschinentelegrafen mittels Verstellhebel nach unten gegeben und dort sofort durch Betätigen des Antworthebels repetiert. Über Sprachrohr und schließlich ebenfalls über die neu eingeführten Manövertelefone wurde eine nautische Maßarbeit sichergestellt, die selbst beim Brechen einer Kette der Telegrafenleitung Richtigstellungen gegebener Kommandos ermöglichten.

Wer je das Anlegemanöver eines größeren Passagierschiffes aufmerksam verfolgt hat, kann ermessen, daß hierzu nicht nur Erfahrung und Geschick erforderlich sind, sonder ebenso ein ganzes »Orchester« von aufeinander eingespielten »Musikern« – von Seeleuten mit Handgriffen zur richtigen Zeit. Wenn dann noch eine rauhe See ging und der Wind womöglich seitlich auf die große Windangriffsfläche der langen Bordwand drückte, dann war gekonntes »Backsen« erforderlich, ein präzises Zusammenspiel von Ruderlegen und genau dosierten Maschinenmanövern, oft in wechselnder Laufrichtung der Schiffsschrauben. Aber auf diesem Gebiet waren die Braeunlich-Kapitäne anerkannte Meister ihres Fachs.

Die an und unter Deck arbeitenden Matrosen öffneten blitzschnell die landseitige Stückgutpforte und brachten die Gangways aus. Erforderlichenfalls öffneten sie ebenso geschwind die Ladeluke und hoben mit Hilfe des Dampfladebaums größere Partien Stückgut aus dem Laderaum empor. Viel Zeit hatte man dazu nicht, die Aufenthalte an den Seebrücken waren äußerst knapp bemessen.

Übrigens arbeiteten alle Matrosen damals im weißen »Kieler Knabenanzug«, wie man die weiße Matrosenuniform mit Exerzierkragen scherzhaft nannte. Sie trugen Tellermützen mit Mützenbändern, auf denen der Schiffsname golden eingestickt war. (Solche Mützenbänder gab es als Souvenirs in der Bordbuchhandlung, die auf allen Braeunlich-Dampfern vorhanden war.)

Alle Braeunlich-Passagierdampfer der Baujahre vor 1914 wurden zunächst noch, damaligem Brauch entsprechend, mit einer »Flying Bridge« in Dienst gestellt. Die völlig offene Brücke gewährte keinerlei Schutz gegen Wind und Wetter. Dort standen der Kapitän und seine Brückenwache, weithin sichtbar, wie auf dem Präsentierteller. Auf die Dauer jedoch erwies sich die offene, die Berufskrankheit

Rheumatismus fördernde ungeschützte Kommandobrücke als unsinnig und antiquiert. Auf ODIN und HERTHA setzte man zunächst große gläserne Windschutzwände mit holzeingefaßten Einzelscheiben davor, schließlich fügte man auch einen Regenschutz in der Art eines Zeltdaches hinzu. Aber damit wurde die Zugluft nur bedingt ausgeschlossen. Man setzte bald auch seitliche, weitgehend aus Glas bestehende Seitenwände dazu, die den Spitznamen »Braeunlich-Gewächshaus« provozierten.

Aber noch etwas hatte man erstmals auf dem Doppelschraubendampfer IMPERATOR eingeführt und nachher als Spezialität auch auf allen anderen Fahrgastschiffen der Reederei beibehalten: Vor der Kommandobrücke, ein Deck tiefer als diese, schuf man eine Aussichtsplattform für die Fahrgäste. Was auf den Raddampfern leider noch nicht möglich war, das erfreute sich auf den Doppelschrauben-Dampfern größter Beliebtheit: Die Fahrgäste konnten die Fahrt auf der Oder und sämtliche Anlegemanöver betrachten, ohne irgend jemandem dabei im Wege zu stehen. Die IMPERATOR-Plattform war auch nach vorn noch völlig offen, bei ODIN und HERTHA erst später nach vorn verglast und durch ein zeltartig darüber gespanntes Sonnensegel auch gegen Regen geschützt. Es zog jedoch gerade bei Anlegemanövern und bei der Fahrt mit stärkerem Seitenwind recht unangenehm, so daß man ab 1912 mit ringsum geschlossenen Unterbrücken aufwarten konnte, die auch eine feste Hartholzbedachung bekamen.

Zu den Originalen der Reederei gehörte Kapitän Friedrich Krull, der ab 1902 die ODIN geführt hatte.

Ungeachtet der inzwischen eingeführten Manövertelefone hing in jeder Brückennock, in den Seitenflügeln der Kommandobrücke, eine »Flüstertüte« griffbereit. Mit diesem blechernen »Megaphon« konnte der Kapitän mit Donnerstimme unüberhörbar eingreifen, wenn er irgendwo einen Bedienungsfehler bei den »Festmachern« und Fendern bemerkte, der sofort zu korrigieren war. Auch konnte er jemanden freundlichst beiseitescheuchen, wenn er auf einem Bollwerk oder einer Seebrücke im Wege stand. Die »Flüstertüte« war die »ultima ratio«, der Direktweg, jemanden sogar unter Umgehung des Manöverleiters anzusprechen, weil die Kürze der Zeit jede andere Wahl verbot. Und so sagte man dem besonders stimmgewaltigen Kapitän Krull nach, daß er als Schiffsführer des Postdampfers und späteren Bäderdampfers ODIN eine unverwechselbare Ähnlichkeit mit dem Namensgeber, dem obersten Gott in der nordgermanischen Mythologie, gehabt habe.

Aber man darf sich den schnauz- und kinnbärtigen Krull keineswegs als bärbeißigen Blitzeschleuderer oder brüllenden Korporal der »Beefeaters« von London vorstellen. Er hatte einen subtilen Humor und war auch nicht abgeneigt, bei sich bietender Gelegenheit jemandem ein handfestes Seemannsgarn aufzutischen.

Lebendige Stadt am Strom

Der aus Stettin stammende Kapitän auf Großer Fahrt und Schriftsteller Fritz Brustat-Naval hat in seinem Buch »Leb wohl, Vineta« seine Heimatstadt in der damaligen Zeit anschaulich geschildert:

»Es gab eine Unterstadt mit dunklen Ecken, finsteren Torbögen und spitzgiebeligen Speichern. Mit seltsamen Bezeichnungen wie Petersilienstraße und Hühnerbeinstraße. Da standen der mittelalterliche Loitzenhof einer erloschenen Kaufmannsfamilie, den man in ›Köntopps Pfandleihe‹ verwandelt hatte, das alte (hansische, backsteingotische) Rathaus und das keineswegs jüngere ›Seglerhaus‹ mit der ersten Börse. Und über allem das kantige Schloß[7] der ausgestorbenen Pommernherzöge aus dem Geschlecht der Bogislavs mit einer Turmuhr, deren Zifferblatt das Gesicht eines augenrollenden Mohren trug, während ein Harlekin die Viertel und die Stunden anschlug …

Man sah die Läden der Seemannsausrüster, vor denen Südwester und glänzendes Ölzeug baumelten, Requisiten der Romantik. Nautische Verkaufsstellen zeigten Sextanten, Kompasse, Rettungsringe und Seekarten aller Himmelsrichtungen. Da hatten Schiffsmakler, Reisebüros und Uniformschneider ihre Geschäfte. Hafenapotheken und Reedereikontore gab es …

Das Wasser liebte Stettin, und die Stettiner liebten das Wasser. Schiffe – hier drehte sich alles um sie. Sie waren Versatzstücke einer Bühne, an deren Rampe die Positionslaternen funkelten: rot, grün und weiß. Diese unvergeßlichen Eindrücke: ein Dampfertuten in der Stille der Nacht; ein Fährmann, der auf schwankendem Kahn zur Schlachterinsel hinüberrudert; die Eisschollen auf der Oder, wenn die Sonne rubinrot im scharfen Ostwind aufgeht und kompakter Rauch in die Luft steigt. Die Gerüche der Rügendampfer am Bollwerk, wenn ihnen die Besatzungen einen neuen Anstrich geben und die Oder im frühlingswarmen Sonnenglast daliegt; der goldene Matrose hoch über der Hakenterrasse, in der Sonne blitzend.«

Es wurde bereits gesagt, daß das Stettiner Dampfschiffsbollwerk im Winter Liegeplatz der Eisbrecher war, im Sommer jedoch sozusagen der Wasserbahnhof für die Braeunlich-Dampfer. Die »Weißen Schwäne« gehörten ebenso zu dieser Szenerie wie etwa die weißen Raddampfer von Dresden zur Brühlschen Terrasse. Die Bäderdampfer waren längst ein Stück der Stadt Stettin geworden, es gibt kaum ein sommers geschossenes Foto ohne sie.

Stettins Oberbürgermeister Dr. Hermann Haken hatte eine glänzende Idee, als er den Stadtbaurat Meyer beauftragte, auf dem Gelände des vormaligen Festungswerks

7 Diese Dinge sind »alle wieder da«: Das Herzogsschloß, das Alte Rathaus und der Loitzenhof wurden recht liebevoll restauriert. Die historische Bausubstanz macht das im Krieg schwer in Mitleidenschaft gezogene Stettin/Szczecin längst wieder sehenswert.

Das Dampfschiffbollwerk, im Hintergrund die Hakenterrasse, darüber das Museum und das Regierungsgebäude. Zur Szenerie gehörten die Braeunlich-Dampfer. Auf dieser späteren Aufnahme liegen im »Päckchen« Odin, Rugard, Frigga und Stettin (außen).

Fort Leopold eine etwa 500 Meter lange Terrassenanlage zu schaffen, deren obere Promenade rund 20 Meter über dem Bollwerk lag. Die Anlage wurde bestechend schön. Ausgedehnte Rasenflächen und Freiflächen umgeben ein stilvoll von senkrechter Quadermauer umgebenes Mittelrondell, auf dem später der »Zentaurenkampf« des Bildhauers Professor Manzel – er war auch Schöpfer des Sedina-Brunnens in der Stadt – Aufstellung fand. Zwei Beleuchtungstürme, die an römische Rostra, Schiffsbugsäulen, erinnern sollten und zwei säulenverzierte Aussichtspavillons oberhalb der Terrasse machen die von 1904 bis 1907 errichtete Anlage zu einem repräsentativen Wahrzeichen der Stadt. Sie hat alle Bombenangriffe überstanden und ist die schönste Anlegestelle für Fahrgastschiffe, die sich wohl irgendwo in Europa denken läßt. Damals wie heute blickt man von den Aussichtspavillons aus weit über den Stettiner Handelshafen auf der Lastadie und hinüber zum Höhenzug der Buchheide.

Die Hakenterrasse wurde in den nächsten Jahren nach ihrer Fertigstellung immer attraktiver. Nach mehrjähriger Bauzeit konnte 1912 über der Promenade das heute noch unverändert vorhandene, imposante Regierungsgebäude aus reich ornamentierten Backsteinen mit Werksteinverblendung, im Stil der nordischen Neorenaissance, vollendet und bezogen werden. Im Stil dänischer Seeland-Schlösser überragt der 72 Meter hohe Hauptturm die Anlage, in der man tatsächlich eher ein Schloß als ein Verwaltungsgebäude vermutet. Dieser Hauptturm trägt als Wetterfahne jenen goldenen Matrosen, von dem Fritz Brustat-Naval gesprochen hat. Er ist Symbolfigur für Stettin als Hafenstadt.

Neben dem Regierungsgebäude und damit über der Mittelachse der Hakenterrasse erhebt sich auch heute noch mit seiner 54 Meter hohen Kuppel das im Juni 1913 vom Stadtrat Heinrich Dohrn seiner Bestimmung übergebene, ebenfalls von Stadtbaurat Meyer entworfene Museum. Sein Gründer Dohrn schuf eine einzigartige Kopiensammlung antiker Großplastiken in Bronzeabgüssen. An seiner Front wurden die Worte eingemeißelt: »Dieses Haus stifteten Stettiner Bürger den Wissenschaften und den schönen Künsten.« Die Gemäldegalerie enthielt Originale der beiden in Vorpommern geborenen Altmeister der romantischen Malerei, Philipp Otto Runge (Wolgast) und Caspar David Friedrich (Greifswald). Aber auch Werke der Niederländer Franz Hals und Vincent van Gogh, von Adolf v. Menzel sowie pommerscher Maler der Neuzeit. Besondere Anziehungskraft übte die Schiffahrtssammlung mit den Original-Werftmodellen aller bis zum Ende des Weltkrieges 1914–1918 vom Stettiner »Vulcan« gebauten Handels- und Kriegsschiffe – darunter der Vierschornsteine-Schnelldampfer KRONPRINZESSIN CECILIE und das Flaggschiff GEORGE WASHINGTON des Norddeutschen Lloyd in den Jahren vor 1914. (Unter den bis 1939 gebauten Schiffen befand sich auch das Werftmodell des Braeunlich-Dampfers RUGARD der Stettiner Oderwerke, Baujahr 1927.) Das Dampfschiffsbollwerk vor der Hakenterrasse war und ist eine ebenso oft gern gemalte wie fotografierte Anlage. Viele Badegäste, die aus dem Binnenland mit Braeunlich-Dampfern zu den Ostseebädern von Usedom und Rügen fahren wollten, reisten gern schon einen Tag vorher an, um sich die großen backsteingotischen Kirchen, das Schloß und das Museum von Stettin anzusehen. Andere verließen morgens um 7.00 Uhr den Stettiner Bahnhof von Berlin mit dem Sonderzug für die Fahrgäste der Sassnitz-Linie. Nach dem Eintreffen in Stettin war Zeit genug für einen Spaziergang zum abfahrbereiten Braeunlich-Dampfer, der Punkt 11.00 Uhr von der Hakenterrasse ablegte. Natürlich verkehrten auch Pferdedroschken, später Autotaxen zwischen dem Stettiner Hauptbahnhof und den Abfahrtstellen der Dampfer.

Diese täglichen Sonderzüge für die Sassnitz-Linie entsprangen einer Idee von Dr. Julius Braeunlich, sie ähnelte den »boat trains« zwischen den Fährhäfen Dover bzw. Harwich und London, die jeweils mit den Abfahrtzeiten der Kanalfährschiffe abgestimmt waren. Selbstverständlich fuhr auch abends ein solcher Sonderzug für die von Rügen und Usedom zurückkommenden Fahrgäste, die noch am gleichen Abend in Berlin zu sein wünschten.

Der auf Anregung von Dr. Braeunlich entstandene »Verband Deutscher Ostseebäder«, mit Sitz in Berlin, koordinierte nicht nur die Interessen der Badeorte besser, er stimmte auch derartige Sonderzug-Aktivitäten und die Zuganschlüsse untereinander sowie jene zwischen Eisenbahn und Dampfschiffahrt ab. Später nahm die »Stettiner Dampfschiffs-Gesellschaft J.F. Braeunlich G.m.b.H.« auch an der regelmäßig stattfindenden »Europäischen Fahrplankonferenz« teil. Das war eine logische Folge des Vorangegangenen und perfektionierte den Fremdenverkehr auch mit

den Nachbarstaaten, deren Bürger allzu gern auch mal die deutschen Ostseebäder kennenzulernen wünschten. Das galt besonders für Österreich-Ungarn und die Schweiz. Die besagten Konferenzen wurden im Wechsel in Paris, Budapest, Berlin, Amsterdam, Wien, Bern und anderen Metropolen abgehalten.

Die Jahre vor 1914 erscheinen uns am Ausgang des 20. Jahrhunderts als die »gute alte Zeit«. Wir verkennen aus heutiger Sicht, daß es auch damals Wellenbewegungen der Wirtschaft gab, ein Auf und Ab zwischen Konjunktur und Flaute. So gab es 1908 recht ernste Krisen und Komplikationen. Die Weltschiffahrt litt unter einem bereits im Jahr zuvor sichtbar gewordenen Konjunkturabschwung bei zugleich ungebremster Neubauwut und einem ungezügelten Wachstum der Welthandelsflotte, was zu einem Übermaß von Konkurrenz und zu einem Frachtratenverfall führte. Die Braeunlich-Schiffahrt war aber davon kaum betroffen.

Das Konzept der Reederei war aufgegangen, neben der Postdampferlinie den Seebäderverkehr stetig auszubauen. Die steigenden Zahlen der nach den Rügenbädern verbrachten Urlaubsgäste bewiesen den Erfolg. Waren es 1903 noch 68.000 Personen, so konnten 1905 bereits rd. 117.000 Passagiere nach Rügen befördert werden. Die Badeorte wuchsen. Seebrücken mit schmucken Pavillons und Brückenhäusern waren gebaut worden. Weitere Privatpensionen eröffneten, neue Hotels sowie eine Strandpromenade mit Kurhaus entstanden nacheinander in fast allen Seebädern. Es war in Mode gekommen, die Sommerferien oder öfter ein Wochenende an der See zu verbringen. 1909 waren alle Seebrücken für die Sassnitz-Linie auf Usedom sowie Rügen komplett.

Aufgrund dieser soliden, kontinuierlichen Weiterentwicklung war die Amortisation aller Braeunlich-Bäderdampfer sorgenfrei gesichert. Der Geldwert war stabil, die Goldmark-Währung schien für die Ewigkeit gesichert.

Beneidenswert schöne Fahrtgebiete

Mit seinem Gespür für Öffentlichkeitsarbeit tat Dr. Julius Braeunlich einen guten Griff, als er zwischen 1897 und 1925 mehrmals Gemälde und Plakatgrafiken beim Marinemaler Professor Willy Stöwer in Auftrag gab. Er zählte zu den Profiliertesten seines Fachs.

Willy Stöwer in Wolgast/Vorpommern geboren, war anfänglich Schiffsingenieur und als Künstler Autodidakt. Er war Vorstandsmitglied des Deutschen Flottenvereins und wurde aufgrund seiner ausgezeichneten Gemälde von Schiffen sowohl der Handels- als auch der Kaiserlichen Marine 1907 Titularprofessor auf Vorschlag Kaiser Wilhelms II., an dessen Mittelmeer- und Nordlandreisen er mehrfach teilnahm. Sein Gemälde vom Postdampfer Odin schmückte einen Saal in der Oberpostdirektion Stettin.

Die Kgl. Preußische Staatsbahn ließ es sich gern gefallen, daß Stöwer auf Kosten von Braeunlich bedeutend zur Verschönerung des Stettiner Bahnhofs der deutschen Hauptstadt Berlin beitrug. Das war jener Bahnhof, an dem die täglichen Sonderzüge für die Sassnitz-Linie abfuhren und ankamen. Und so erhöhte es schon dort die Vorfreude auf den Urlaub in einem der Ostseebäder beträchtlich, daß die Wandelhalle um 1910 mit einem Großgemälde von Professor Stöwer ausgeschmückt wurde. Es zeigt die beiden »Zwillinge« Odin und Hertha bei einer fiktiven Begegnung vor den Kreidefelsen von Stubbenkammer. Auch bei einem späteren Plakat der zwanziger Jahre wählte der Künstler bewußt diese Kreidefelsen aus, die damit zu einer Art Logo der Sassnitz-Linie wurden. Und damit war Braeunlich gut beraten. Der emotionelle Wert des Naturwunders Kreidefelsen wurde zur Assoziation mit dem Begriff Sassnitz-Linie schlechthin.

Noch bezaubernder als die bewaldete Felsensteilküste im Nordosten Bornholms beginnen östlich von Sassnitz die vielgestaltigen Formationen der Rügenschen Kreidefelsen, die vor 70 Millionen Jahren entstanden. Gleich hinter dem Wissower Ufer ragen aus der Steilküste die von Caspar David Friedrich gemalten spitzen Kreidekegel der Wissower Klinken auf. Vom nördlich davon gelegenen Hochufer Kleine Stubbenkammer, von der Viktoria-Sicht aus, hat man den besten Blick auf den 117 Meter hohen, freistehend aus der Kreidewand herausragenden Königstuhl. Nicht weit davon liegt im tiefen Buchenwald der Stubnitz der sagenumwobene Herthasee – ebenso wie der Braeunlich-Dampfer benannt nach der Göttin Hertha der altnordischen Mythologie. Diese eigentlich Nerthus genannte Erdmutter wurde laut Tacitus von sieben Germanenstämmen an der Nordsee und Ostsee verehrt.

Tatsächlich war es der ostgermanische Stamm der Rugier – Namensgeber für die Insel Rügen – der ursprünglich auf der Insel sowie im Bereich des Oder-Mündungsdeltas zu Hause war. Erst in den Stürmen der Völkerwanderung brachen auch die Rugier aus diesen Wohngebieten auf und zogen südostwärts. Sie siedelten an der mittleren Donau und im heutigen Österreich erneut.

Auf Rügen und im Oderdelta blieben nur kleine Siedlungsreste zurück, so daß im 6. und 7. Jahrhundert von Osten her slawische Stämme in das weitgehend menschenleere Gebiet einströmen konnten. So setzten sich auf Rügen die zu den seefahrenden Slawen zählenden Ranen fest, die später ihren dänischen Nachbarn auf Bornholm gehörig zusetzten.

Ungeachtet dieser späteren Epoche der Ranen hielt sich die Erinnerung an die nordgermanische Mythologie und die Göttin Hertha hartnäckig bis zum heutigen Tag. Und man wird davon ausgehen können, daß die slawische Herthaburg bereits an gleicher Stelle eine Vorgängerin in Gestalt eines Rugier-Schutzwalls hatte. Und so wird noch immer die recht schaurige Sage vom Herthasee weitererzählt, die bereits von Tacitus kolportiert wurde. Ihr zufolge kam die Göttin Hertha einige Male an diesen heiligen See, um nächtens darin zu baden. Ihr von weißen Kühen gezogener Wagen war mit weißen Schleiern verhüllt. Nur ein ihr geweihter Priester durfte die Göttin begleiten. Die Sklaven aber, die das Kuhgefährt zum See geführt hatten, wurden jedesmal im See ertränkt. Jeder mußte sterben, der mit ungeweihten Augen die Göttin erblickt hatte.

Natürlich erhöhte es den Reiz der Schauergeschichte, wenn hinzugefügt wurde, daß es immer noch nicht ganz geheuer sei am Herthasee. In mondhellen Nächten sähe man immer noch oft eine wunderschöne, schlanke Frau aus dem Wald kommen und zum See gehen, um darin zu baden. Zahlreiche Dienerinnen begleiten sie, nach kurzer Zeit hört man sie alle im Wasser plätschern.

In wallende weiße Schleier gehüllt, kehren sie bald wieder zum Walde zurück. Für den Wanderer sei es jedoch sehr gefährlich, dies mitanzusehen, denn es zieht ihn mit unwiderstehlicher Gewalt zum See. Und wer das Wasser berührt, der ist verloren. Das Wasser des Herthasees verschlingt ihn, »und niemals wird eine Spur von dem Unglücklichen auffindbar sein«.

Und da Schnulzen immer höchstes Interesse erregen, hatten auch die Sagenerzähler am Königsstuhl – für ein paar Pfennige, versteht sich – die nächste Schauergeschichte parat, die den Herthasee mit den Kreidefelsen verknüpfte:

Es habe in der Heidenzeit am Herthasee einen heiligen Kult gegeben, der nur von geweihten Jungfrauen zelebriert werden durfte – den römischen Vestalinnen vergleichbar. Eines Tages sei eine besonders schöne, jugendliche Priesterin in Liebe zu einem fremden, jungen Ritter verfallen, mit dem sie sich allnächtlich im Walde traf. Aber der Oberpriester bekam von der Sache Wind, daß eine seiner Jungfrauen das Gelübde gebrochen habe. Er stellte sie alle zur Rede. Als keine von ihnen den Frevel zugab, führte er sie hinaus zum heiligen Stein, über den sie alle mit entblößten Füßen schreiten mußten. Als nun die Schuldige den Stein überquert hatte, blieb zum Entsetzen aller der Abdruck ihrer eigenen Füße und sogar noch einer von kleinen Kinderfüßen, eingeprägt in den Stein, zurück. Jetzt war die ruchlose Verfehlung in vollem Umfange klar: Der Oberpriester persönlich stürzte die schöne

Beneidenswert schöne Fahrtgebiete:
Oben die Wissower Klinken der Rügen-Kreideküste.
Unten die Schilfinseln der Swine, von Lebbin/Wollin aus gesehen.

Sünderin von der Höhe des Königsstuhls aus ins Meer. Aber die mitfühlende Göttin Hertha ließ sie sanft herniedergleiten – und natürlich prompt in die Arme ihres Geliebten, der dort »mit einem Schiff ihrer harrte«.

Ein Braeunlich-Dampfer konnte das noch nicht gewesen sein. Aber die Geschichte haben Generationen von Braeunlich-Fahrgästen aufgetischt bekommen, wenn sie von Sassnitz aus eine Wanderung zum Königsstuhl oder eine Kremserfahrt durch die Stubnitz unternommen hatten. Schließlich wurde die Anfahrt zum Königsstuhl dadurch vereinfacht, daß man »zu seinen Füßen« vor dem von Feuersteinen übersäten Strand eine Seebrücke baute, über die man vom »Sassnitzer Dampfer« direkt zur Holztreppe gelangte und zum Hochuferweg von Stubbenkammer und damit zum Königsstuhl emporsteigen konnte.

Wer bereit war, noch einen weiteren Groschen zu investieren, bekam von den Kindern auch die Störtebeker-Sage erzählt, derzufolge dieser Tunichtgut natürlich von der Insel Rügen stammte. Und man »wußte sogar genau, daß er Leibeigener auf dem Gut Ruschvitz« gewesen sei. Natürlich fehlte auch die sozialromantische Komponente nicht, die ja auch Robin Hood ausgezeichnet hatte: Klaus Störtebeker und sein Kompagnon Godeke Michels vergriffen sich an den reichen Leuten, den Armen taten sie nie etwas Böses, ja sie unterstützten sie in Notfällen sogar, indem sie ihnen Teile des Raubgutes überließen. Naive Gemüter konnte man zu Tränen rühren, wenn sie von der Gutherzigkeit der Seeräuber hörten.

Was konnte dem Stubbenkammer-Tourismus besser bekommen als die Behauptung, daß Störtebeker und seine Spießgesellen ausgerechnet in der Nähe des Königsstuhls – wo auch sonst – unermeßliche Schätze versteckt hielten. In eine dieser Höhlen hatte Störtebeker einst eine schöne Jungfrau entführt. Sie erhielt den Auftrag, die Reichtümer zu bewachen und die Höhle auf keinen Fall zu verlassen, ehe er, Störtebeker, zurückgekehrt sei. Unmittelbar darauf wurde er jedoch mit seinen Spieß-Kumpanen auf dem Grasbrook von Hamburg geköpft. Und so kommt es, daß die Jungfrau noch heute bei den Schätzen sitzt.

Einmal im Jahr erscheint um die Mitternachtsstunde das Gespenster-Schiff Störtebekers am Stubbenkammer-Strand, und die Schattenbilder der Seeräuber steigen in die Höhle hinab, um nach dem gehorteten Raubgut zu sehen.

Zu guter Letzt entbehrt die Sache nicht einer hydrographischen Komik: Auch in der Nähe des Golchabachs in der Steilküste soll eine Schatzhöhle der Seeräuber angelegt worden sein. Das Winterlager habe man jeweils in der Herthaburg aufgeschlagen. Und zu diesem Schlupfwinkel am Herthasee habe man mit den Seeräuberschiffen direkt hinfahren können. Zur Erklärung wurde treuherzig hinzugefügt, daß das Wasser der Ostsee früher viel höher gestanden habe als heute!

Am Fuße des Königsstuhl liegt ein abgeflachter Megalith, ein gewaltiger Granitblock, der den Namen Waschstein bekam. Auf seiner Oberfläche haben angeblich zwanzig ausgewachsene Männer Platz. Und es versteht sich nahezu von selbst, daß es auch eine Waschstein-Sage gibt: Alle sieben Jahre erscheint dort um Johanni bei Tagesanbruch eine zarte, verwünschte Jungfrau und wäscht dort ihre Kleider im Meer. Wer sie antrifft und »Guten Tag, Gott helfe!« sagt, der hat sie erlöst.

Und aus Dankbarkeit wird sie ihren Befreier – wohin schließlich auch sonst – zu den verborgenen Schätzen führen.

Der »Verband der Ostseebäder« hat schon bald Einfluß darauf nehmen können, daß nicht nur der Königsstuhl von Stubbenkammer, sondern auch das Kap Arkona eine Landungsbrücke bekam, die vom Strand aus über die – heute bereits wieder rekonstruierte – Königstreppe mit dem Arkona-Oberland verbunden war.

Kap Arkona, nördlichster Punkt der neuen Bundesländer, ist in gleichem Maße ein Tourismusmagnet wie Stubbenkammer, damals wie heute. Man hatte 1998 – vor Druck dieses Buches – nicht weniger als 800.000 Besucher auf dem Kap gezählt. Und beim Hochuferspaziergang bietet sich Geschichte »pur«. Man erblickt noch den Rest des hohen Walls der Jaromarsburg, in der sich der Tempel des viergesichtigen heidnischen Slawengottes Svantevit befand. Die Burg war seebeherrschend, innerhalb des damals noch nicht von immer neuen Hochuferabbrüchen durch die winterlichen Sturmseen halbierten Ringwalls befand sich ein wichtiger Handelsmarkt. Aber die Dänen nahmen Rache für ihre Zerstörung der Lilleborg von Bornholm durch die Ranen. Sie schritten 1168 zur Tat, erstürmten die Jaromarsburg und fällten die Svantevit-Statue, die acht oder gar zehn Meter hoch gewesen sein soll. Die besiegten Ranen warteten vergeblich darauf, daß nun der Himmel einstürzen und die dänischen Eroberer verschlingen würde. Es mußte wohl doch »etwas dran sein an dem neuen Glauben«. Fürst Jaromir und die slawischen Edelleute von Rügen ließen sich taufen. Rügen wurde christianisiert, der wendische Fürst wurde zum Lehnsherrn des Königs von Dänemark erhoben und die Periode der 167 Jahre langen Herrschaft der dänischen Krone begann. Noch im 12. Jahrhundert entstanden prachtvolle Gotteshäuser wie die von den Zisterziensern erbaute Klosterkirche zu St. Marien in der Inselhauptstadt Bergen oder wie die große, romanische Basilika von Altenkirchen auf der Halbinsel Wittow, unweit vom Kap Arkona. Allein die Vielzahl prächtiger Feldstein- und Backsteinkirchen im dänischen Stil ist eine kunstgeschichtliche Reise über die Insel wert – freilich auch eine solche auf den Spuren späterer Baumeister wie Karl Friedrich Schinkel.

Er war es, der seinerzeit im nahe bei Arkona gelegenen Fischerdorf Vitt, dem sicherlich anmutigsten von Rügen, die Entwürfe für die bezaubernde kleine Fischerkapelle oberhalb des Hohlwegs zum Strand geliefert hat, damit der legendäre Pfarrer und Heimatdichter Ludwig Kosegarten seine Uferpredigten nicht mehr bei Wind und Wetter im Freien halten mußte. Die kleine rohrgedeckte Kirche ist ein Oktaeder, seinen Altar ziert das Originalgemälde »Der sinkende Petrus« von Philipp Otto Runge.

Der Name des kleinen, in die Schlucht hineingeduckten Dorfes erinnert daran, daß auch an dieser Stelle eine »Vitte«, eine Heringssalzerei der Hansezeit, bestand. Heute ist Vitt zum Weltkulturerbe der UNESCO erklärt worden. Der Hochuferweg vom Kap Arkona dorthin ist ebenso ein Höhepunkt eines jeden Rügenbesuchs wie seinerzeit in den Tagen der Dampfschiffahrt.

Es hat der Braeunlich-Reederei und ihrer Sassnitz-Linie erheblich geholfen, daß Pastor Kosegarten seinerzeit mit seinen feinfühligen Schilderungen die Insel Rügen in ganz Deutschland zum Begriff gemacht hatte. Auch Johannes Brahms, der 1876

Bornholm: Ziel der Braeunlich-Dampfer – die Steilküste bei Jons Kapel.

seiner c-Moll-Symphonie auf Rügen das erschütternde Finale anfügte, oder große Geister wie Adolf von Menzel und Theodor Fontane hinterließen Rügen-Aussagen von bleibendem Wert, nicht minder Elizabeth von Arnim mit ihrem bezaubernden Reiseroman.

Ins Gästebuch vom Kap Arkona schrieb der spätere Nobelpreisträger für Literatur Gerhard Hauptmann 1885:

»Meerumschlungen und kreidegrün,
Märchendurchdrungen und heldenkühn,
Herden im Haage, reifendes Feld,
Flüsternde Sage, Lug in die Welt.«

Bald nach der Jahrhundertwende stand besonders *ein* Gedicht des auf Rügen geborenen Dichters, Liberalpolitikers und Literaturprofessors Ernst Moritz Arndt in deutschen Schullesebüchern. Krank vor Heimweh hatte der nach Bonn verschlagene, alternde Arndt eine Liebeserklärung an die Insel verfaßt, deren Einführungsverse sich als denkbar beste Werbung für Rügen erwies:

»O Land der dunklen Haine,
O Glanz der blauen See,
O Eiland, das ich meine,
Wie tut's nach dir mir weh! …
O wie, mit goldenen Säumen,
Die Flügel rings umwebt,
Mit Märchen und mit Träumen
Erinnerung zu mir schwebt!
O Eiland grüner Küsten!
O bunter Himmelsschrein! …«

Es klingt für uns Menschen von heute sehr pathetisch, aber es entsprach dem poetischen Empfinden der damaligen Zeit. Die Verse wurden derart bekannt, daß sie beinahe als »Werbeslogan« für die Sassnitz-Linie hätten herhalten können.

Das Gedicht, in schöner kalligraphischer Ausführung, hing golden umrahmt unter Glas – neben einem Bild vom Herthasee – im Oberdecksalon des Doppelschraubendampfers HERTHA, sogar in voller Länge des Textes.

Die Große Rügens wird einem erst bewußt, wenn man die Gesamtlänge seiner Küsten erfährt: Sie beträgt 573 Kilometer und entspricht damit einer Entfernung von Köln am Rhein bis zur Oder!

Wie auch Deutschlands zweitgrößte Insel, das benachbarte Usedom, ist Rügen im Laufe der Zeit von einem Archipel einzelner Inseln durch Nehrungsbildung zu einem Ganzen zusammengewachsen.

Darin liegt das Geheimnis der beispiellosen Vielgestalt der beiden größten Inseln Deutschlands: Jeder der Inselkerne ist völlig anders geformt und zergliedert. Die

Vegetation bietet eine unvergleichbare Fülle von Arten. Allein 22 wilde Orchideen-Gattungen kommen auf beiden Inseln vor. Der Wechsel von endlos erscheinenden Buchenwäldern mit den Kiefernbeständen der Dünenheide oder den weitläufigen Fichten- und Tannenförsten, Mooren und von Heidekraut bestandener Geest beglückt jeden Naturfreund, erst recht das Schauspiel der Blüte von Millionen Buschwindröschen im ersten zaghaften Frühling, von abertausend Himmelsschlüsseln auf dem Waldboden der Stubnitz, von Maiglöckchen auf dem des Nordperds von Rügen. Die Schönheit der sanften Moränenwälle und Halbinseln macht den Anblick der Mönchgut-Landschaft in Südost-Rügen ebenso reizvoll wie den des Usedomer Achterwassers vom Loddiner Höft, vom Nipperminer See oder vom bezaubernden Lieper Winkel aus. Die verträumte Halbinsel Gnitz zwischen dem Achterwasser und der Krumminer Wiek, das Thurbruch mit dem Gothensee, die lauschigen Waldwege rund um den Wolgast-See machen Usedom und Rügen zu »Schwestern«. Das wird einem erst recht klar, wenn man den Streckelberg bei Koserow erklimmt und vom Steilufer hinunterspäht auf den von Sturmfluten zerzausten Strand. Vor einem liegt das Vineta-Riff, auf dem seinerzeit der Raddampfer Cuxhaven des Eigners Albert Ballin zugrundeging. Und schon klingt einem die Vinetasage in den Ohren, derzufolge dort eine überaus reiche Stadt mit prächtigen Palästen und einem Hafen voller Schiffe als »Königin des Nordens« der See zum Opfer fiel. Sie steigt in der Osternacht noch einmal empor, zeigt sich aber nur Sonntagskindern, auf ihre Erlösung wartend.

Alles paßt auf diesen Insel zueinander – die Landschaft, Geschichte und Kultur, die Fauna und Flora, der stetige Wechsel des Schönen, die Lichtverhältnisse, die Sagen …

Besonders zu Pfingsten entstand alljährlich unbeschreibliches Getümmel, wenn zur Saison-Eröffnung der Sassnitz-Linie gleich zwei oder drei Braeunlich-Dampfer vom Dampfschiffbollwerk ablegten. Im Bild sind die nebeneinander vertäuten Zwillinge Hertha (innen) und Odin, gleich abfahrbereit direkt vor dem Kontorgebäude der Reederei.

Es war also kein Wunder, daß in den Jahren vor 1914 die Sassnitz-Linie zur lukrativsten Fahrgastroute Deutschlands wurde. Die Baukonjunktur in den Ostseebädern war gewaltig, immer neue Pensionen und Hotels mußten entstehen, um die immer größeren Ströme von Sommergästen aufnehmen zu können. Mehr als einmal wurden Imperator, Odin und Hertha sowie die Freia gleichzeitig eingesetzt, um dem Verkehrsbedarf gerecht zu werden. Auch auf Wollin »boomte« der Ansturm auf die Ostseebäder gleichermaßen.

Und Fritz Brustat-Naval schrieb: »Der Stettiner Hafen hing sozusagen als prächtiger Wasserspiegel in der Wohnung Preußens, eine Art ›Vorort von Berlin‹. In neunzig Minuten Bahnfahrt waren die Berliner bei uns, stiegen (vor allem) am Wochenende auf die Bäderdampfer und erreichten in Kürze das offene Meer …

Man sah den Strom hinab die bunten Schiffe fahren, man sah sie als Gegenkommer auf dem Weg stromaufwärts, alle Typen vor Augen und alle Größen: Tramps mit Erz aus Schweden und Holz aus Finnland, schneeweiße Passagierschiffe aus Stockholm und Helsingfors, Ozeanriesen löschten ostasiatische Sojabohnen bei den Stettiner Ölwerken. Dazwischen die malerischen Oderkähne und kleine Schlepper …«

Die Stettiner waren mit ihrem Oderstrom auf ganz besondere Weise verwachsen – und sie sind es noch, nachdem sie schon jahrzehntelang nach ihrer Vertreibung anderswo »ihre Zelte aufschlagen« mußten.

Ganz bestimmt haben überall Menschen eine besondere Freude am Feuerwerk und bengalischer Beleuchtung. Bei den Stettinern aber gab es eine Art Lichterkult, der ihre innige Verknüpfung mit dem Heimatstrom besonders augenfällig machte. Kapitän Beyreis, der bald darauf Nautischer Inspektor der »Stettiner Dampfschiffs-Gesellschaft J.F. Braeunlich« und zugleich »Flottenkapitän« der Stettiner Eisbrecher wurde, hatte am Silvesterabend des Jahres 1933 als Kapitän des damals nagelneuen Dampfeisbrechers Stettin – des größten Eisbrechers von Deutschland – einen neuen Silvesterbrauch eingeführt, der sofort die Herzen der Stettiner eroberte und bis 1939 immer wieder Anklang fand: Beyreis stellte den großen Kohlebogen-Eisscheinwerfer auf dem Peildeck der Stettin an und tauchte die gesamte, architektonisch so imposante Hakenterrasse in die gleißende Illumination von zehn Millionen Lichteinheiten, während die übrigen vier Eisbrecher ihre »Lichtfinger« himmelwärts richteten und das »Kolossalgemälde« wie flankierende Säulen umrahmten.

Die Stettiner ließen keine Gelegenheit aus, ihre Oder zu illuminieren. Am eindrucksvollsten geschah das wohl zur Ehrung des Reichsgründers Kaiser Wilhelm I. Carl Ludwig Schleich erinnerte sich:

»Da war dieser leuchtende, denkwürdige Herbstabend, als zu Ehren des alten Kaisers, der zu den Manövern in Stettin eingekehrt war, die Oder auf- und abwärts illuminiert war mit einer Prachtverschwendung von Lichtgirlanden, Blink- und Pechfeuern, Raketenaufwand und bengalischen Gluten, die mir wie ein Lichtwunder aus Tausendundeiner Nacht erschienen, wie ich es in meinem Leben nur bis zu dem heutigen Tage nicht wiedergesehen habe. Dazu die Tausenden von Schiffen und Ruderbooten, bewimpelt und hoch bis in die Mastspitzen mit Lampions und Leuchtkörpern geschmückt, eine Festflottille, die sich langsam wie ein leuchtendes Rie-

Großer Flaggenschmuck zur Silberhochzeit von Dr. Julius Braeunlich: Vorn IMPERATOR, dahinter FREIA (innen), HERTHA und ODIN (Jahr der Aufnahme 1911).

senkrokodil den Fluß hinabwälzte unter ohrenbetäubendem Lärm der Musikkapellen und der jubelnden Menge – ein seltsames Bild der hingebenden Huldigung an einen greisen Monarchen.«

Wenn es sicherlich auch weniger prachtvoll war, so ist mir dennoch ein großes Feuerwerk geradezu gegenwartsnah im Gedächtnis geblieben. Es wurde vor der Stettiner Hakenterrasse veranstaltet. Das wollten wir Kinder des Reeders Braeunlich natürlich allzu gern sehen. Also bekamen wir sozusagen einen Logenplatz, denn Kapitän Fritz, Repräsentant des Verbandes Deutscher Reeder, lud unsere ganze Familie in sein herrlich gelegenes Wohnhaus ein. So konnten wir das farbenprächtige Spektakel von seinem Balkon aus miterleben. Die Freundschaft mit diesem Kapitän war im Laufe der Jahre durch konstruktive Zusammenarbeit und gegenseitige Hochachtung entstanden – sie ähnelte damit der Atmosphäre »im eigenen Haus«.

Das ausgesprochen herzlich-patriarchalische Verhältnis zwischen den Geschäftsführern der Reederei und den Kapitänen der Reedereiflotte habe ich immer wieder bewundert, es zeugte von einem guten Betriebsklima. Es waren durchweg Freundschaften »zwischen Arbeitgeber und Arbeitnehmer« entstanden. Wir Kinder empfanden das überall, auch noch nach Jahren, als zum Beispiel Kapitän Hausmann längst Lotsenkommandeur in Swinemünde geworden war oder als wir Kapitän Krüger 1947 wiedersahen, der die BERLIN mit Flüchtlingen nach Kopenhagen durchgebracht hatte und sie nachher hatte an die Sowjets abliefern müssen.

Das Leben und Treiben am Dampfschiffsbollwerk unterschied sich vor 1914 und vor 1939 wenig, wenn man vom nachherigen Verschwundensein der Pferdedroschken und von immer neuen Autotypen absieht. Kontinuität aber strahlten die Braeunlich-Dampfer aus, ganz besonders das »Dioskuren-Paar« ODIN und HERTHA, die beide Epochen gleichermaßen verkörperten.

Höhepunkte blieben aber die Sonntage, wenn der Vater mal zu den Frühablegern ans Dampfschiffsbollwerk fuhr und uns mitnahm. Besonders zu Pfingsten war es bei schönem Wetter schon mehrfach erforderlich, einen Verstärkungsdampfer einzusetzen, um den Andrang von Passagieren bewältigen zu können. Dann legten bis zu drei Schiffe ab und fuhren in Kiellinie oderabwärts Richtung Swinemünde.

Rügen als neuer Qualitätsbegriff

Marktforschung ist keine Erfindung der zweiten Jahrhunderthälfte. Man betrieb sie im Stettiner Reedereikontor stets mit Sorgfalt. Die Statistiken des »Verbandes der Ostseebäder«, die sorgfältig ausgewerteten Kapitänsberichte und die Jahresbilanzen der Kurverwaltungen und Kurdirektionen lieferten wertvolles Hintergrundmaterial.

Die Gesamtanalyse machte es erforderlich, zur Bewältigung des stetig weiterwachsenden Passagieraufkommens auf der »Sassnitz-Linie« unbedingt einen weiteren Neubau in Auftrag zu geben – den dritten seit dem Jahr 1900. Und es mußte sogar ein viel größerer Doppelschraubendampfer sein, der 2.500 Fahrgäste im Tageseinsatz zu fassen vermochte. Noch 1912 beschlossen Geschäftsleitung und Gesellschaft der Reederei, bei den Stettiner Oderwerken ein neues

Der »Jumbo« unter Deutschlands Bäderschiffen: Doppelschrauben-Passagierdampfer Rügen, 2170 BRT, 3200 PSi, Kapazität maximal 2500 Fahrgäste. Ihm war nur eine einzige Fahrsaison auf der Sassnitz-Linie vergönnt, im Sommer 1914.

Flaggschiff zu bestellen, das wiederum zwei Schornsteine erhalten sollte, sich dadurch deutlich größenmäßig von Odin und Hertha abhob, ohne daß etwa Verwechslungsgefahr mit dem vormaligen Flaggschiff Imperator entstehen konnte. Das mit 2.170 BRT vermessene Schiff brachte mit den 3.200 indizierten Pferdestärken seiner beiden Dreifach-Expansionsmaschinen eine Geschwindigkeit von 16 Knoten zustande und war damit das erste Schiff der Braeunlich-Flotte, das als ungleich größeres Schiff imstande war, bei der Höchstfahrtstufe des

»Blohm-Wiesels« FREIA mitzuhalten. Im Hinblick auf eventuelle spätere Kreuzfahrt-Einsätze in der Drei-Länder-Fahrt bis hinauf nach Oslo legte man die Seeausdauer bei 15 kn auf 1.700 Seemeilen aus. Das war viel gegenüber den 850 Seemeilen von ODIN und HERTHA.

Der neue Bäderdampfer, der größte Deutschlands, lief am 21. Februar 1914 vom Stapel, sinnvollerweise nach Deutschlands größter Insel auf den Namen RÜGEN getauft. Obwohl fast 20 Meter länger als ODIN und HERTHA und mit 11,60 Meter Breite diese um 1,30 Meter übertreffend, gelang es, den Tiefgang auf 4,21 Meter zu begrenzen und den der HERTHA nur um einen Dezimeter zu überrunden. Damit vermochte der neue »Braeunlich-Riese« an allen Seebrücken der Sassnitz-Linie problemlos anzulegen. Die Bauaufsicht durch den Seniorkapitän Friedel Delfs »zahlte sich ebenso aus« wie ein halbes Jahrzehnt vorher die Bauaufsicht bei den Eisenbahnfähren DEUTSCHLAND und PREUSSEN.

Bei Saisonbeginn, traditionsgemäß also zu Pfingsten, nahm die vielbewunderte RÜGEN ihren Dienst nach Usedom und Rügen auf. Sie fuhr einem besonders heiteren und von der abermals gestiegenen Zahl der Kurgäste in den Seebädern – jedenfalls einschließlich des Monats Juli – höchst erfolgreichen Sommer entgegen. Die Presse war des Lobes voll, auch im Königreich Dänemark. Denn ganz bewußt hatte man dafür gesorgt, daß der bestens konzipierte neue Passagierdampfer im Rahmen einer Sonderfahrt auch in Kopenhagen sein Debüt machte.

Es war ein Hochgefühl, den großen Zweischornsteiner an der 1.002 Meter langen Göhrener Seebrücke anlegen zu sehen oder nach dem Fünf-Uhr-Tee im Brückenkopfrestaurant der Binzer Seebrücke dem Anlegemanöver des als herrlich empfundenen Schiffes beizuwohnen. Hatte Kaiser Wilhelm II. vielleicht doch recht gehabt, indem er kürzlich pathetisch versprach, das deutsche Volk »herrlichen Zeiten« entgegenzuführen?

Beim Auslaufen der »Kaiserlichen Yacht« HOHENZOLLERN aus Swinemünde zur traditionellen sommerlichen Nordlandreise hatte der Kaiser die neue RÜGEN erstmals erblickt und mit Wohlgefallen betrachtet. Er sprach dem Schiff per Flaggensignal seine »Allerhöchste Anerkennung« aus und wünschte ihm mit einem zweiten »allzeit glückhafte Fahrt«.

Die Ostseebäder wie auch die Seebäder der Nordsee waren im Sommer 1914 sämtlich ausgebucht. Niemand vermochte sich vorzustellen, welches Verhängnis über diesem sommerlichen Frieden hing.

Wilhelm II. war bald darauf mit seiner Kaiserlichen Yacht HOHENZOLLERN gerade erst im norwegischen Sognefjord eingetroffen und hatte, wie stets, vor Balestrand geankert. Er ließ sich an Land setzen und bezog für ein paar Tage im heute noch unverändert gebliebenen »Kviks Hotel« – erbaut im Stil der damaligen Bäderarchitektur mit hübsch gezimmerten weißen Holzbalkonen – das dort für ihn ausgestattete Kaiserzimmer. Doch bald schoß das stets im Kielwasser der HOHENZOLLERN mitreisende Depeschenboot SLEIPNER plötzlich herbei. Der Funkoffizier der Kaiserlichen Yacht war gleich mitgekommen. Der Inhalt des Funktelegramms war von allergrößter, schicksalhafter Bedeutung. Jener Sessel, in dem der Kaiser die

Mit diesem Plakatgemälde Willy Stowers der Doppelschraubendampfer IMPERATOR (vorn) und REX warb man für die Postlinie Sassnitz–Trelleborg.

Raddampfer Germania in naiver Postkartenmalerei.

Das Stettiner Dampfschiffbollwerk (unten) um die Jahrhundertwende, noch vor dem Bau von Hakenterrasse, Museum und Regierungsgebäude. Im Vordergrund liegt die Germania ex Prinses Marie, mit 1.594 BRT der größte jemals unter deutscher Flagge in Fahrt gekommene Raddampfer. Davor liegt einer der beiden ersten SwiDAG-Dampfer.

Mit noch offener Aussichtsplattform – und damit vor 1912 – sieht man die Hertha am Binzer Brückenkopf. Doppelschraubendampfer Odin, gemalt von Professor Willy Stöwer (unten).

Willy Stöwers Gemälde von der Rügen im Bäderdienst auf der Sassnitz-Linie Stettin–Usedom–Rügen. Dort verkehrte das Spitzenschiff unter allen deutschen Bäderdampfern nur im Sommer 1914. Der Kriegsausbruch machte den dortigen weiteren Einsatz zunichte.

Das Stettiner Sonntagsvergnügen Nummer eins: Militärmusik im schattigen Kaffeegarten des Ausfluglokals an der Dampfer-Abfahrtstelle in Gotzlow. Das »Etablissement Gotzlow« bot mit zwei großen Sälen Platz für 500 Personen. Am Anleger hat gerade der Braeunlich-Dampfer HANNI festgemacht.

Die an Rud. Chr. Gribel abgegebene und in den Liniendienst Stettin–Reval–Helsinki eingestellte RÜGEN nach ihrem Umbau, erkennbar an den langgestreckteren Schornsteinen (Gemälde Willy Stöwer).

Die Reederei- oder Kontorflaggen sowie Schornsteinfarben:
Oben links Reederei J. F. Braeunlich,
Mitte »Stettiner Dampfschiffahrtsgesellschaft J. F. Braeunlich«,
rechts oben »Swinemünder Dampfschiffahrts-A.G.« (SwiDAG),
nachher im Braeunlich-Besitz
Links unten Eisbrecherverwaltung der IHK zu Stettin,
rechts unten »Seedienst Ostpreußen«, mit den Schornsteinfarben
von Hapag, Norddeutscher Lloyd und Braeunlich.

Mit diesem Plakat des Grafikers G. Hübner vom abfahrbereiten Flaggschiff RUGARD warb man in den dreißiger Jahren für die Sassnitz-Linie und verzierte damit auch die damaligen Fahrplanhefte.

Hiobsbotschaft erhielt, ist heute mit einem Erinnerungsschild ausgestattet: »In diesem Sessel sitzend erhielt der deutsche Kaiser die Nachricht über den Mordanschlag von Sarajewo, geschehen am 28. Juni 1914.«

Der Kaiser ließ sofort die Nordlandreise der HOHENZOLLERN und ihrer Begleitkriegsschiffe abbrechen und lief nach Deutschland zurück.

In den Ostseebädern blieben die meisten Menschen arglos. Was sollte denn schon passieren – das Ganze würde wohl Theaterdonner bleiben, schließlich hatte ja auch der Balkankrieg von 1912/1913 keine Ausweitung erfahren …

Nur Eingeweihte erkannten die Gefahr. Sie wußten es auch richtig zu deuten, daß die seit 1882 jedes Jahr in der dritten Juniwoche veranstaltete »Kieler Woche« von einem Eklat überschattet wurde: Erstmals war ein ganzes Geschwader der Royal Navy zu Gast. Auf die Mordnachricht hin ließ der britische Seebefehlshaber sofort Dampf aufmachen und alle weiteren Veranstaltungen absagen. In auffälliger Eile verließen die britischen Linienschiffe die Kieler Förde. Es war wohl versöhnlich gedacht, daß der britische Admiral zum Abschied signalisierte: »Friends in Past und Friends for Ever.«

Dieser deutschfreundliche Funkspruch sollte den britischen Flaggoffizier wenig später seine Karriere kosten!

Nach 44 Friedensjahren unter den Großmächten Europas zeichnete sich hinter den Kulissen das ganze Verhängnis ab, das seit der törichten Aufkündung des deutsch-russischen Rückversicherungsvertrages durch die von Bismarcks behutsamer Bündnispolitik »befreite« neue Politik des deutschen Kaisers zu einer systematischen Einkreisung des wirtschaftlich zu stark gewordenen Deutschen Reiches geführt hatte und nun die Quittung bekam.

Am 24. Juli traf die Nachricht von der Überreichung des österreichisch-ungarischen Ultimatums an Serbien ein, genau im Zuge der von den panslawistischen Drahtziehern des Attentats erhofften Eskalation. Die Mörder des Erzherzogs Franz Ferdinand und seiner Gemahlin, Herzogin Sophie von Hohenberg, waren auffällig geschont worden. Das auf 48 Stunden befristete Ultimatum enthielt die Forderung, alle großserbischen Propaganda-Aktionen und panslawistischen Aktivitäten, die gegen Österreich-Ungarn gerichtet waren, zu unterlassen.

Am 25. Juli 1914 tagte der Kronrat des zaristischen Rußlands in Krasnoje Selo mit der Entscheidung, Serbien zu unterstützen, auch wenn man dazu die Mobilmachung erklären und Kriegshandlungen beginnen müsse. Rußland ermunterte also die »slawische Brudernation Serbien« geradezu, auf keinen Fall klein beizugeben. So kam es noch am gleichen Tag (25. Juli) zum Abbruch der diplomatischen Beziehungen zwischen Wien und Belgrad. Beide Staaten machten tatsächlich mobil.

Zwar gelang es einer Intervention des angeblich so kriegslusternen deutschen Kaisers, die russische Mobilmachung wenigstens hinauszuzögern. Aber dann waren die Würfel doch gefallen: Am 31. Juli 1914 machte das Zarenreich mobil. Deutschland schlitterte aufgrund seiner Bündnisverpflichtung gegenüber der Habsburger Monarchie buchstäblich in den Krieg hinein. Am 1. August rief auch Frankreich, nach einer dringenden Anfrage aus Berlin, die allgemeine Mobilmachung

Die fünf großen Seebrücken von Usedom und Rügen waren das Rückgrat der Sassnitz-Linie und Wahrzeichen ihrer Ostseebäder geworden. (Seebrücke Binz/Rügen, spätere Aufnahme aus den 20er Jahren).

aus. Der 2. August führte zur Mobilmachung auch der Deutschen. Am 3. August brach der Krieg aus.

Schlagartig verödeten die Ostseebäder, die Braeunlich-Dampfer stellten sofort den Betrieb ein, ebenso die deutschen Schweden-Fähren. Die wehrpflichtigen Männer rückten, begleitet von der Kurkapelle und von der abschiednehmenden Bevölkerung, zum Bahnhof. Es ging »ins Feld«.

Überall zogen Wachposten der Landwehr auf oder sie gingen Strandpatrouille. Spionenfurcht breitete sich überall aus. Die Seebrücken durften plötzlich nicht mehr betreten werden. Jedermann mußte fortan, wenn er irgendwo unterwegs war, seine Personalpapiere bei sich tragen. Wenig später wurden auf militärische Anordnung alle Dielenbretter der Seebrücken entfernt, die auf keinen Fall zur nächtlichen Anlandung von Agentenbooten sollten herhalten können. Und mehr noch: Auf Anordnung der Kaiserlichen Admiralität mußte die große Kilometer-Seebrücke am Südstrand des Ostseebades Göhren abgebrochen werden, weil sie für russische Landungsaktionen besonders geeignet erschien. Man stellte sogar eine Pionierkompanie zur Verfügung, die beim Ziehen der Pfähle und bei der vollständigen Beseitigung von Pommerns größter Seebrücke half.

Schiffe voller Teufelsfracht

Nur die fast schon 30 Jahre alte FREIA blieb von der Mobilmachungs-Beschlagnahme der Kaiserlichen Marine verschont. Sie durfte den ganzen Krieg über zwischen Stettin und Swinemünde pendeln und die zur Marine eingezogene BERLIN der SwiDAG ersetzen. Die neueren Braeunlich-Dampfer mußten »Soldat« werden. Gleich am 6. August traf es die IMPERATOR und die HERTHA, die zum HILFSLAZARETTSCHIFF D und HILFSLAZARETTSCHIFF E umgerüstet wurden. Sie hatten Fahrgastkabinen sowie Salons, die sich zu Operationssaal und Krankensälen ausgestalten ließen. Sie bekamen ein Rotes Kreuz auf die weiß angemalten Schornsteine und wurden gemäß Genfer Konvention mit einem grünen Kennstreifen auf dem weißen Rumpf versehen.

Die Einsätze des HILFSLAZARETTSCHIFFS D ex IMPERATOR lassen sich in den Kriegsjahren bis hinauf nach Libau und Windau, im Rigaischen sowie Finnischen Meerbusen sowie in der Taggabucht vor Ösel verfolgen. Das Schiff blieb ab Herbst 1915 im frontnahen Einsatz und überführte zwischenzeitlich auch russische Kriegsgefangene zurück.

Auf der HERTHA jedoch wurden Hals über Kopf alle für den neuen Verwendungszweck eingebauten medizinischen Geräte wieder herausgerissen, alle Krankenkojen ebenso wieder entfernt wie die gesamte umfangreiche Sanitätsausrüstung. Weil wider Erwarten schon am 5. August 1914 der deutsche Bäderdampfer KÖNIGIN LUISE als Hilfsstreuminendampfer vor der Themsemündung zum Totalverlust geworden war, mußte die HERTHA bereits am 10. September als »Hilfsstreuminendamp-

Der Weltkrieg 1914–1918 verwandelte die weißen Braeunlich-Bäderdampfer in graue Hilfskriegsschiffe. Hier sieht man die mit zwei Revolverkanonen vom Kaliber 3,7 cm armierte ODIN als Hilfsstreuminendampfer, sprich Minenleger.

fer Ostsee« in Dienst gestellt werden, noch im gleichen Monat durch das Schwesterschiff ODIN ergänzt. Am 21. November folgte ihm auch der Neubau RÜGEN in diese neue martialische Verwendung nach. Die Hecks der drei Braeunlich-Dampfer wurden mit Wurfpodesten, das Hauptdeck mit je einer Minenschiene an den Seiten ausgestattet. Die Zwillinge ODIN und HERTHA konnten mit je einer sog. Chargierung pro Schiff 130 große Bleikappenminen werfen, die größere RÜGEN sogar 153. Alle drei Dampfer wurden mit je zwei Revolverkanonen vom Kaliber 3,7 cm und 400 Schuß Munition armiert. Die drei Hilfsstreuminendampfer bekamen einen aktiven Marineoffizier als taktisch und waffentechnisch geschulten Kommandanten an Bord, die vormaligen Braeunlich-Kapitäne blieben als Navigationsoffiziere mit Reservisten-Dienstgrad an Bord, desgleichen blieben die Obermaschinisten und Wachmaschinisten als eingekleidete Reservisten ebenfalls »im Amt«.

Die deutsche Hochseeflotte verfügte mit den Minenkreuzern NAUTILUS und ALBATROS nur über zwei sogenannte Offensiv-Minenleger. Das nun in einen Mehrfrontenkrieg gegen drei europäische Großmächte verwickelte Deutschland mußte sich sofort mit einer großen Anzahl von Defensiv-Minensperren vor der Deutschen Bucht, den Flußmündungshäfen von Nord- und Ostsee, vor den Ostseezugängen und in der Gedser-Enge eindringende gegnerische Seestreitkräfte vom Leibe halten.

Aus diesem Grund waren auch die beiden Schweden-Fährschiffe DEUTSCHLAND und PREUSSEN gleich bei der Mobilmachung beschlagnahmt und schon am 4. und 5. August unter der Kriegsflagge der Kaiserlichen Marine als Hilfsstreuminendampfer in Dienst gestellt worden. Mit ihren Bahngleisen auf dem Waggondeck eigneten sie sich besonders für diese Verwendung. Aber diese beiden Eisenbahnfähren reichten bei weitem nicht aus. Alle für diese Aufgabe brauchbaren Bäderschiffe mußten ebenfalls als Minenleger an die Front. Die HERTHA blieb stets in der westlichen Ostsee, sie warf die Sperren im Sund, bei Falsterbo und Gedser, nach dem Eindringen zweier Briten-Unterseeboote in die Ostsee auch zusätzlich U-Minensperren und leistete jedesmal die Schwerarbeit, nach winterlichen Eisgängen mit Packeisgeschiebe beschädigte Sperren wieder zu erneuern. Zur Überwachung der neutralen Handelsschiffahrt, die mit Hilfe deutscher Sperrlotsen durch die geheimgehaltenen Minenfelder hindurchgebracht wurden, befand sich die HERTHA fast den gesamten Krieg hindurch auf See.

Die Einsätze des Hilfsstreuminendampfers ODIN lassen sich zunächst ebenfalls im Sund, vor Falsterbo und Gedser nachweisen, bevor die Verlegung in die Einsatzräume Kurland und Baltische Inseln notwendig wurde.

Was diesen Hilfsstreuminendampfern abverlangt wurde, das brachte Band 3 des offiziellen Admiralstabswerks »Der Krieg zur See 1914–1918« wohl am besten zum Ausdruck, in diesem Fall bezogen auf die RÜGEN: »Die zum Minenlegen geeigneten Schiffe wurden bis zur Grenze ihrer Leistungsfähigkeit ausgenutzt, um die Zahl und Dauer der Unternehmen niedrig zu halten.« Und so wird u.a. berichtet, daß »die Hilfsstreuminendampfer DEUTSCHLAND (ex-Fährschiff) und RÜGEN, letzterer unter dem Kommando von Kapitänleutnant Heinrich Meyer, zusammen mit den ebenfalls Minen legenden Kleinen Kreuzern AUGSBURG und STRASSBURG, bei Minenvorstößen gegen die (damals noch zu Rußland gehörenden) Küsten Finnlands eingesetzt wurden«. Das war unmittelbar vor der Höhle des Löwen, der russischen Flottenstützpunkte Baltisch-Port und Kronstadt, ein riskantes Unterfangen. Die geleistete Schwerarbeit schlug dann mit nüchternen Zahlen zu Buche: »Innerhalb fünf Wochen hatten die genannten ›Aufklärungsschiffe der Ostsee‹ unter Führung des nicht als Minenleger mitarbeitenden Kleinen Kreuzers KOLBERG ein Minenfeld von 80 Seemeilen Durchmesser geschaffen, 2.900 Minen mit 50 Meter Abstand geworfen, bewußt auf zahlreiche Einzelsperren verstreut. Außerdem vervollständigten sie mit 600 Minen mit noch geringeren Abständen die Verblockung des Rigaischen Meerbusens.«

Bei diesen Wurfarbeiten mußten sicherheitshalber Minensuch-Torpedoboote vorweglaufen, damit die Minenleger nicht unversehens das Opfer gegnerischer Minen werden konnten. Und so läßt sich dem Admiralsstabswerk entnehmen: »Kurz vor dem Werfen der Sperre Y wurde (Minensuch-Torpedoboot) V 153, Oberleutnant zur See Hermann Menzel, zum Teil infolge der unzureichenden Minensuchausbildung der Torpedoboote, von RÜGEN gerammt und mußte (sinkend) unterfangen und abgeschleppt werden. RÜGEN konnte dank der entschlossenen Maßnahmen der Besatzung, besonders des ›Torpederleutnants‹ Ficlitz und des Obermaschinisten (aus »dem Stamme Braeunlich«. D. Verf.) ihre Aufgabe durchführen.«

Mit dem Ausscheiden Rußlands aus den Reihen der Kriegsgegner durch den Frieden von Brest-Litowsk erübrigte sich die weitere Ostfront-Tätigkeit der RÜGEN. Sie konnte am 4. Juli 1918 als Wohnschiff an die U-Bootschule Eckernförde abgegeben werden und den Rest des Krieges relativ beschaulich verbringen.

Bedenkt man die Gesamtzahl der gefahrenen Einsätze und den besonderen Gefährlichkeitsgrad des Minenlegens – besonders beim »Anstücken« bereits vorhandener Sperren oder beim Schließen entstandener Eisschaden-Sperrlücken – dann mutet es wie ein Wunder an, daß alle drei dabei eingesetzt gewesenen Braeunlich-Dampfer den Krieg heil überstanden haben.

Wie aber hatte es in den Kriegsjahren im Heimathafen der Schiffe ausgesehen, wie war es der Stettiner Bevölkerung ergangen?

Der gekrönte, rote Greif enkopf auf blauem Grund – das Wappen von Stettin, Pommerns Hauptstadt.

Sturz ins Nichts

Die Hungerblockade machte sich immer drückender bemerkbar. Der Steckrübenwinter 1917/1918 verwandelte Stettin in eine triste graue Stadt. Die Menschen hungerten und froren, zumal auch die Hausbrandversorgung mit schlesischer Steinkohle und Lausitzer Briketts aus zwingenden kriegswirtschaftlichen Gründen immer weiter hatte eingeschränkt werden müssen.

Zwar pendelten die Swinemünde und die Heringsdorf der SwiDAG und die Freia von Braeunlich noch immer zwischen Stettin und Swinemünde hin und her. Ihre Fahrten wurden mehr und mehr auch für den Transport von Werftarbeitern erforderlich, die Kriegsschiff-Neubauten des »Vulcan« und der »Oderwerke« zur Durchführung von Restarbeiten während der Probefahrten gleich in Swinemünde nachrüsten mußten. Man sparte dadurch den Treibstoff dieser Schiffe. Auch die Gotzlow-Dampfer fuhren ihre gewohnte Route, sie transportierten verhärmte, griesgrämige Menschen zur Arbeit. Immer schneller mußte mit knurrendem Magen gearbeitet werden. Fast 200 Kriegsschiffe, vor allem Unterseeboote, mußten allein vom »Vulcan« während des Krieges fertiggestellt werden.

20.000 Menschen arbeiteten 1918 auf dieser damals größten Werft Stettins. Aber die sozialen Unruhen nach dem Hungerwinter des letzten Kriegsjahres machten auch vor der Großwerft nicht halt. Es kam zu einer Arbeitsniederlegung aus Protest gegen die unzureichende Ernährung. Das Kriegswirtschaftsamt reagierte umgehend, es bewilligte und garantierte Sonderrationen und täglich eine zusätzliche warme Mahlzeit für die Werftarbeiter. Und so arbeitete man bald im vollen Tempo weiter, weil die Terminzwänge der Ablieferungen von Neubauten unerbittlich waren. Aus einer Mischung von Verzweiflung und Stolz rückte man der Bau-Nummer 600 in der Werftgeschichte näher. Sie war für ein Unterseeboot vom sog. UB-Typ zugeteilt, das sich bereits im Bau befand. Es blieb jedoch ebenso unvollendet wie sechs Schwesterboote, wie die Zerstörer V 170–177 und die Flandern-Torpedoboote A 96–113: Der Zusammenbruch des Kaiserreiches verhinderte die Fertigstellung. Er hatte sich schon Wochen vorher immer deutlicher abgezeichnet.

Am 13. September 1918 wurden die deutschen Truppen an der Westfront auf die Hindenburg-Linie zurückgeworfen. Am gleichen Tage teilte ein Abgesandter des Kaisers Karl mit, daß Österreich entschlossen sei, die Gegnermächte um einen Friedensschluß zu bitten. Damit war das deutsch-österreichische Bündnis, demzuliebe Deutschland in einen Weltkrieg hineingeraten war, faktisch zerbrochen. Am 26. September legte Bulgarien die Waffen nieder. Die deutschen Truppen in der Türkei und in Palästina wurden unversehens von ihren rückwärtigen Verbindungen abgeschnitten.

Am 8. November 1918 traf die deutsche Waffenstillstandsdelegation unter Staatssekretär Matthias Erzberger in Réthondes bei Compiègne ein. Im Salonwagen des Marschalls Foch wurden ihr die Waffenstillstandsbedingungen unterbreitet. Neben dem völligen und sofortigen Rückzug der deutschen Truppen aus Belgien, Frankreich, Elsaß-Lothringen, aus dem gesamten linksrheinischen Gebiet sowie aus den Brückenköpfen Köln, Koblenz, Mainz und Kehl wurde die weitgehende Entwaffnung Deutschlands verlangt, als Vorleistung auf den zu erwartenden harten Friedensvertrag auch die Zwangsablieferung von 5.000 Lokomotiven, 150.000 Waggons und 5.000 Lastwagen. Die Hungerblockade wurde aufrechterhalten, Verhandlungsspielraum gab es nicht. Ultimativ wurde die deutsche Delegation gezwungen, am 11. November die ihr auferlegten Bedingungen zu akzeptieren. Durch Signal eines Hornisten wurde der Waffenstillstand verkündet.

Die Kapitulation war total. Nach drei vorherigen gewonnenen Kriegen gegen Dänemark, Österreich und Frankreich war Preußen-Deutschland nun ein besiegtes Land ohne Kaiser, ohne jede Zentralgewalt, zum politischen Scherbenhaufen geworden.

Vorher hatte die Entente stets verkündet, nur der Kaiser und seine Generale stünden im Weg, um Deutschland einen gerechten Frieden zu ermöglichen. Jetzt aber, nach deren Verschwinden, zeigte der »Feindbund« sein wahres Gesicht. Die Verheißungen der »14 Punkte zum Frieden«, die der amerikanische Präsident Woodrow Wilson verkündet hatten, waren zur Makulatur geworden. Zunächst warteten Naivlinge darauf, daß nun alle Grenzschlagbäume fallen und die Völker Europas einander versöhnt in die Arme fallen würden. Aber nichts dergleichen geschah. Statt dessen griffen binnen zwei Monaten Anarchie und Bürgerkrieg um sich. Nicht nur in Berlin floß Blut. Es waren jene turbulenten Tage, über die Philipp Scheidemann, Vizepräsident des Reichstages und ab 9. November 1918 Volksbeauftragter, vom Februar bis Juni 1919 Reichskanzler, recht drastisch gesagt hat: »Das Reich, und insbesondere Berlin, war in diesen ersten Wochen nach dem Zusammenbruch einfach ein Irrenhaus. Ein Volk war aus der zermürbenden Zwangshaft des Krieges ausgebrochen und wußte im ersten Taumel nicht, wohin mit der Freiheit. Keine behördliche Kompetenz war mehr klar und unbestritten: Das Nebeneinander von Behörden und Räten brachte unübersehbare Wirrnisse mit sich.«

Die amerikanische Staatsbürgerin Fürstin Blücher notierte in ihrem Tagebuch: »Große Militärautos mit lauter johlenden Soldaten und Matrosen, rote Fahnen in den Händen ... zwingen ihren Weg durch die dichten Massen. Meist sind es junge Burschen von sechzehn bis achtzehn Jahren, die anscheinend ihre plötzliche Macht genießen; grinsend sitzen sie auf den Trittbrettern der grauen Kraftwagen, wie Schulknaben, die einen Streich vollführt haben.«

Ein französischer Historiker fügte hinzu: »In ganz Deutschland tagten und beratschlagten die Arbeiter- und Soldatenräte. Sie berauschten sich an ihren eigenen Reden und Aufrufen. Ganz im Banne ihrer Zukunftspläne der sozialen Befreiung, vergaßen sie die Erfordernisse der Stunde und dachten keinen Augenblick lang an die Alliierten.«

Das war die Zeit des chaotischen Schwebezustandes, in dem der Reichstag sich selbst aufgelöst hatte und die Nationalversammlung noch nicht gewählt war.

Die anhaltenden Unruhen in Berlin machten es unmöglich, die konstituierende Nationalversammlung dort abzuhalten. Sie mußte ins Thüringer Landestheater von Weimar ausweichen. Und es war eine Ironie des Schicksals, daß die Wahlen zu dieser Nationalversammlung genau am 19. Januar 1919 stattfanden und damit am Tag der Eröffnung der Pariser Friedenskonferenz.

Stettins Straßen boten anfangs dasselbe Bild umherfahrender Lastautos mit roten Fahnen, der überall angeklebten Aufrufe. Aber sonst blieb die Stadt relativ ruhig. Es gab nur ein einziges Scharmützel regierungstreuer Soldaten mit bewaffneten Spartakisten, auf deren Seite es drei Todesopfer gab.

Bei den Werften waren alle Arbeiten zunächst eingestellt worden. Es durften aufgrund der Waffenstillstandsklauseln keine Weiterarbeiten an Kriegsschiffen mehr durchgeführt werden. Die ausgedehnten Kasernenanlagen verwaisten mehr und mehr, nachdem der Soldatenrat immer mehr Soldaten die Entlassungspapiere ausgehändigt hatte. Dafür strömten abgerissene Heimkehrer aus russischer Kriegsgefangenschaft, unversorgte Kriegsinvaliden und stellungslose ehemalige Soldaten, die anderswo ihre Entlassungspapiere erhalten hatten, in die Stadt. Auf die überforderte Stadtverwaltung kamen riesige Soziallasten zu. Rasant schwoll der Schuldenberg an. Überall machte sich noch immer der blockadebedingte Mangel an Nahrungsmitteln bemerkbar. Die Stettiner Sozialfürsorge mußte immer weitere Notküchen zur Armenspeisung einrichten, um wenigstens heiße Suppe ausgeben zu können. Aber auch der Mangel an Zahlungsmitteln wurde bedrückend. Schon Ende 1918 hatten die Volksbeauftragten der provisorischen Berliner Regierung den Stadtverwaltungen das Recht zugestehen müssen, Notgeld als Banknotenersatz drucken zu lassen. Die Geldentwertung lief grassierend weiter.

Nostalgisch schön und immer noch von plattdeutschem Humor zeugend: Notgeldschein der Gemeinde Sellin/Rügen

Am besten läßt sich der jähe Niedergang am Beispiel des Hafens Stettin ablesen. Im Ersten Weltkrieg erlebte der Hafenumschlag von Stettin einen Höchststand, nach dem Motto »Wat den eenen sin Uhl, is den annern sin Nachtigall.« Die Zufahrt zu den deutschen Nordseehäfen wurde durch die Blockade der britischen Seestreitkräfte, durch permanente U-Boot- und Minengefahr gleichermaßen verhindert. Auch die neutrale Schiffahrt mied die Routen in die Deutsche Bucht.

Anders war es in der Ostsee, in der die Hochseeflotte der Kaiserlichen Marine weitgehend die Seeherrschaft ausübte und der Handelsschiffahrt besseren Schutz bieten konnte. Ab 1915 wurde Stettin der umschlagstärkste Seehafen überhaupt. Die Erzeinfuhr aus Schweden, die Kohleexporte nach Skandinavien, die Importe von Fisch und Fischprodukten aus den neutralen Ländern Norwegen und Dänemark – fast der gesamte Ein- und Ausfuhr-Seeverkehr von und nach Skandinavien lief über Stettin.

Im letzten Friedensjahr 1913 hatten 5.926 Seeschiffe den Stettiner Hafen angelaufen und 6,25 Millionen Tonnen Seefrachtgüter umgeschlagen, so daß Stettin nach Hamburg an die zweite Stelle gerückt war.

Schon 1919 liefen nur noch 1.571 Seeschiffe den Stettiner Hafen an. So sackte der Güterumschlag steil auf 1,17 Millionen Tonnen ab. Er fiel damit auf den Stand des Jahres 1873 zurück.

Der zeitweilige Niedergang der produzierenden Wirtschaft und der Verlust eines Teils von seinem Hinterland, ab 1920 verstärkt durch die Abtretung der preußischen Provinz Posen und vom Großteil Westpreußens an Polen, verschlimmerte diese Situation.

Noch 1918 waren die Hilfsstreuminendampfer ODIN und RÜGEN an Braeunlich zurückgegeben worden, am 19. Februar 1919 auch das Hilfslazarettschiff D IMPERATOR. Nur mit der Rückgabe der HERTHA nahm man sich Zeit, sie wurde im Auftrag einer Repatriierungskommission des Internationalen Roten Kreuzes für Rücktransporte von Kriegsgefangenen aus Rußland eingesetzt, dirigiert von der Schiffahrtsabteilung beim Reichsverkehrsministerium. Inzwischen hatte man am 26. Januar 1919 den Deutschen das »Trierer Abkommen« aufgezwungen, das zur Übergabe von 393 Schiffen mit einer Gesamttonnage von 1,9 Millionen BRT an die Siegermächte zwang, noch vor Unterzeichnung des Friedensvertrages. Die Begründung war höchst fadenscheinig: Die Schiffe müßten den Siegermächten »Zwecks Versorgung der deutschen Bevölkerung mit Lebensmitteln« zur Verfügung gestellt werden. Es fiel freilich unangenehm auf, daß sich alle größeren deutschen Fahrgastschiffe darunter befanden, jedenfalls mit Ausnahme der HERTHA. Und es bleibt der Phantasie überlassen, wie man mit Passagierdampfern namhafte Mengen von Lebensmitteln transportieren wollte.

Es war eine herzzerreißende Sache, als Kapitän Krull seinen geliebten Dampfer ODIN, den er schon 1902 in Dienst gestellt, den er erst auf der Postdampferlinie nach Trelleborg, dann auf der Sassnitz Linie als Kapitän gefahren und mit dem er nachher als Navigationsoffizier alle Kriegseinsätze mitgemacht hatte, in Stettin übergeben mußte. Man jagte die deutsche Schiffsbesatzung kurzerhand von Bord.

Dasselbe widerfuhr auch dem Kapitän Theodor Schultz, der den Dampfer IMPERATOR im Frieden als Kapitän gefahren und der während des Krieges auf diesem als Hilfslazarettschiff D eingesetzten Schiff als Erster Offizier weiterhin Dienst getan hatte. Als das Schiff am 19. Februar 1919 von der Marine an Braeunlich zurückgegeben wurde, übernahm Schultz das Schiff wieder als Kapitän.

Er hatte zunächst einmal für den Ausbau der Lazarettschiff-Ausrüstung zu sorgen. Es mußten 156 Krankenbetten, Operationssaal, Behandlungszimmer und Bordapotheke ausgebaut und ein Wohndeck für 25 Mann Sanitätspersonal entfernt werden. Ein Konzept für die Renovierung des Schiffes und eine Neugliederung der Fahrgasteinrichtungen waren bereits erstellt. Die Bauaufsicht sollte Kapitän Schultz übernehmen. Nun aber war alles aus, er mußte von dannen ziehen.

Es bot sich überall dasselbe Bild: Unverzüglich hatten alle deutschen Besatzungsmitglieder die für beschlagnahmt erklärten Dampfer zu verlassen. Und als erstes Schiff verschwand die IMPERATOR aus dem Stettiner Hafen. Sie war sofort vom Shipping Controller London an die Franzosen ausgeliefert worden, die sie noch am 14. März 1919 übernahmen. Das Schiff trat bald darauf die weite Reise zur atlantischen Seite der Bretagne an. Es war von der französischen Regierung der Firma E. Genoud in Brest zur Bereederung übertragen worden. Sie wollte damit einen Fährdienst von der Bretagne nach Cornwall aufziehen, der sich jedoch als totgeborenes Kind erwies. Das in WELCOME umbenannte Schiff wurde deshalb 1922 an die Reederei Genoud & Cie. in Cherbourg weitergereicht, die ab 1924 als Cherbourg Maritime S.A., Cherbourg, firmierte. Das Schiff soll zunächst im Fährdienst Cherbourg–Plymouth, später im Fährdienst Le Havre–Southampton gestanden haben. Schriftliche Belege gibt es dafür jedoch nicht. Auf jeden Fall pendelte das Schiff nicht auf der Route Dover–Calais, wie zeitweise fälschlich behauptet wurde.

Im Reedereikontor Braeunlich am Dampfschiffsbollwerk 1b herrschte eine Mischung von Niedergeschlagenheit und trotzigem Überlebenswillen. Man hatte durch das ominöse Trierer Abkommen die Dampfer IMPERATOR, ODIN und RÜGEN eingebüßt. Dafür aber lagen die aus dem Krieg heimgekehrten Kapitäne, Nautiker, Obermaschinisten und Maschinisten, die Bootsmänner und das bewährte Stammpersonal dieser Schiffe arbeitslos auf der Straße. Auch der Seniorkapitän Friedel Delfs stand eines Tages als verhärmter Rußlandheimkehrer in der Tür. Er hatte schreckliche Dinge durchmachen müssen. Auf Bitten des Braeunlich-Geschäftsführers Dr. h.c. Franz Gribel war er 1914 eingesprungen, das Gribel-Fracht-und-Fahrgastschiff REGINA ins Baltikum zu führen. Auf das Urteil des Kapitäns Delfs über dieses Kombi-Schiff und auf eine Verbesserung der Linienfahrt ins noch zum Zaristischen Reich gehörende Baltikum war ihm sehr gelegen. Der auch als Repräsentant bestens geeignete Delfs wurde mit der REGINA im Hafen von Riga vom Kriegsausbruch überrascht.

Die Gründe sind bis heute unklar, warum die Russen diesem Braeunlich-Kapitän ein derartiges Martyrium bereiteten. Es gibt eigentlich nur die Vermutung, daß sie in dem Reserveoffizier der Kaiserlichen Marine einen Spion sahen, der im Baltikum Späherdienste leisten und Hafenverhältnisse auskundschaften sollte: Er wurde nach Moskau geschafft, im dortigen Staatsgefängnis den Torturen der zaristischen Geheimpolizei »Okrana« ausgesetzt. Möglicherweise hat man ihm mit Folterungen ein falsches

Geständnis abgepreßt. Auf jeden Fall wurde Delfs zum Tode verurteilt. Ob das Urteil nur der Einschüchterung dienen sollte, ob das sehr aktive Rote Kreuz des Königreichs Schweden mit seinem von Elsa Brandström aufgezogenen Hilfsdienst für deutsche Kriegsgefangene in Rußland den Fall Delfs aufgegriffen hat oder ob Gegenströmungen durch die sich abzeichnende Revolution die Ursache für die Nichtvollstreckung des Urteils waren, ist nach dem Verlust der Familienunterlagen in Stettin nicht rekonstruierbar. Auf jeden Fall wurde der abgemagerte Häftling plötzlich in ein Kriegsgefangenenlager abgeschoben, in das er als Nichtkombattant eigentlich nicht hineingehört hätte.

Einen kleinen Lichtblick für die »Stettiner Dampfschiffs-Gesellschaft J.F. Braeunlich« gab es in diesem unerfreulichen Jahr 1919 aber doch: Eines Tages, am 18. Juli 1919, erschien die Hertha wieder in ihrem Heimathafen. Ihre Kriegsgefangenen-Transporte waren abgeschlossen. Die späte Rückgabe hatte das Schiff auf jeden Fall davor bewahrt, der Zwangsablieferung aufgrund des Trierer Abkommens zum Opfer zu fallen. Allerdings hing ein neues Damoklesschwert über der Hertha: Kurz vor ihrer Heimkehr nach Stettin hatte Deutschland am 28. Juni 1919 den Versailler Vertrag unterzeichnen müssen. Seine Klauseln waren so hart, daß Reichskanzler Philipp Scheidemann unter Protest zurückgetreten war. Aber es half alles nichts, die Siegermächte verfügten über das Druckmittel der noch immer nicht aufgehobenen Hungerblockade. Die Unterzeichnung fand trotz des Scheidemann-Rücktritts statt. Sie führte zum Kahlschlag, der Deutschlands Überseeschiffahrt praktisch ausrottete. Alle deutschen Seeschiffe über 1.600 BRT und die Hälfte aller Schiffe zwischen 1.000 und 1.600 BRT mußten an die Siegermächte abgeliefert werden. Nun wurde es zum Lotteriespiel, ob die 1.257 BRT große Hertha ein schwarzes oder ein weißes Los zog. Es stand auf Messers Schneide, ob sie aufgrund der Versailler Bestimmungen ebenso abzuliefern war wie zuvor das dem Trierer Abkommen zum Opfer gefallene Schwesterschiff Odin. Aber zunächst blieb eine Galgenfrist, denn Handelsschiffe waren Privateigentum, das nicht ohne besondere Rechtsgrundlage an die Entente abgeliefert werden durfte. Das schrieb sogar die Haager Landkriegsordnung hinsichtlich aller Privateigentümer ausdrücklich vor. Folglich mußte am 31. August 1919 in Berlin notgedrungen ein »Gesetz über die Enteignung der deutschen Handelsflotte« verabschiedet werden. Erst danach hatte die Regierung die Möglichkeit, die ihr auferlegten Bedingungen von Versailles zu erfüllen und die Schiffe als Reparationsgut zu übergeben. Den Reedern wurde aus staatlichen Mitteln eine pauschale Entschädigung zuerkannt.

Bald nach Erlaß des neuen Gesetzes füllten sich die Liegeplätze im Stettiner Hafen immer mehr mit Kriegs- und Handelsschiffen auf, die ihrer Ablieferung an die Siegermächte harrten. Sie wurden vorher auf Kosten des neuernannten »Reichskommissars für die Ablieferungen der zur Erfüllung des Friedensvertrages enteigneten Handelsschiffe« oder einer Dienststelle der Marineleitung instandgesetzt und renoviert. Das ging nicht von heute auf morgen vor sich, so daß sich zunächst ein Stau von Schiffen ergab, die vom Dampfschiffsbollwerk bis hinüber zur Lastadie und zur Schlächterwiese alle Liegeplätze einnahmen. Vorerst sahen sie noch recht ramponiert aus, weil der Materialmangel nach mehr als vier Jahren Krieg selbst die Beschaffung neuer Schiffsfarben problematisch machte.

Mit der Braeunlich zunächst allein verbliebenen Freia wurden im Frühjahr 1919 erstmals nach dem Krieg wieder Fahrten von Stettin über Swinemünde bis nach Heringsdorf aufgenommen und ab Juli 1919 versuchsweise auch mit der vorerst zurückgegebenen Hertha. Die Fahrten wurden zweimal pro Woche bis nach Rügen ausgedehnt. Aber die Sache war problematisch. Göhren hatte seit dem 1914 verfügten Abbruch der Südstrandbrücke keine Seebrücke mehr, die von Sellin mußte erst wieder notdürftig repariert werden. Die in den Kriegsjahren erlittenen Eisschäden waren unterschiedlich. Die Heringsdorfer Seebrücke war am besten erhalten geblieben, man hatte auch keine Verkürzung anordnen müssen. Das Ostseebad lag im Wirkungsbereich der Swinemünder Küstenbatterien, so daß die Abwehr etwaiger Landungsversuche dort möglich war. Bei der Zinnowitzer Brücke hatte man während des Krieges nur den Brückenkopf abgerüstet und die Planken der Laufbrücke dorthin entfernt.

Freia und Hertha wagten sich also im Sommer 1919 auf die Reise. Man ging im Reedereikontor davon aus, daß nach den Jahren der Entbehrungen, der Kriegsdienste und vielleicht sogar der Gefangenschaft der Nachholbedarf an Erholung besonders groß war. Diese richtige Auffassung stieß sich allerdings an Realitäten, die den Zustrom von Kurgästen zunächst noch in Grenzen hielten. Die extrem hohen Lebensmittelpreise, der noch nachwirkende Materialmangel – selbst in Bezug auf Bettwäsche – und vor allem der schleichende Währungsverfall waren Hindernisse. So bevorzugten viele Fahrgäste erst einmal Tages- und Kurzausflüge. Von Zinnowitz ist überliefert, daß der Tagespreis für Vollpension 1922 bei 200–250 Mark lag und nachher, im Frühjahr 1923 bereits bei 15.000 Mark. In der Sommersaison richtete man deshalb in den Ostseebädern einen amtlichen »Preismultiplikator« ein, der wöchentlich neu festgelegt wurde. Er betrug im Juli 4.600 Mark und im August bereits das 42.000fache des Friedenspreises. Oder, um den Wahnwitz der Entwertungs-Eskalation noch anders auszudrücken: Am 1. Juli 1923 wurden für einen US-Dollar 160.400 Mark, im Oktober 242.000 Mark und am 15. November 4,2 Billionen Mark gehandelt – eine Summe, die sich in Ziffern kaum ausdrücken läßt: Es handelt sich um 4.210.500.000.000 Mark!

Eine zeitgenössische Aufzeichnung stellte lakonisch fest: »Den Pensionsinhabern erging es wie all denjenigen, die nicht in festem Gehalt standen. Das Geld vom Sommerverdienst war durch die rasch fortschreitende Inflation bald entwertet, und sie gingen im Winter einem Nichts entgegen.«

Das galt keineswegs erst für das Jahr 1923: Anfang der zwanziger Jahre sprach es sich im Ausland mit Windeseile herum, daß man nirgendwo so preiswert seinen Urlaub verbringen konnte wie in deutschen Kurorten. Wer in Devisen zahlte, lebte herrlich und in Freuden. Die Fremdenbücher der Ostseebäder quollen über vor Eintragungen der Gäste aus der Schweiz, der Tschechoslowakei, aus Schweden, Dänemark, Holland, Großbritannien und sogar aus den Vereinigten Staaten von Amerika. Für die Braeunlich-Dampfer entstand schon 1920 zeitweilig eine ganz neue Klientel von Fahrgästen.

Die Augen größer als der Magen

Inzwischen waren in Stettin seltsame Dinge geschehen. Nachdem die Franzosen sehr bald mit dem Dampfer IMPERATOR davongefahren waren und britische Wachleute die Dampfer RÜGEN und ODIN besetzt hielten, warteten die Stettiner bangen Herzens darauf, daß jeden Augenblick auch diese vertrauten Schiffe Dampf aufmachen und für immer das Weite suchen würden. Aber nichts dergleichen geschah. Die beschlagnahmten Dampfer RÜGEN und ODIN lagen »wie bestellt und nicht abgeholt« auch weiterhin an ihren Liegeplätzen, obwohl sie nach wie vor von Deutschen nicht betreten werden durften.

Der Stettiner Autor Reinhart Schmelzkopf hat dieses unerklärliche Verhalten näher untersucht und kam in seinem Dokumentarwerk »Die deutsche Handelsschiffahrt 1919–1939« dem Phänomen auf die Spur: »Bei den Alliierten wußte eine Hand oft nicht, was die andere tat ... Schon Ende 1920 kam der ›Shipping Controller‹ immer öfter in die Lage, deutsche (Beute-)Tonnage weder vermieten noch verkaufen zu können, weil die Nachfrage nach Schiffsraum stark nachgelassen hatte. So häuften sich auf britischer Seite plötzlich die beschlagnahmten Beuteschiffe, während in deutschen Häfen noch Schiffe zur Ablieferung fertiggemacht wurden, ja laut Versailler Vertrag sollten sogar noch weitere Einheiten (für die Reparationsablieferung) gebaut werden!

Wirtschaftliche Vernunft gebot nun eigentlich, dieses Überangebot zu stoppen. Andererseits hatte man ja die Deutschen zu einem Friedensvertrag gezwungen, und man konnte ohne Gesichtsverlust nicht einfach gewisse Bedingungen stillschweigend fallen lassen.«

Ein Tollhaus war wirklich nichts gegen das, was sich hinter den Kulissen der ersten Nachkriegsjahre vollzog: »So kam es in den Jahren 1921 und 1922 zu einem sehr merkwürdigen Schiffshandel: Während die Deutschen die 1919 abgelieferten und nun aufliegenden Schiffe vom ›Shipping Controller London‹ *zurückkaufen* konnten, mußten sie die 1919 und 1920 gebauten sowie die aus Chile und Argentinien (aus der dortigen Kriegsinternierung) zurückgebrachten Schiffe an den ›Shipping Controller‹ abliefern. Die nach dem Juli 1920 fertiggestellten ganz modernen Schiffe hingegen durften die Deutschen behalten!«

Es war offensichtlich, daß die Augen größer gewesen sind als der Magen. Man hatte sich an der allzu großen Tonnage von Reparationsschiffen den Magen verdorben.

Wohl niemals in den drei Jahrzehnten ihrer Zusammenarbeit haben die beiden Geschäftsführer Dr. Julius Braeunlich und Dr. h.c. Franz Gribel solche Stielaugen gemacht wie an jenem Morgen, als unversehens ein Brief des ›Shipping Controllers‹

am Dampfschiffsbollwerk 1b ins Haus schneite. Er erhielt die erstaunliche Frage, ob man bereit sei, die beschlagnahmten Dampfer Rügen und Odin zurückzukaufen.

Die beiden Reeder glaubten nicht richtig zu lesen. Einen derart verrückten Brief hatten sie nie zuvor auf den Schreibtisch gelegt bekommen. Die britische Siegermacht bot eine erbeutete Ware zum Verkauf an – und zwar der betroffenen Reederei selbst. Das Rückkaufsangebot beschlagnahmter deutscher Schiffe wurde nur den vorherigen Eignern unterbreitet. Das Ganze geschah im Frühjahr 1921. Das war eine Sensation, über die sorgfältig nachgedacht werden mußte. Die Entscheidung war zu gewichtig, sie konnte nicht nach einer Zigarrenlänge gefällt werden.

Braeunlich-Geschäftsführer Dr. h.c. Franz Gribel hatte die gute Idee, die Rügen in den Baltikum–Finnland-Dienst der Reederei Gribel umzusetzen.

Tat man sich mit dem Rückkauf der Rügen tatsächlich einen Gefallen, war dieser größte Bäderdampfer für die inzwischen eingetretenen desolaten Verhältnisse des Währungsverfalls, der deutscherseits noch stagnierenden Nachfrage nach Kuraufenthalten in den Ostseebädern und angesichts des Fehlens ausgerechnet der längsten und wichtigsten Seebrücke in Göhren auf Rügen zu verantworten?

Fest stand ledglich, daß die Hertha nicht der Versailler Ablieferungspflicht unterlag, sie war »von der Schippe gesprungen«. Es bot sich allenfalls an, die Odin zurückzukaufen und es dabei bewenden zu lassen. Der Rückkauf ließ sich mit der von der deutschen Regierung gezahlten Entschädigungssumme für den Imperator-Verlust, ungeachtet der inzwischen eingetretenen Entwertungsverluste, einigermaßen finanzieren. Bei der Rügen aber mußte die »Stettiner Dampfschiffs-Gesellschaft J.F. Braeunlich« jedoch »passen«.

Doch da hatte Dr. Franz Gribel zur rechten Zeit eine prächtige Idee. Die älteste Stettiner Reederei Rud. Christ. Gribel, die zu 20 Prozent an der »Stettiner Dampfschiffs-Gesellschaft J.F. Braeunlich« beteiligt war, hatte 1914 über 23 Dampfer verfügt, aber durch Kriegs- und Ablieferungsverluste erheblich viel Federn verloren. Bei Kriegsausbruch wurden neben der erwähnten, von Kapitän Delfs geführten Regina auch die Dampfer Falk und Kriemhild in Riga, der Dampfer Henny in Wiborg sowie der Dampfer Greif in Kotka zurückgehalten. Sie wurden zur russischen Beute. Die Regina wurde als russisches Lazarettschiff Caika und zuletzt als Wohnschiff verwendet, bis sie im Mai 1918 in Finnlands Hauptstadt von deutschen Kriegsschiffen zurückgekapert werden konnte. Der Dampfer wurde zunächst von der deutschen Marine als Transporter eingesetzt, ehe er 1921, nach gründlicher Reparatur, an die Reederei zurückgegeben werden konnte. Dampfer Aar lief während des Krieges auf eine Mine, das erst im Krieg fertiggestellte Kombi-Schiff Kronprinz Wilhelm war als Hilfsschiff der Kaiserlichen Marine im November 1917 vor Dänemark von britischen Seestreitkräften versenkt worden. Die Dampfer ARNOLD, FINK, GUDRUN, SPES und STERN – die modernsten und größten – mußten als Reparationsschiffe abgeliefert werden. Im November 1921 strandete auch noch der Dampfer KURT auf der Reise von Stettin nach Stockholm bei Hävringe, er wurde zum Totalverlust. Alles zusammen war ein beträchtlicher Aderlaß für die Reederei.

Aber Unverdrossenheit gilt als pommersche Tugend. Man begann folgerichtig, die nach dem Reederei-Abfindungsgesetz eingegangenen Entschädigungen sofort in Neubauten zu investieren. Am Jahresanfang 1922 setzte sich die RCG-Flotte bereits wieder aus 26 Dampfern zusammen.

Als nun Braeunlich der Rückkauf der RÜGEN angeboten wurde, riet Franz Gribel dringend dazu, die Chance wahrzunehmen. Die Kaufsumme werde von RCG rückerstattet. Gribels Weitsicht zahlte sich aus: Das selbständig gewordene Finnland und die ebenfalls autonom gewordenen Baltikum-Staaten Estland und Lettland würden zu wichtigen Handelspartnern werden, die eine starke, verläßliche Seeverkehrsanbindung nach Deutschland benötigten.

Die Reederei Rud. Christ. Gribel hatte schon in der Zeit der zaristischen Herrschaft über das Baltikum – vor 1914 – ausgiebige Erfahrungen in diesem Fahrtgebiet gesammelt. Die dortige Wirtschaft wurde sehr stark von der Kaufmannschaft der Deutschbalten geprägt, deren wirtschaftliche Erfahrungen bis in die Hansezeit zurückreichten. Die auf der Linie Riga–Stettin verkehrenden Dampfer besaßen moderne Kühlanlagen für die von Riga nach Deutschland gelangenden Buttertransporte. In dieser »Tourfahrt« waren auch der Stückgut- und der Passagierverkehr von Bedeutung. Wenn jetzt die RÜGEN als Flaggschiff dieser Route zum »Sahnestück« des Baltikum-Dienstes würde, dann konnte das eigentlich nur gutgehen.

Nachdem sich Braeunlich am 17. April 1921 dazu bereit erklärt hatte, das Schiff vom »Shipping Controller« zurückzukaufen und sich die dafür aufgewandte Summe von Gribel erstatten zu lassen – gegen die Eigentumsübertragung der RÜGEN an Gribel – vermerkte das Aufsichtsrats-Protokollbuch des Hauses Braeunlich unter dem Datum 24. September 1921:

»Die Herren Franz und Eduard Gribel referierten über Dampfer RÜGEN, die Linie Stettin–Helsingfors resp. –Reval und die ›Stettin-Rigaer Dampfschiffahrts-Gesellschaft‹. Es wurde beschlossen, sich mit ca. zwei Millionen an der neuen Eröffnung der ›Stettin-Rigaer Gesellschaft‹ zu beteiligen und der Firma Gribel für die glatte Erledigung dieser Angelegenheit Dank auszusprechen.

Es wurde ferner beschlossen, den Herren Stobbe und Hans Braeunlich Befugnis und Prokura zu erteilen.«

Die »Stettin-Rigaer Dampfschiffahrts-Gesellschaft« (R.C. Gribel) war also der neue Betreiber und Eigner des fraglos schönsten Stettiner Fahrgastschiffes, das nun unter der RCG-Kontorflagge fuhr, wie die Schiffe aller Tochterfirmen der Reederei R.C. Gribel.[8]

[8] Die weißen Buchstaben RCG im roten Ring der schwarzen Schornsteine standen für den Gründernamen Rud. Christ. Gribel. Sie wurden von der stets zu Scherzen aufgelegten Seeleuten als »Rechter Christlicher Glaube« oder »Rum-Cognac-Genever« interpretiert.

Nach ihrer Umrüstung für mehrtägige Reisen mit 250 Kabinen-Fahrgästen, Einbau neuer Gesellschaftsräume und Aufsetzen neuer, nicht mehr röhrenförmiger Schornsteine wurde die Rügen zum schönsten Stettiner Schiff.

Als Bäderdampfer war die Rügen für 2.500 Fahrgäste zugelassen. Jetzt galt es, für 250 Passagiere Kabinenplätze und angemessene neue Gesellschaftsräume zu schaffen, damit das Schiff für die mehrtägigen Reisen komfortabler gemacht werden konnte. Auch die Silhouette des Schiffes wurde noch gefälliger gestaltet. Die Rügen erhielt anstelle der vorherigen röhrenförmigen jetzt längere und gefälliger wirkende Schornsteine, eine moderne, geschlossene Kommandobrücke und eine noch längere, rundum verglaste Unterbrücke als Aussichtsraum. Er hatte Saloncharakter.

Die Umarbeiten ließen sich termingerecht nicht bei Stettiner Werften ausführen, weil diese noch durch Ablieferungs-Umbauten und -Renovierungen ausgelastet waren. Gribel gab deshalb den Umgestaltungsauftrag für das Flaggschiff Rügen an die zum Krupp-Konzern gehörende Germaniawerft in Kiel, die ihn zur vollen Zufriedenheit der Reederei ausführte.

Der Dampfer Rügen befuhr fortan die Rundreiseroute Stettin–Reval–Helsingsfors/Helsinki–Stettin.

Im Sommer legte die Rügen jeden Sonnabend um 16.00 Uhr in Stettin ab. In Helsingfors trat sie jeden Mittwoch um 12.00 Uhr, ab Reval um 17.00 Uhr, die Heimreise nach Stettin an. Die Veranstaltung von 7-, 14- und 17tägigen Gesellschaftsreisen mit dem Stettiner Vorzeigeschiff wurde von der Reederei öffentlich angeboten.

Als reiner Bäderdampfer der Sassnitz-Linie war die Rügen ohne Eisverstärkung gebaut, im Gegensatz zu Odin und Hertha, die ganzjährig für die Postdampferlinie Sassnitz–Trelleborg konzipiert waren.

Als Kapitän betrat kein Geringerer als Friedel Delfs die Kommandobrücke der Rügen. Er hatte nach seiner Heimkehr aus russischer Gefangenschaft im Jahre 1919 das hohe Amt des Stettiner Hafenkapitäns ausgeübt. Als er 1922 die Chance erhielt, als Kapitän der Rügen wieder zur See zu fahren, gab es für ihn kein Halten mehr. Er trat das Amt des Hafenkapitäns an seinen angeheirateten Vetter Kapitän Theodor Schultz ab, der als Imperator-Kapitän zum Begriff geworden war. Delfs übernahm die Rügen im Frühjahr 1922 und führte sie bis zu seiner Pensionierung im Jahr 1940. Wegen des im Fahrtgebiet Baltikum—Finnland vorkommenden starken Wintereises lief die ohne Eisverstärkung gebaute Rügen nur im Sommer auf ihrer Linie, im Winter lag sie jeweils in Stettin auf. Während dieser Winterpause übernahm Kapitän Delfs wieder die Führung des speziell für diese Route gebauten und deshalb eisverstärkten kombinierten Fracht- und Fahrgastschiffs Regina.

Kapitän Theodor Schultz führte die Freia, Imperator und Odin. Ab 1922 wurde er Hafenkapitän von Stettin Hafenkapitän von Stettin.

Bevor der neue Hafenkapitän Schultz sein Amt antrat, hatte er im Auftrag der Braeunlich-Geschäftsleitung eine diskrete Mission zu erfüllen. Er reiste im September 1921 nach Frankreich, denn es war in Stettin ruchbar geworden, daß die französische Reederei Genoud nicht sonderlich florierte und daß ihre Fähraktivitäten im Kanal anscheinend nur rote Zahlen produzierten. Kapitän Schultz sollte sich als Fahrgast der Welcome ex Imperator an Bord begeben, den Zustand des Schiffes testen und anschließend ein Rückkaufangebot machen. Dabei dürfe er jedoch keinesfalls über fünftausend Pound Sterling hinausgehen, was damals etwa 100.000 Mark entsprach. Als jedoch Schultz in Frankreich sein früheres Schiff wiedersah, war er entsetzt. Der Dampfer war nach den Kriegseinsätzen nicht renoviert worden, er machte einen verlotterten Eindruck. Die Renovierungskosten für dieses immerhin schon 30 Jahre alte Schiff, zusätzlich zur Kaufsumme, würden sich nicht lohnen. Kapitän Schultz riet seiner Geschäftsleitung eindringlich ab und plädierte dafür, einem Neubau den Vorzug zu geben. Aber dazu war die Zeit infolge der laufenden Geldentwertungen noch nicht reif.

Nach seiner Mission in Frankreich fuhr Kapitän Schultz noch einige Reisen zusammen mit Kapitän Beyreis auf der Odin nach Pillau, bevor er von 1922 bis zu seinem Tod im Jahre 1941 Stettiner Hafenkapitän war.

Kurs Ost

Jetzt gilt es, Ereignisse nachzutragen, die bisher bei den Schilderungen der Nachkriegszeit zunächst übergangen worden sind: Der französische Marschall Foch hatte noch im Kriegsjahr 1918 ein Großpolen propagiert, dem man neben Posen auch Danzig überantworten könne. Bei diesem Vorschlag traten jedoch die USA und Großbritannien als Widersacher auf. Die beiden angelsächsischen Mächte betrachteten ein zu starkes Frankreich im Bündnis mit einem Großpolen skeptisch. Der vom Versailler Vertrag erzwungene polnische Korridor, basierend auf weitgehender Abtretung von Westpreußen an die polnische Regierung, verschaffte den Polen die Erfüllung eines Traums durch den Zugang zur Ostsee.

Der britische Ministerpräsident David Lloyd-George befürwortete als Mitglied des Obersten Rates der Entente die Zerstückelung Deutschlands ebenfalls. Aber er vertrat hinsichtlich des polnischen Korridors eine abweichende Meinung. Er plädierte nämlich dafür, daß von der Abtretung weitmöglich Gebiete mit deutscher Bevölkerungsmehrheit davon ausgespart bleiben sollten. Er durchkreuzte auch Pläne, Teile Ostpreußens dem polnischen Staat einzuverleiben und ließ vorsorglich den künftigen Freistaat Danzig durch britische Truppen besetzen.

Der frühere ostpreußische Oberpräsident von Bartocki hatte im Mai 1919 durchsetzen können, daß die Siegermächte eine Volksabstimmung über die politische Zukunft der ostpreußischen Regionen Ermland und Masuren gestatten mußten. Diese Abstimmung sollte unter Aufsicht interalliierter, nicht aber polnischer Truppen durchgeführt werden. Alle dort geborenen, auch die inzwischen anderswo lebenden Deutschen sollten daran teilnehmen.

Britischerseits willigte man in diesen Vorschlag ein. Die Chancen eines solchen Plebiszits ließen sich die Ermländer und Masurener natürlich nicht zweimal sagen. Sie wollten zum Zweck der Abstimmung in ihre in den Regierungsbezirken Marienwerder und Allenstein gelegene alte Heimat reisen. Fragen der Anreise über Land sowie des Weitertransportes über See und zum Wahlort in Ostpreußen waren organisatorisch soweit sorgfältig vorbereitet worden.

Es waren viele tausend Menschen zu transportieren, sie mußten zwischenzeitlich gesammelt und beköstigt werden. Vor allem aber mußte ein pressionsfreier, ungehinderter Zugang nach Ostpreußen garantiert werden. Dazu blieb nur der Weg über See übrig.

Es dauerte noch bis zum Frühsommer 1920. Erst dann waren auf interalliierter wie auf deutscher Seite alle Vorbereitungen abgeschlossen. Man holte alle für diesen Sonderzweck verfügbaren Seeschiffe hervor, um die Abstimmungsberechtigten in den Einschiffungshäfen Swinemünde und Stolpmünde aufnehmen zu können. Sie mußten nach Pillau gebracht werden, um von dort auf dem Landweg weiterreisen zu können.

Man stoppelte eine Armada von 35 höchst unterschiedlichen Fahrzeugen für diese Aktion zusammen. Neben der aus dem Marinedienst zurückgegebenen BERLIN der SwiDAG nahm die FREIA von Braeunlich teil. Außerdem befanden sich unter den Schiffen auch Reedetender, ein Lotsendampfer und sogar drei Torpedoboote! Man brachte es zustande, mit diesem recht illustren Aufgebot nicht weniger als 83.600 Menschen ins Abstimmungsgebiet zu transportieren. Die organisatorische Meisterleistung brachte ein Arbeitsausschuß unter Leitung von Dr. Julius Braeunlich und Direktor Adler vom Hapag-Seebäderdienst (der Nordsee) zustande. Das erzielte Abstimmungsergebnis ergab eine überwältigende Mehrheit, die für den Verbleib des Ermlands und Masurens für Deutschland stimmte.

Die längst zum Oldtimer gewordene FREIA nahm 1920 an den Abstimmungsfahrten teil und fuhr bis 1926 beim »Seedienst Ostpreußen«.

Die mittlerweile 35 Jahr alte FREIA war bei allen Abstimmungsfahrten dabei. Sie war das einzige derzeit dafür verfügbare Braeunlich-Schiff. Als mittlerweile dienstältester und besterfahrener Schiffsführer hatte Kapitän Krull das Kommando über die FREIA übernommen, nachdem er ja auf der beschlagnahmten ODIN nichts mehr zu suchen hatte. Und bald widerfuhr dem Raddampfer der einzige See-Unfall in der Geschichte der Braeunlich-Passagierschiffahrt:

Kapitän Krull war selbst in die Sache nicht verwickelt, denn er hatte am 16. Juli 1920 um 5.00 Uhr morgens, als es keine nautischen Probleme mehr zu geben schien, seinem Zweiten Offizier Köhler alleinverantwortlich die Morgenwache übergeben und zog sich nach einer anstrengenden Nacht ohne Schlaf in seine Kapitänskajüte zurück. Die FREIA befand sich mit 430 Passagieren auf dem Weg nach Pillau. Der »Wachhabende« Köhler mußte einen Augenblick lang nicht aufgepaßt haben, vermutlich momentan abgelenkt durch Arbeit an der Seekarte. Dabei überfuhr die FREIA das Fischerboot der Usedomer Gebrüder Wend, das den Kurs des Raddampfer kreuzte, aber nach der Seestraßenordnung vorfahrtberechtigt war. Für ein »Manöver des letzten Augenblicks«, auch zum Abstoppen der Schaufelräder, war es zu spät. Sie bekamen das Fischerboot zu fassen und zertrümmerten es total. Zum Glück konnten die drei Insassen, sogar ohne Verletzungen, gerettet werden. Aber dieses Unglück war dennoch eine recht abträgliche Sache. Das Seeamt Stralsund konnte nicht umhin, bei der im Oktober 1920 abgehaltenen Verhandlung zur Klärung der Unfallursache ein schuldhaftes Verhalten des Zweiten Offiziers Köhler festzustellen.

Der politische Erfolg der Abstimmungsfahrten hatte die Richtigkeit der in Berlin vertretenen Auffassung bewiesen, daß das durch die Schaffung des polnischen Korridors zur »Insel«, zur exponierten Exklave Deutschlands, gewordene Ostpreußen eine dauerhafte, verläßliche Seeverkehrsverbindung haben müsse. So kam es zur Gründung der Institution »Seedienst Ostpreußen«, deren Anfang jedoch – noch vor den Abstimmungsfahrten – einem jämmerlichen Fehlstart glich.

Der durch Umbau aus einem Minensuchboot entstandene kleine Nordseebäderdampfer HÖRNUM der Hapag nahm 29. Januar 1920 den Betrieb auf – mit nur 16 schlecht untergebrachten Fahrgästen, zweimaligem Kesselschaden und erzwungenem Anlaufen von Kolberg als Nothafen. Das für solche Winterfahrten ungeeignete Fahrzeug wurde daraufhin durch den etwas größeren Dampfer BUBENDEY ersetzt, der vor 1914 auf der Reede von Altenbruch als Tender für die Hapag-Riesenschiffe IMPERATOR und VATERLAND gedient hatte. Der Norddeutsche Lloyd nahm am 2. Juni 1920 mit dem durch Einbau von Kabinen dafür umgerüsteten Reedetender und Helgoland-Dampfer GRUESS GOTT ebenfalls den Verkehr nach Osten auf, er verkehrte jedoch von Swinemünde nach Zoppot und Danzig anstatt nach Pillau. Es war am Anfang alles nur Stückwerk. Alle Sachkenner waren sich darüber im klaren, daß für diesen Dienst mit je einer Übernachtung auf See keine Schiffe besser geeignet wären als die Braeunlich-Dampfer ODIN und HERTHA. Bei ihnen wäre dieselbe Paarigkeit garantiert wie einst auf der Postdampferlinie Sassnitz–Trelleborg. Aber ODIN war beschlagnahmt, während man die zunächst allein übrig gebliebene HERTHA auf keinen Fall von der wieder im Aufbau befindlichen Sassnitz-Linie abziehen wollte.

Im Sommer 1922 war es endlich so weit, daß die zurückgekaufte und renovierte ODIN zusammen mit ihrem Schwesterschiff HERTHA auf die Sassnitz-Linie zurückkehren konnte. Das wurde in den Ostseebädern dankbar aufgenommen. Folglich mußte auch im Sommer 1922 die wackere FREIA gemeinsam mit der BUBENDEY und dem kleinen Dampfer HELGOLAND auf der Route Swinemünde–Pillau und mit der Gruess Gott auf der Route Swinemünde–Zoppot–Danzig allein die Braeunlich-Flagge beim »Seedienst Ostpreußen« zeigen. Im Herbst 1922 konnte der frei gewordene Braeunlich-Dampfer Odin den defizitären, aber von der Regierung bezuschußten Winterverkehr im Rahmen des Unternehmens »Seedienst Ostpreußen« auf der leicht abgeänderten Route Swinemünde–Danzig–Pillau aufnehmen. Es wurde zum vielbeachteten Ereignis, daß kurz zuvor der damals legendäre Generalfeldmarschall Paul von Hindenburg, der »Sieger von Tannenberg«, an einer Sonderfahrt mit dem Dampfer Odin nach Ostpreußen teilgenommen hatte. Diese Fahrt brachte natürlich den Braeunlich-Dampfer in alle Zeitungen. Aber das winterliche Fahrgastaufkommen blieb kümmerlich. Um keinen Preis der Welt ließ sich Braeunlich davon abbringen, den Dampfer Odin ab Pfingsten 1923 auf der viel erfolgreicher werdenden Sassnitz-Linie einzusetzen, abermals gemeinsam mit dem Schwesterschiff Hertha.

Immer wieder setzte schweres Wintereis den Seebrücken zu und bestätigten, besser reparable Holzbauten zu erstellen.

Zwischen den Zeiten

Die Jahre seit Wiederaufnahme der Bäderschiffahrt und schließlich der Sassnitz-Linie im Jahre 1919 und der Währungsreform im Herbst 1923 hatten etwas Unwirkliches an sich.

Zwar hatte das Wiedererscheinen der »Zwillinge« Odin und Hertha in den Ostseebädern hohen Symbolwert. Die Dampfer waren vor 1914 derart zur Institution geworden, daß ihre Rückkehr auf die Sassnitz-Linie den Anschein erwecken mochte, nun sei »die gute alte Zeit« wieder da. Davon konnte natürlich keine Rede sein. Man konnte allenfalls Ansätze für eine Rückkehr zur gewohnten Normalität darin sehen.

Es war schon davon die Rede, daß die desolaten Verhältnisse der permanenten Geldentwertung immer mehr ausländische Kurgäste in die deutschen Ostseebäder lockte. Vor allem waren englisch- und schwedischsprechende Offiziere unter den Braeunlich-Nautikern besonders gefragt. Hier und dort mußte man sich sogar zu zweisprachigen Beschriftungen auf wichtigen Hinweistafeln entschließen. Aber das war eigentlich das geringste Problem, solange »die Kasse stimmte«, denn es war den ausländischen Fahrgästen gestattet, den Fahrpreis in Devisen zu entrichten. Für die Ausländer waren die Fahrten dadurch spottbillig, für die Reederei bot jeder eingenommene Dollar und jede Pound-Sterling-Note die Garantie für einen laufenden Wertzuwachs. Eine ungesunde Situation war es dennoch, weil es überhaupt keine verläßlichen Kalkulationen mehr gab. Das galt für die Einkaufspreise von Bunkerkohle, Proviant und Wasser ebenso wie für die turnusmäßig fälligen Werftinspektionen und Instandsetzungen, für Liegegelder, Hafengebühren und alles. Wer in jenen Jahren in der Buchhaltung der Reederei zu tun hatte, verdiente Mitleid.

Besonderen Kummer bereiteten die Seebrücken, an denen die Schiffe der Sassnitz-Linie anlegen mußten. Den Gemeinden fehlte das Geld für grundlegende Sanierungen. An die Gewährung zinsloser Darlehen aus dem Strukturförderungsetat des preußischen Verkehrsministeriums – nach dem Muster der Vorkriegszeit – war angesichts der überforderten Finanzen durch Reparations- und Entschädigungszahlungen nicht zu denken. Das Ostseebad Göhren war außerstande, die größte Seebrücke Pommerns am Südstrand wiederaufzubauen. Beim Zusammenkratzen aller überhaupt verfügbaren Gelder konnte man sich gerade eben einen Kompromiß leisten: Am stärker wetterabhängigen Nordstrand baute man in Selbsthilfe eine kurze, nur 126 Meter lange Seebrücke, an der wenigstens die »Sassnitzer Dampfer« anlegen konnten. Da die »Stettiner Dampfer« von Braeunlich jedoch unbedingt weiterhin Göhren anzulaufen wünschten, um dorthin sowie auch nach Thiessow bestimmte Fahrgäste anlanden zu können, blieb nur jeweiliges Ankern auf der Reede und das Ausbooten der Fahrgäste übrig. Man nahm Motorboote wie die kleine Mönch-

GUT der Reederei Wittmiß dafür unter Vertrag. Es war jedoch eine unerfreuliche Plackerei, die Passagiere und ihr Gepäck sowie wichtige Seefrachtgüter loszuwerden oder zu übernehmen. Aber es sei vorweggeschickt, daß der unerfreuliche Zustand des Ausbootens vor Göhren erst 1934 behoben werden konnte.

Die Gemeindeväter von Sellin waren schon 1919 darangegangen, ihre Brücke von den seit 1914 erlittenen Schäden zu reparieren. Sie setzten diese Arbeiten auch 1920 fort. Und dabei gab es ein Malheur.

Im Sommer 1920 ging das Restaurant auf dem Brückenkopf durch Funkenflug einer Dampframme in Flammen auf und wurde vollständig zerstört. Aber auch die Naturgewalten wie Sturm und Eisgang gefährdeten die Seebrücken – trotz technisch guter Bauweise – in Abständen von Jahren.

1924 gab es durch anhaltenden Ostwind solche Eispressungen, daß sich die großen Eisschollen gegen- und übereinander schoben. Beim Anblick der Küstenlandschaft glaubte man sich nach Grönland versetzt – so bizarr und überwältigend war das Naturschauspiel. Am 24. Februar wurde die Seebrücke von der Eingangshalle bis zum Brückenkopf durch Eisgang innerhalb 60 Minuten völlig zerstört. Aber schon am 12. April 1924 hat man zum Wiederaufbau der Seebrücke einen Vertrag zwischen der Gemeinde Sellin und der »Stettiner Dampfschiffs-Gesellschaft J.F. Braeunlich« geschlossen. Hiernach war die Gemeinde mit 20.000 und Braeunlich mit 50.000 Mark am Gründungskapital der Seebrückengesellschaft beteiligt. Und es seien gerade im Hinblick auf die Selliner Seebrücke, die schließlich zur schönsten der Sassnitz-Route werden sollte, wichtige Aussagen vorweggeschickt:

Bis zur Badesaison 1925 entstand hier eine neue Brücke, die von der Konstruktion her weitaus besser war als die alte, weil doppelreihige Pfahlpakete gerammt wurden. In den folgenden zwei Jahren wurde das erhaltengebliebene Brückenhaus um

Die schönste Seebrücke wurde schließlich die von Sellin/Rügen durch Angliederung von Konzertmuschel, Lesesaal und Café ans Brückenhaus.

Anbauten einer Konzertmuschel und einer Lesehalle großzügig erweitert. Zuletzt war der gesamte dazugehörige Dienstleistungsbereich so perfekt ausgebaut, daß diese Seebrücke ähnliche Vorbildfunktion bekam wie seinerzeit die Seebrücken von Misdroy, Heringsdorf und schließlich Zinnowitz.

Voraussetzung für solche Veränderungen war die Rentenreform vom 15. November 1923, die aus jeder Billion Mark eine sogenannte Rentenmark machte. Damit waren zwar alle Ersparnisse langer, beschwerlicher Jahre zu einem Nichts zerflossen, aber zugleich verschwand der Inflationsspuk schlagartig. Wer solide Vermögenswerte wie Grundstücke, Schiffe, Warenbestände ausweisen konnte, überstand den harten Einschnitt halbwegs unbeschadet und erlebte bald, daß die neue Währung die Qualität der einstigen Goldmark in den Jahren vor 1914 zurückerhalten hatte. Ab 1924 setzte eine Wirtschaftsblüte unerwarteten Ausmaßes ein. Besonders die Jahre 1925 bis 1928 waren für die Ostseebäder von Wollin, Usedom und Rügen »warmer Regen«. Wer vorher keine allzu großen Bankschulden aufgenommen hatte, konnte nun sein Haus endlich wieder instand setzen und komfortisieren. Das alles hatte zuvor aus Mangel an den erforderlichen Mitteln unterbleiben müssen. Im gewissen Maße galt das sogar für die Braeunlich-Dampfer, deren große Renovierung zuvor gar nicht möglich gewesen war.

In der dritten Generation war Hans Herbert Braeunlich am 1. Januar 1924 zum Geschäftsführer der Gesellschaft bestellt worden. Er war nach Studium und Kriegseinsatz seit Februar 1920 für die Firma tätig. Zunächst war er zu der Schiffsmaklerfirma Robert Meyhoefer in Königsberg/Ostpreußen abgestellt. Nach der Koordinierung der Abstimmungsfahrten und Organisation der Weiterbeförderung ging er ins Reedereikontor nach Stettin. Hier gab es neben den laufenden Arbeiten jedes Jahr erneut die Fahrpläne mit den Anschlußzügen der Reichsbahn abzustimmen und gegebenenfalls Änderungen zu bewirken. Er setzte sich das Ziel, den Schiffen wieder die gewohnte Ausstattung zu geben. Nicht nur der weiße Außenanstrich, sondern auch die gepflegte Inneneinrichtung sollten dem Fahrgast schon während der Reise das Gefühl geben, daß er sich auf dem Weg in die Ferien befindet. Die Räumlichkeiten hatten doch während der Zeit des Kriegseinsatzes einigen Schaden genommen.

So wurden auf dem Dampfer Odin die 52 Schiffskabinen 1. Klasse auf dem Hauptdeck renoviert und der obere Gesellschaftsraum mit Ahorn getäfelt. Die Sitzgelegenheiten erhielten fraisfarbene Bezüge. Der Speisesaal bekam eine Birnbaum/Ahorn-Täfelung und blaue Bezüge. Für den Rauchsalon wurden Lederbezüge zur Eichentäfelung gewählt.

Der obere Gesellschaftsraum auf der Hertha erhielt ostindische Satinholz- und Perlmutt-Intarsien. Für den Speisesaal wählte man Eichentäfelung aus, dazu lederbezogene Sitzflächen. Der Rauchsalon erhielt eine Täfelung in slavonischem Rüster und rote Lederbezüge.

In dieser Umgebung und mit musikalischer Unterhaltung oder bei leichter Seebrise auf einem Teak-Deckstuhl liegend war es für den Fahrgast eine Freude, von Seebrücke zu Seebrücke gesteuert zu werden, bis er den von ihm gewählten Badeort auf Usedom oder Rügen erreicht hatte.

Aber damit allein war es nicht getan, daß die Schiffe eine anheimelnde schöne, neue Inneneinrichtung bekamen. Auch die Gastronomie an Bord mußte auf der Höhe ihrer Zeit stehen und den wieder gestiegenen Ansprüchen des Reisepublikums gerecht werden. Die Qualität des Angebots hing voll und ganz von der Perfektion der Pächter ab.

Wie dauerhaft das Verhältnis zwischen der Reederei und ihren Gastronomiepächtern sein konnte, zeigte die Familie Koch. Der Sohn des Besitzers vom »Hotel Kaiserhof« in Sassnitz übernahm mit seiner jungen Frau 1906 die Bewirtschaftung auf dem Post- und späteren Bäderdampfer IMPERATOR. Der Ausbruch des Krieges brachte dann eine Zwangsunterbrechung, aber 1921 waren Willy Koch und seine Frau wieder sofort bereit, die Gastronomie des Dampfers ODIN zu übernehmen. 1927 wechselten sie dann bis zur letzten Saison der Bäderschiffe im Jahre 1939 auf die HERTHA über, auf der sie auch von ihren Töchtern Irma und Elfriede unterstützt wurden. Die Familie Koch versorgte also die Fahrgäste der Braeunlich-Dampfer über ein Vierteljahrhundert »aus Keller und Küche«.

Aber der Service an Bord allein genügte nicht, die An- oder Abreise über die Sassnitz-Linie so angenehm wie möglich zu machen und zum Markenzeichen werden zu lassen. Hans Braeunlich ging daran, auch die Dienstleistungen an Land immer weiter auszubauen und zu optimieren. Es wurde zur Selbstverständlichkeit, daß anreisende Fahrgäste von jeder Gepäckschlepperei freigehalten wurden. Man stieg am Stettiner Hauptbahnhof aus dem Zug, schlenderte bei gutem Wetter am Wasser entlang, nahm bei schlechtem Wetter eine »Droschke«, wie man damals zu sagen pflegte. Man führte nur soviel Handgepäck mit, wie man es nachher auf der Seereise dabei zu haben wünschte. Um alles andere kümmerten sich die »Braeunlich-Heinzelmännchen«. Das waren bestimmte Vertragsspediteure entlang der gesamten Fahrtroute Stettin–Sassnitz. Sie sortierten das per Bahn angekommene Gepäck nach vorher ausgegebenen Kofferanhängern, die ähnlich wie bei den Luftfahrtgesellschaften unserer Zeit den Bestimmungsort an Code-Buchstaben erkennen ließen. An Bord der Schiffe sorgten die Gepäckmeister für die korrekt vorsortierte Aufbewahrung bis zum Zielort. Auf den unterwegs anzulaufenden Seebrücken standen gummibereifte Gepäckkarren bereit, um die Gepäckstücke in Empfang zu nehmen und an Land, vor dem Brückenhaus, auf die Fuhrwerke, später auf die Lastkraftwagen des sogenannten Abrolldienstes zu verladen.

Jeder Kofferanhänger enthielt den Namen des Kurgastes und des gebuchten Hotels. Die neue Vorsortierung beim Umladen bewirkte, daß »wenige zehn Minuten später« die Gepäckstücke in den Beherbergungsstätten eintrafen und akkurat auf die Zimmer verteilt wurden. Die Fahrgäste schlenderten gemächlich von der Seebrücke durch die Kuranlagen zu ihrer Bleibe. Sie fanden alle Gepäckstücke säuberlich aufgereiht dort vor. Ein Kärtchen wünschte im Namen der Reederei einen angenehmen Aufenthalt.

Der Abrolldienst war genau informiert, wann und auf welchem Wege die Urlauber später wieder abzureisen gedachten. Pünktlich wurde an dem betreffenden Tag das Gepäck wieder an Bord oder zur Bahn expediert. Wer seinen Aufenthalt verlängerte oder wider Erwarten vorzeitiger abzubrechen gezwungen war, informierte den Pensionswirt oder die Reception des Hotels. Die gaben die Terminänderung sofort weiter.

Die ortsansässigen Abroll-Spediteure hatte die »Stettiner Dampfschiffs-Gesellschaft« sorgfältig ausgesucht. Sie waren in der Regel auch die Agenten, d.h. Vertretungen der Reederei, über deren Büros am Hafen oder im Seebrückenhaus Anschlußbillets gebucht, Rundfahrten bestellt, Boote gemietet oder sogar Karten für das Schloßtheater Putbus bestellt werden konnten. Mit einiger dieser örtlichen Repräsentanten wie Julius Müller in Swinemünde, Paul Leßhafft in Sassnitz oder Ernst Opitz in Sellin und Baabe bestanden bereits jahrzehntelange Verbindungen. Leßhafft hatte 1901 die »Motorboots-Gesellschaft Sassnitz« gegründet, die Vorläuferin der 1906 ins Firmenregister eingetragenen »Sassnitz Dampfschiffahrtsgesellschaft G.m.b.H.«

Das Netz der binnenländischen Reisebüros der Hamburg-Amerika Linie, des Norddeutschen Lloyd sowie auch der ersten Hapag-Lloyd-Reisebüros, des Mitteleuropäischen Reisebüros (MER) und der Verkehrsvereine war flächendeckend. Auch zur »Amtl. Bayerischen Reisebüro G.m.b.H.« mit ihren Filialen bestanden gut eingespielte, freundschaftliche Beziehungen.

Wer mit Braeunlich an die See fuhr, bekam sein Gepäck bereits zu Hause abgeholt und nach der Reise auch wieder dorthin gebracht. Und was Dr. Julius Braeunlich schon 1909 eingeführt hatte, das wurde in den zwanziger Jahren noch weiter ausgebaut: Die Billetts galten wahlweise für Bäderdampfer, Küstendampfer oder Bahnen und neuerdings ebenso für Kraftpostlinien und – gegen einen relativ geringen Aufpreis – auch für den Bäderflugdienst der Deutschen Lufthansa.

Hans Braeunlich gehörte – wie sein Vater – ebenso dem Vorstand des »Verbands Deutscher Ostseebäder e.V.« an, den Dr. Braeunlich im Jahre 1900 mitgegründet hatte. Nach den Statuten des Verbands brauchten Ärzte keine Bäderkurtaxe zu zahlen, denn sie waren es ja, die ihren Patienten nach selbsterlebter Erfahrung oft den Aufenthalt im milden Reizklima der Ostseebäder mit Luft- und Seewasserbädern empfahlen.

Es waren ab 1924 schöne Jahre, die man später gern in der Erinnerung behielt. Die Menschen waren längst freier, gelöster geworden. Die verklemmte Sittenstrenge der Badevorschriften war einem natürlichen Miteinander der Männer und Frauen am Strand gewichen. Die großen »Holzkästen« der nach Geschlechtern getrennten Badehäuser gerieten mehr und mehr ins Abseits, sie verschwanden nach und nach. Statt dessen waren Strandkörbe in Mode gekommen, die man in selbstgeschaufelten Sandburgen aufzustellen pflegte.

Krieg, Hungersnot, Sozialunruhen, Inflationsdruck waren wie ein böser Traum zurückgeblieben. Man freute sich des Lebens, flirtete ungezwungen und erholte sich ohne falsche Etikette-Zwänge. Man trug saloppe Sportkleidung, wenn man zum Kurkonzert ging. Man wurde auch beim Fünf-Uhr-Tee in der Strandkonditorei nicht hinauskomplimentiert, wenn man dort bequem-leger gekleidet erschien. Bei Ausritten in die herrliche Umgebung gehörte auch der Damensattel längst der Vergangenheit an. Und die Kurverwaltungen führten für Interessenten gemeinsame Strandgymnastik, Schwimmwettbewerbe, Informationsvorträge, Tennistourniere, Segelexkursionen und gute Rundfahrtdienste ein.

Rugard hieß der neue Star

Hans Braeunlich konnte es dank der höchst erfreulichen Geschäftslage verantworten, 1926 den längst ersehnten Neubau eines Bäderschiffes bei den Stettiner Oderwerken zu bestellen. Das neue Flaggschiff der Reederei hatte eine Vermessungsgröße von 1.358 BRT und durfte auf See 1.170, auf Oder und Haff 1.852 Fahrgäste an Bord nehmen.

Das schmucke neue Flaggschiff Rugard, 1.358 BRT, 2.000 PSi, legt in Rückwärtsfahrt vom Binzer Brückenkopf ab.

Am 13. März 1927 lief das Schiff vom Stapel, nach dem markanten Aussichtspunkt über dem einstigen slawischen Burgwall bei Bergen auf Rügen auf den Namen Rugard getauft. Dr. Julius Braeunlich durfte dieses bedeutende Ereignis nicht mehr erleben.

Als er am 6. November 1925 verstarb, hatte er kurz vor seinem Tod noch ausgesprochen: »Es schmerzt mich sehr, daß die Rügen nicht mehr auf der Sassnitz-Linie eingesetzt werden kann.«

Er hatte die G.m.b.H. seit ihrem Bestehen fast 30 Jahre lang geleitet. Der Erfolg seiner Arbeit auch in schwierigsten Zeiten schlug durch viele Ämter und Ehrenämter zu Buch. Acht Jahre lang hatte dieser Reeder dem Stadtrat von Stettin angehört.

Ausgezeichnet wurde er u.a. vom preußischen Staat mit dem Roten Adlerorden, vom schwedischen Staat durch die Verleihung des Ritterkreuzes I. Klasse des Wasaordens geehrt. Wäre dem Verstorbenen noch das Kennenlernen des Neubaues RUGARD vergönnt gewesen, dann hätte er den Routen- und Kontorflaggenwechsel der RÜGEN besser verkraftet. Die RUGARD hatte nach wie vor kohlegefeuerte Kessel mit 478 qm Heizfläche und 14,5 atü Betriebsdruck, die beiden Dreifach-Expansionsdampfmaschinen erbrachten eine Leistung von 2.000 indizierten Pferdestärken. Es war von Vorteil, die in Stettin preisgünstig erhältliche oberschlesische Gasflammkohle zu verwenden, die der Brennstoff für alle anderen Braeunlich-Dampfer sowie sämtliche Stettiner Eisbrecher war. Die RUGARD-Bunker faßten 120 t Kohle. Das ergab bei »ökonomischer Geschwindigkeit« von 12 Knoten eine Seeausdauer von 940 Seemeilen oder 1.714 Kilometern. Bei der Werftprobefahrt wurde die geforderte maximale Geschwindigkeit von 15 Knoten anstandslos erreicht. Mit seiner Vier-Kessel-Anlage und seinen beiden Dampfmaschinen war die RUGARD noch ein herkömmlicher Doppelschraubendampfer. Seine Sicherheitssysteme, Raumaufteilung und Navigations- sowie Funkausrüstung waren jedoch modern. Die »Veranda« genannte, ringsum geschlossene Unterbrücke hatte Sicherheitsglas-Fenster, die sich aufkurbeln ließen. Das Schiff erhielt 40 Kabinen I. Klasse in moderner Ausstattung. Der obere Gesellschaftsraum wurde in Goldbirkenholz zu blauer Polsterung gehalten. Der Rauchsalon erhielt Zebranoholz-Täfelung und Sitzmöbel mit olivfarbenen Lederbezügen, während der besonders stilvoll gestaltete Speisesaal in Creme-Schleiflack gehalten und mit Kirschbaummöbeln eingerichtet war. Die Gastronomie des neuen Spitzenschiffes lag in der Hand von Erich Tiemann, dem Inhaber des bekannten und beliebten Ausflugsrestaurants »Gotzlow«, mit Kaffeegarten direkt am Oderstrom.

Marinemaler Professor Willy Stöwer fertigte baldmöglich ein Ölgemälde des vom Design her wohlgelungenen Schiffes vor den Kreidefelsen von Rügen. Es ziert den Einband dieses Buches und wurde weit und breit populär, zumal es Leitbild und Blickfang für die Plakataushänge mit dem Fahrplan der Sassnitz-Linie war. Ein weiteres Gemälde des Grafikers G. Hübner zierte alljährlich die neue Informationsbroschüre »An die Ostsee über Stettin«. Sie enthielt den Dampfschiffsfahrplan für das betreffende Jahr, alle Informationen über die Schiffe der Reederei, die Beschreibung des Fahrtgebietes einschließlich Bornholm und Kopenhagen sowie sämtliche Allgemeinangaben über die auf der Route liegenden Ostseebäder, die Fahrpreise, Beförderungsbedingungen sowie die Anschriften aller Vertretungen und Agenturen. Durch das stets gleiche Titelbild der Broschüre wurde der Dampfer RUGARD zum Logo der Reederei.

Das Kommando über das Flaggschiff RUGARD war Kapitän Beyreis übertragen worden, der zu den profiliertesten und originellsten der Reederei gehörte. Als er einige Zeit später zum Nautischen Inspektor und zum sogenannten Flottenkapitän der Stettiner Eisbrecher aufrückte, wurde das Original Emil Clavier sein Nachfolger. Sein Vater hatte seinerzeit als Kapitän den Fracht- und Fahrgastdampfer MEITZEN geführt und er, der Junior, die FREIA und die HERTHA. Wie Kapitän Delfs war

RUGARD-Kapitän Kurt Beyreis am Maschinentelegrafen.

auch er langgedienter Reserveoffizier der Kaiserlichen Marine und sogar Kommandant von Torpedobooten gewesen. Das merkte man seiner Schiffsführung noch auf der RUGARD-Kommandobrücke an. Er fuhr so schneidige Anlegemanöver, daß das Publikum Mund und Augen aufriß. Er war noch als Mittfünziger eine elegante Erscheinung und ein Charmeur ersten Ranges. Böse Zungen behaupteten, daß sich der Doppelschraubendampfer RUGARD regelmäßig einer auffällig großen Zahl alleinreisender Damen erfreute. Sie kamen wohl immer wieder an Bord – in der Hoffnung, eines Tages auch einmal zu den Auserwählten gehören zu dürfen, die auf die Kommandobrücke kommen und – wenn es weit und breit keinen Schaden anrichten konnte – auch mal das Ruderrad selbst übernehmen durften. Die Kommentare, die Kapitän Clavier dann beim Betrachten des Kielwassers über die von zarter Hand gesteuerten »Damenkringel« und »Animier-Luftschlangen« gab, würden einen Anekdotenband bereichern. Auch im fröhlichen Verulken von »Passagösen«, wie er weibliche Mitreisende zu titulieren pflegte, erreichte er eine gewisse Meisterschaft. Er konnte Seemannsgarn mit geradezu pastoralem Ernst auftischen. Nachher war die Geduld zu bewundern, mit der besonders schöne Frauen sich damit abplagten, leibhaftige »Seekühe« im großen Brückenfernglas zu erspähen, die der Käptn kurz zuvor backbord voraus gesehen zu haben behauptete. Er ging auch Wetten ein, daß man auf Reisen zur Ostküste von Bornholm den »Meridian von Stargard« im Fernglas erkennen könne, den 15. Östlichen Längengrad. Clavier gewann jedesmal, denn er hatte das Fernglas so präpariert, daß tatsächlich ein senkrechter Strich das Okularsichtfeld durchschnitt.

Allerdings wurden sich die Gelehrten nie ganz einig, ob besagter Kapitän Clavier als Unikum seine legendäre Rauhhaar-Zwergteckelhündin »Hexe« wirklich zu übertreffen vermochte. »Hexe« war ständig zu irgend einem Unfug aufgelegt, aber niemand schaffte es, diesem danach besonders treuherzig blickenden weiblichen Vierbeiner-Klabautermann böse zu sein. Einmal versetzte »Hexe« halb Kopenhagen in höchste Aufregung, weil sie beim Ablegen der RUGARD spurlos verschwunden war. Sie hatte es vorgezogen, auf eigene Faust noch einen »Tivoli«-Bummel zu unternehmen und hatte sich dann, beim Losknattern des traditionellen Mitternachtsfeuerwerks, angstvoll in einer künstlichen Grotte verkrochen. Es ging nachher die Mär um, die Kopenhagener Polizei habe eine Art Ringfahndung ausgelöst. Auf jeden Fall war die ganze »Politi« hilfsbereit auf den

Beinen, das Maskottchen eines Braeunlich-Kapitäns, den Liebling aller Fahrgäste, wieder herbeizuschaffen.

Auf See hatte »Hexe« einen Vorzugs-Schlafplatz: Wenn Kapitän Clavier bei langen Revierfahrten oder besonderen Gefahrenlagen wie Nebel persönlich die »Cap'tains Watch« übernahm, dann schlummerte »Hexe« wohlgeborgen als lebendiger Pelzkragen zwischen dem hochgeschlagenen Mantelkragen und dem Nacken ihres Herrchens.

Einmal hatte Kapitän Clavier beim Königsgeburtstag in Galauniform an einem Empfang des Konsularkorps im Königlichen Schloß von Kopenhagen teilzunehmen. »Hexe« durfte ihn wie bei allen Landgängen, begleiten. Aber sie durfte in die hochherrschaftlichen Räume natürlich nicht mit hinein. Clavier vertraute darauf, daß sie seinen Befehl, draußen ganz brav zu warten – immerhin das Machtwort eines Kapitäns auf Großer Fahrt – wie gewohnt befolgen würde. Das tat sie auch, aber in höchst ungewöhnlicher Form: Aus Protest gegen die erlittene Zurücksetzung und Schloßverweigerung brachte »Hexe« am Mittag die Große Wachablösung der Königlichen Leibgarde aus dem Konzept. Sie hatte sich nämlich mitten auf den Appell- und Paradeplatz vor Schloß Amalienborg hingesetzt und war durch keinerlei Zureden gewillt, diese exklusive Position wieder zu räumen. Als der Wachhabende Offizier der Leibgarde, angetan mit Bärenfellmütze und Schleppsäbel, herbeistürmte, um »Hexe« zu vertreiben, nahm sie die Demutshaltung angegriffener Hunde ein: Sie legte sich auf den Rücken, alle vier Beine dem Himmel entgegengestreckt. Als nun der Offizier zur Tat schritt, »Hexe« unbeeindruckt von dieser Geste anzufassen, sprang sie wieder auf die Beine und kläffte den Offizier äußerst gnatzig, aber mit höchster Lautstärke an. Aber als tapferer Krieger ließ sich dieser nicht einschüchtern und versuchte kurzerhand, »Hexe« einzufangen. Aber die »Teckeline« wußte sich zu wehren – sie verteilte Bisse, die nicht von schlechten Eltern waren. Nun aber wurde es dem königlich-dänischen Hauptmann zu bunt. Er zog seinen Säbel blank, um den »Kampf gegen den Drachen« aufzunehmen. Nun brach ein vielhundertstimmiges Gejohle der in dichten Scharen den Platz umlagernden Touristen los. Unter ihnen befanden sich natürlich auch die Passagiere von Claviers Dampfer. Sie hatten das »gar schröckliche Untier« sehr wohl erkannt und ergötzten sich köstlich. Inzwischen hörte man bereits das Tschingderassabum der Regimentskapelle, die an diesem besonderen Festtag der aufziehenden Wache der Leibgarde voranmarschierte. Und wie hochnotpeinlich für deren »Wachhabenden«: Seine Majestät der König von Dänemark war soeben nebst Gemahlin auf den Schloßbalkon erschienen, um sich dem Volk zu zeigen und gleich das Geburtstagsständchen über sich ergehen zu lassen. Aber der Anblick des mit dem Säbel fuchtelnden Offiziers und des weiterhin störrischen Zwergdackels war so umwerfend komisch, daß Majestät geruhten, das Lachen hinter den goldenen Admirals-Ärmelstreifen zu verbergen, die er sich vor das Gesicht hielt.

»Hexe« säße sicherlich noch heute auf dem Platz, wenn nicht im letzten Augenblick Kapitän Clavier wieder zum Vorschein gekommen wäre. Alle Teilnehmer des Geburtstagsempfangs wollten das militärische Zeremoniell natürlich miterleben.

Clavier traute seinen Augen nicht, als er seine »Hexe« vor einem blank gezogenen Offizierssäbel gewahr wurde. Und nun genügte das Machtwort eines Braeunlich-Kapitäns – auch ohne Megaphon – um die Konfrontation zu beenden.

Immerhin hatte »Hexe« es geschafft, zum Star der dänischen Tagespresse zu werden. Aber dennoch endete dieses Intermezzo mit künftiger Halbgefangenschaft. Kapitän Clavier entschloß sich schweren Herzens nun doch zum Kauf einer Hundeleine.

Zu diesem Zeitpunkt des »Hexe«-Vorfalls von Kopenhagen ahnte Kapitän Clavier – der sicherlich hugenottischer Abstammung war, aber tolerieren mußte, daß die Pommern seinen Namen überall als »Klavier« aussprachen – noch nicht, daß nach seiner wirklich geliebten RUGARD ein noch größeres Schiff am Ende seiner Karriere stehen sollte. Es wurde bereits zu jenem Zeitpunkt fertiggestellt, zu dem Hans Braeunlich gerade erst den Entschluß zum Bau der RUGARD zum Festpreis von 1,15 Millionen Mark in Auftrag gegeben hatte. Es handelte sich um das einzige Motorschiff, das vor 1954 jemals unter Braeunlich-Regie in Fahrt gekommen ist, nämlich um die PREUSSEN.

Nach ihrer Totalrenovierung im Zuge der Währungsreform waren auch die unzertrennlichen Zwillinge ODIN (im Bild am Swinemünder Hohenzollern-Bollwerk) und HERTHA wieder zu vermeintlich nagelneuen Schmuckstücken geworden.

Doppelschrauben-Motorfahrgastschiff PREUSSEN

Wir erinnern uns, daß der Braeunlich-Dampfer ODIN im Winter 1922/1923 auf der Route Swinemünde–Danzig–Pillau im Rahmen des »Seedienst Ostpreußen« eingesetzt war. Vergeblich buhlte man darum, ODIN und HERTHA mögen in der Sommersaison 1923 gemeinsam auf die »Seedienst«-Route gehen. Die Sassnitz-Linie war für Braeunlich ungleich ergiebiger, zumal das Reichsverkehrsministerium törichterweise jeden Ausgleich von Defiziten beim »Seedienst Ostpreußen« ablehnte. Braeunlich stellte auch in den Sommern 1923 und 1924 nur die FREIA für die Ostpreußenroute ab. Verständlicherweise war man von dieser Notlösung nicht begeistert, zumal das Einzelschiff kein Pendant zur Paarigkeit fand.

Es bestand die eigenartige Konstellation, daß man sich im Verkehrsministerium den Pelz waschen wollte, ohne ihn naß zu machen – während dem Hause Braeunlich verständlicherweise das Hemd näher lag als der Rock. Ein Privatunternehmen darf nur Dinge tun, die sich finanziell verantworten lassen.

Fest stand, daß aus politischen Gründen eine verläßliche Umgehung des polnischen Korridors geschaffen werden mußte. Aber ohne Verlustausgleich fand sich keine Privatreederei dazu bereit. Die Hapag warf als erste das Handtuch.

Nun versuchte man Braeunlich mit dem Angebot eines zinsgünstigen Schiffbaukredits für ein Ostpreußenschiff zu ködern, freilich unter der Bedingung, daß im Sommer 1925 ODIN und HERTHA gemeinsam für den »Seedienst Ostpreußen« eingesetzt werden sollten. Man biß jedoch auf Granit. Am Stettiner Dampfschiffsbollwerk willigte man lediglich in den Kompromiß ein, daß die ODIN vom 16. März bis Mitte Mai jeden Montag und Donnerstag nach Pillau abging und ab August 1925 abermals. Die HERTHA rückte man nicht dafür heraus, und in der Zeit Mitte Mai bis Ende Juli mußte abermals die FREIA im »Seedienst Ostpreußen« einspringen. Es war Hans Braeunlich nicht leicht gefallen, die ODIN schon im August wieder von der Sassnitz-Linie abzuziehen, aber man stimmte der Kavalierslösung zu, daß dann ODIN und FREIA ihre Routen miteinander tauschten. HERTHA und FREIA bedienten also bis Saisonschluß die Sassnitz-Linie weiter.

Im Herbst wurde Kassensturz gemacht. Wie zu erwarten, hatten die Ostpreußenfahrten der ODIN im Frühjahr und Herbst erneut Defizite ergeben, so daß man unbeeindruckt von der Verlockung eines Neubau-Kredits im Dezember 1925 den Vertrag mit dem »Seedienst Ostpreußen« aufkündigte. Auch der Norddeutsche Lloyd zog sich aus dem Vertrag zurück. Beizeiten hatte es den Ministerialbeamten gedämmert, daß eine stabile Ganzjahresverbindung nur dann zu garantieren war, wenn sich das Reichsverkehrsministerium zum Bau zweier staatseigener, gleichwertiger Schiffe für den »Seedienst Ostpreußen« entschloß. Man entging auf diese Weise der Abhängigkeit von Privatreedern und bot ganzjährig einen Liniendienst mit gutem Standard.

Man konzipierte die Schiffe so, daß sie die 249 Seemeilen lange Fahrstrecke Swinemünde–Zoppot–Pillau einschließlich des halb- bis dreiviertelstündigen Zwischenstops am Seesteg von Zoppot in 17,5 Stunden durchlaufen konnten. Dazu war eine Dienstgeschwindigkeit von 15 Knoten erforderlich, eine Reserve in Gestalt von 20 Knoten Höchstfahrt war aber ratsam. Man kam zu dem Ergebnis, daß in diesem Fall eine Kolbendampfmaschine ebenso wenig geeignet war wie der Turbinenantrieb.

Man gab zwei Schiffe in Auftrag, die nur 80 Meter lang sein und mit Rücksicht auf die besonderen Verhältnisse am Zoppoter Seesteg nur 3,80 Meter Tiefgang haben durften. Das Ganze glich ein wenig der Quadratur des Kreises, denn bei den aus hafentechnischen Gegebenheiten in Pillau und Danzig-Neufahrwasser in so geringen Abmessungen zu haltenden Neubauten war die Beförderung von immerhin 1.020 Fahrgästen in geschützten und heizbaren Räumen zur Bedingung gemacht worden. 120 von ihnen waren in Doppelkabinen unterzubringen. Es galt deshalb, einen völlig neuen Schiffstyp zu schaffen, in denen alle jahrzehntelang in der Ost-

Das von Braeunlich bereederte Passagierschiff PREUSSEN beim Manövrieren vor dem Kurfürstenbollwerk in Pillau (2.282 BRT, 6.400 PS, maximal 1.020 Fahrgäste).

see-Passagierfahrt gesammelten Erfahrungen zu berücksichtigen waren. Und so kam man ganz automatisch auf die besonderen Vorbilder ODIN und HERTHA zurück. Die Ausschreibung sah vor, daß einer der beiden Neubauten bei den Stettiner Oderwerken, das andere bei den »Vulcan«-Werken Stettin in Auftrag gegeben werden sollte. Der Entwurf der Oderwerke sollte der Bauausführung im wesentlichen zugrunde gelegt werden, weil sie durch den vorangegangenen Bau der Rügen-Dampfer die meisten einschlägigen Erfahrungen besaßen.

Man wußte im Reichsverkehrsministerium sehr wohl, daß man die Schiffe am besten durch Privatreedereien betreiben lassen sollte. Und da der Norddeutsche Lloyd und J.F. Braeunlich als letzte Unternehmen im »Seedienst Ostpreußen« tätig waren, übertrug man die beim »Vulcan« gebaute HANSESTADT DANZIG dem Norddeutschen Lloyd und die bei den Oderwerken gebaute PREUSSEN der »Stettiner Dampfschiffs-Gesellschaft J.F. Braeunlich« zur Bereederung. Beide Schiffe liefen im März 1926 vom Stapel.

Die Vorprobefahrt der PREUSSEN fand am 26. August im Stettiner Haff und die See-Probefahrt zwischen Swinemünde und dem Kap Arkona am 29. August 1926 statt.

Eine 67köpfige Braeunlich-Besatzung unter Kapitän Jacobson, der vorher die HERTHA geführt hatte, stellte das neue Schiff in Dienst. Es befand sich nicht im Eigentum der Reederei, wurde aber dennoch voll und ganz ein Braeunlich-Schiff. Auf den ersten Blick ähnelte es dem Schwesterschiff HANSESTADT DANZIG, aber bei näherer Betrachtung unterschieden sich die beiden »Schwestern«, obwohl bei ihnen derselbe Grundentwurf der Oderwerke bindend war.

Von der Erwägung ausgehend, daß die horizontale Bewirtschaftung der Schiffe der vertikalen vorzuziehen sei, wurde dem Entwurf die aus den Decksplänen ersichtliche Verteilung der Wohnräume und Salons zugrunde gelegt. Mit wenigen Ausnahmen wurde die gesamte Besatzung im 3. Deck untergebracht. Das 2. Deck wurde fast ganz von den 60 Fahrgastkabinen eingenommen, von denen zwei als Luxuskabinen eingerichtet wurden. Die anderen wurden einfach und zweckmäßig gestaltet, weil sie für jeweils nur eine Übernachtung herhalten mußten. Der Speisesaal wurde vom 2. Deck auf das Hauptdeck verlegt, und zwar unter die verlängerte Back und den Bereich unterhalb des langgestreckten Brückenhauses. Man konnte die Lage dieses recht ansprechend ausgestalteten Speisesaals auch von außen an den sechs hintereinander liegenden Vierfach-Bullaugen erkennen, die auf der Innenseite imitierten Fenstern glichen.

Diese Anordnung ermöglichte es, die Küchen- und Wirtschaftsräume unmittelbar hinter dem Speisesaal einzubauen.

Im weitgehend von den Passagierkabinen in Anspruch genommenen 2. Deck brachte man achtern einen Salon für Gesellschaftsreisende ein. Das Hauptdeck erhielt eine Eingangshalle um das hintere Treppenhaus, das Promenadendeck im Anschluß an das vordere Treppenhaus einen geräumigen Salon für Nichtraucher und im Anschluß daran einen Rauchsalon.

Bei der vorgegebenen Schiffslänge von nur 80 Meter zwischen den Loten, d.h. in der Wasserlinie, erwies es sich als unmöglich, angesichts des damit verbundenen großen Platzbedarfs tatsächlich für die geforderten 1.020 Fahrgäste weitere Salons einzubauen. Folglich mußte man einen Großteil des Haupt- und Promenadendecks durch feste Wände mit Fenstern und Türen nach außen sowie hinten abschließen und ebenfalls beheizbar machen. Um der Winter- und der Sommerfahrzeit gleichermaßen gerecht zu werden, wurden die genannten Räume ringsum mit isolierendem Teakholz verschalt. Große rahmenlose und gut schließende Schiebefenster bewirkten, daß in der rauhen Jahreszeit Kälte und Nässe ausgesperrt blieben, im Sommer jedoch geöffnete Fenster für gute Durchlüftung sorgen und eine Art offene Promenade ergeben konnten. Eine Veranda mit verschalter Decke, Korbmöbeln und Fenstervorhängen ergaben ein recht wohnliches Ambiente. Lüftermaschinen neuester Konstruktion bewirkten die künstliche Ventilation aller Innenräume.

Selbst Kapitän Jacobson soll als erfahrener Bäderdampfer-Kapitän zunächst skeptisch gewesen sein, daß man im Fall der tatsächlichen (seltenen) Vollbelegung eine solche Menschenmenge reibungslos unterbringen und in Tag- und Nachtfahrt auf einem »schwimmenden Affenfelsen« ans Ziel bringen könne, ohne daß einer dem anderen dabei auf die Füße treten würde. Aber das Reisepublikum verteilte sich dank der durchdachten Raumaufteilung erstaunlich gut. Die für Große Küstenfahrt zugelassene und mit Eisverstärkung versehene PREUSSEN erfreute sich besonderer Beliebtheit als gemütliches Schiff. Am wichtigsten war das, was die in Stettin herausgegebene »Ostseezeitung« in ihrer Ausgabe Nr. 263 des Jahres 1926 aus berufener Feder zu berichten wußte: »Nach Ansicht seemännischer Fachleute hat sich das Schiff übrigens in dem gewaltigen Sturm ausgezeichnet benommen. Trotz des schweren Seegangs gab es auf dem stark besetzten Schiff kaum einen Seekranken, ein neuer Beweis für die vorzüglichen See-Eigenschaften des Schiffes.«

Schlagseite beim An- und Ablegen war die übliche Erscheinung bei den Fahrgastschiffen, weil die schaulustigen Passagiere alle auf die Landseite drängten. Auf diesem Bild legt die PREUSSEN während der Ostmesse im Hafen von Königsberg an.

Vom Sorgenkind Deutschland zur Frigga

Die Wirtschaftsblüte, vielleicht auch nur Scheinblüte der Jahre 1924–1930 – im eigentlichen Sinne die oft zitierten »Goldene Twenties« – verführten manche Firma, sich finanziell zu übernehmen. Ein markantes Beispiel dafür ist die dem Leser längst bekannte SwiDAG.

Sicherlich war es ein kluger Schritt, 1925 die 34 Jahre alte, zu klein gewordene Heringsdorf an die Mecklenburgische Seebäder-Linie, Rostock, zu verkaufen, die sie ein Jahr später als Grossherzog in Fahrt brachte. Man ersetzte sie bei der SwiDAG durch den am 20. Februar 1925 bei der wenig später zugrunde gegangenen Bauwerft Nüscke & Co. AG in Stettin vom Stapel gelaufenen Neubau Deutschland. Er war doppelt so groß wie die Heringsdorf und übertraf mit seiner Vermessungsgröße von 557 BRT das vorherige Spitzenschiff Berlin um 54 Bruttoregistertonnen. Die nunmehr größte und modernste Einheit unter den SwiDAG-Schiffen bot Platz für 1.100 Fahrgäste, genau die doppelte Anzahl der Berlin-Passagiere. Das recht schmucke Schiff wurde sowohl auf der Hauptroute Stettin–Swinemünde als auch für Fahrten zu den Ostseebädern Vorpommerns und für Sonderfahrten eingesetzt. Es wäre alles vertretbar geblieben, wenn man der Versuchung widerstanden hätte, sich mit der Stettin wenig später auch noch einen zweiten, wenn auch kleineren Neubau, richtiger gesagt Fast-Fertigbau »anzulachen«.

Dieses Schiff war 1914 von der »Administration de Navigation à Vapeur« als Fährschiff zu den Prinzeninseln im türkischen Marmarameer in Auftrag gegeben worden. Diese Firma gehörte dem im damaligen Konstantinopel ansässigen Ismail Rahmi. Er hatte sich für den Bau der Bostandje die Werftbetriebsgesellschaft Klawitter & Co. in Danzig ausgesucht. Beim Stapellauf im November 1914 war jedoch längst der Erste Weltkrieg ausgebrochen. Das Verbringen des Schiffes in die Türkei blieb für die Zeit des Krieges illusorisch, so daß die Werft den Weiterbau nach dem Stapellauf einstellte. Nach Kriegsende weigerte sich der ursprüngliche Auftraggeber im nunmehr Istanbul genannten Firmensitz, das Schiff mit derartiger Verspätung abzunehmen, er hatte sich längst anderweitig orientiert. Er hatte auch die beiden ersten Bauraten nicht bezahlt, weil er sich mit Recht auf »politische höhere Gewalt« berufen konnte.

Nun gammelte der Schiffsrumpf in Danzig herum und suchte einen Käufer. Er wurde jahrelang wie Sauerbier vergeblich angeboten. Der Werft ging es ohnehin nicht gut, sie geriet noch in den zwanziger Jahren in Liquidation.

1927 aber kaufte die »Swinemünder Dampfschiffahrts-A.G.« den Bostandje-Rumpf, der dreizehn Jahre zuvor in sein Element geglitten war und ließ ihn als Stet-

TIN fertigbauen. Mit 375 BRT und einer Fahrgastkapazität von nur 600 Passagieren war der von 13 Mann gefahrene, 13 Knoten laufende Doppelschraubendampfer STETTIN ex BOSTANDJE sicherlich »der Schritt vom Wege«. Das Unternehmen war nicht finanzkräftig genug, um im Falle einer Verschlechterung der Wirtschaftslage den Kapitaldienst gleich für zwei Neubauten durchzustehen.

Der 1925 in Fahrt gekommene SwiDAG-Neubau DEUTSCHLAND, 557 BRT, 1.000 PSi, maximal 1.020 Fahrgäste, wurde 1930 zum Braeunlich-Dampfer FRIGGA.

Das Unheil kam 1928 mit der Vorahnung auf den großen Börsenkrach (1929) an der New Yorker Wall Street näher. Die hart angeschlagenen, in Spekulationsgeschäften tätigen amerikanischen Banken zogen weitgehend ihre in Deutschland angelegten Gelder zurück. Die Arbeitslosenquote, die 1927 ihren Tiefstpunkt erreicht hatte, stieg im Sommer 1929 auf 1,2 und im folgenden Winter gleich auf 3,2 Millionen. So etwas schlug naturgemäß auch auf die sinkenden Fahrgastziffern durch. Unglücklicherweise hatte die SwiDAG amerikanische Kredite aufgenommen, die in den Jahren der Euphorie recht einfach zu erlangen waren. Aber damit ist die Misere noch nicht zu Ende geschildert: Der Rückgang der Fahrgastziffern und Einnahmen, das Herausziehen der amerikanischen Anleihen war keineswegs das einzige, was der SwiDAG an Pech und Mißhelligkeit ins Haus stand.

Ausgerechnet im kritischen Jahr 1929 wiederholte sich die Tragödie der BERLIN vom Jahre 1914 in unheimlicher Parallelität, wenn auch unter anderen Vorzeichen. Diesmal war nicht die BERLIN das Opfer einer Kollision, sondern das Flaggschiff DEUTSCHLAND. Abermals war das Stettiner Haff der Schauplatz, als am 17. August 1929 dieser Dampfer mit dem Gribel-Frachter ALEXANDRA kollidierte und sofort sank.

Zwar konnte die DEUTSCHLAND in erheblich beschädigtem Zustand noch 1929 gehoben werden, aber der Verdienstausfall gerade dieses Schiffes und der wie übliche schleppende Eingang der erst nach endgültiger Klärung des Schuldfalles ausbezahlten Versicherungssumme machten der angeschlagenen SwiDAG erheblich zu schaffen. Man sah nur im Hilferuf an die »Stettiner Dampfschiffs-Gesellschaft J.F. Braeunlich« einen Ausweg. Er war auch folgerichtig.

Die 1929 eskalierte Finanzklemme hatte bereits eine Vorgeschichte, die nicht uninteressant ist:

Trotz anfänglicher Geschäftserfolge zu Beginn der 20er Jahre und dem 1925 von der Nüscke-Werft abgelieferten Neubau DEUTSCHLAND geriet die SwiDAG danach bald in eine solche wirtschaftliche Situation, daß sie sich verschulden mußte.

Im Dezember 1927 trugen zwei Stettiner Kaufleute ihren Aktienbesitz bei der »Swinemünder« von nom. 177.000,– RM der Reederei Braeunlich zum Kauf an – zwecks evtl. Verschmelzung beider Gesellschaften oder zur Schaffung einer Betriebsgemeinschaft unter Führung von Braeunlich. Wegen der damit verbundenen Bedingungen war das Angebot in dieser Form als undiskutabel abgelehnt worden.

Die Gesellschaft nahm inzwischen weitere Kredite auf, leider auch besagte amerikanische.

Durch Erwerb von 211.500,– RM Aktien der Swinemünder Dampfschiffahrt A.G. am 16.01.1929 bekam die Reederei J.F. Braeunlich die Aktienmajorität bei der SwiDAG.

Im April 1929 wurden im Aufsichtsrat von J.F. Braeunlich verschiedene Entwürfe über zu treffende Maßnahmen zur Sanierung der Swinemünder Dampfschiffahrt A.G. besprochen. Hierzu zählte u.a. der Ankauf des Dampfers STETTIN, die Ausgabe neuer Aktien, Erhöhung des Aktienkapitals durch J.F. Braeunlich und andere Maßnahmen. Die Angelegenheit ist auch mit Aktionärs-Kreisen der Swinemünder durchgesprochen worden.

Anbei Kopie des zweiseitigen Angebots von Braeunlich v. 21.6.1929 zum Kauf der DEUTSCHLAND.

Die Barmittel zum Kauf der DEUTSCHLAND = 151.300,– Reichsmark setzten sich zusammen aus beschafften Darlehen, aus laufenden Betriebsmitteln und dem Verkaufserlös der FREIA. Das beste Angebot hatte ein Abwracker in Holland gemacht, er zahlte 3.000,– Pound Sterling, was damals mit rund 60.000,– Reichsmark gleichzusetzen war.

»An die Swinemünder Dampfschiffahrts-Aktien-Gesellschaft
S t e t t i n .

Im Anschluss an die voraufgegangenen Besprechungen bestätigen wir, Ihnen folgendes Angebot gemacht zu haben, an welches wir uns bis Freitag, den 21. d. Mts., abends 6.00 Uhr gebunden halten.

1. Sie verkaufen uns Ihren Dampfer DEUTSCHLAND zum Preise von RM 502.000.–. Der Verkaufspreis wird in der Weise beglichen, dass wir von Ihrer amerikanischen Schuld von zurzeit $ 117.00.– einen Teilbetrag von $ 85.000.–, die mit 350.700.– angerchnet werden, mit den Zinsen ab 1. Januar 1930 übernehmen. Den Rest von RM 151.300.– zahlen wir in bar.

2. Die von uns an Sie gezahlten Beträge werden von Ihnen vom Zahlungstage bis zum 31. Dezember 1929 zu demjenigen Zinssatze verzinst, den wir selbst dafür aufwenden müssen. Ausserdem tragen Sie etwaige Beschaffungskosten, Spesen usw.

3. Wir stehen dafür ein, dass auf Ihren übrigen Schiffen das Sicherungspfandrecht insoweit gelöscht wird, als es über den Höchstbetrag von 60.000 Gramm Feingold = $ 33.500.– + 20 % hinausgeht. Die am 30. Juni fällige Amortisationsquote sowie die für 1929 zu leistenden Zinsberäge einschl. aller Nebenleistungen gehen allein zu Ihren Lasten.

...

Die Amortisationsquoten für das zweite Halbjahr 1929 und später, die Zinsen, Treuhandprovision und Umsatzprovision für die Zeit ab 1. Januar 1930 gehen, vorbehaltlich besonderer Vereinbarung im Einzelfalle, im Verhältnis der jeweiligen bestehenden Restschuld zu Lasten beider Gesellschaften.

4. Der Eigentumsübergang und die Uebergabe des Schiffes erfolgen am 1. Juli. Wir stellen Ihnen das Schiff bis zum 31. Dezember 1929 zum Betrieb unter Ihrer Flagge in der Weise zur Verfügung, dass Sie bisdahin sämtliche Kosten des Betriebes, der Instandhaltung sowie jedes Risiko und die Versicherung des Schiffes tragen. Alle Einnahmen aus den bis zum 31. Dezember 1929 ausgeführten Fahrten stehen Ihnen zu.

5. Die Kosten für die Umschreibung im Schiffsregister zahlen beide Gesellschaften zur Hälfte.

6. Wir räumen Ihnen das Recht ein, am 1. Januar 1930 das Schiff von uns zum Preise von RM 502.000.– zurückzukaufen, wenn Sie uns von allen mit dem Erwerb des Schiffes zusammenhängenden Lasten befreien.

Hochachtungsvoll
Stettiner Dampfschiffs-Gesellschaft
J.F. Braeunlich. G. m. b. H.
gez. H. Braeunlich gez. E.Gribel.«

Betrachtet man den Inhalt dieses Briefes aus heutiger Sicht, dann fällt einem die kulante Art des Umgangs miteinander auf. In der heutigen »Raubtier-Gesellschaft« ist ein »Friendly Take-over« der im Brief geschilderten Art – sogar mit Rücktrittsrecht – kaum noch vorstellbar. Anscheinend war die damals an den Tag gelegte Wirtschaftsmoral aber doch die bessere. Und Braeunlich nahm an dieser großzügigen Haltung keinen Schaden.

Die SwiDAG machte freilich von ihrem Rückkaufsrecht keinen Gebrauch. Man war heilfroh, durch den Verkauf der DEUTSCHLAND an Braeunlich aus der Klemme befreit zu sein. Andererseits hatte die »Stettiner Dampfschiffs-Gesellschaft« genau zur rechten Zeit eine Möglichkeit, den Oldtimer FREIA auszumustern. Er war mittlerweile der letzte seegehende Raddampfer Deutschlands, der schon dadurch eine zusätzliche Berühmtheit erlangt hatte.

Nach Indienststellung der PREUSSEN und der HANSESTADT DANZIG war die FREIA beim »Seedienst Ostpreußen« entbehrlich geworden. Auf der Sassnitz-Linie wurde sie in den Sommern 1927–1929 als Ersatzschiff weiterhin benötigt. Sie mußte sofort bereitgestellt werden, wenn aus irgend einem technischen Grund eins der Schiffe vom »Dreigestirn« ODIN, HERTHA und RUGARD aus dem Fahrplan herausfiel. Das konnte durch einen Maschinenschaden, selbst an einer Dampfrudermaschine, ebenso plötzlich der Fall sein wie durch andere Fälle höherer Gewalt. Aber es war ein Credo und Markenzeichen zugleich, daß man bei Braeunlich jederzeit für solche Vorkommnisse gewappnet war. Im übrigen konnte man die FREIA immer noch gut für Sonderfahrten, Gruppen-Tagestouren und Tages-Vercharterungen verwenden. Solche Nachfrage bestand immer wieder. Man konnte also ODIN und HERTHA im täglichen Pendelverkehr auf der Sassnitz-Linie belassen und RUGARD als Spitzenschiff zu allen Stoßzeiten wie Pfingsten, Ferienbeginn, Ferienende ebenso gut gebrauchen wie für die regelmäßigen Bornholm- und Kopenhagen-Fahrten, die längst Liniendienst-Charakter bekommen hatten. Die wackere FREIA konnte währenddessen allen Sonderwünschen von Reisebüros, Tagungsleitungen und Hotelketten gerecht werden. Sie wurde also tageweise disponiert. Aber der Zustand der Kessel bereitete doch immer größere Sorgen.

1924 wußte man beim »Seedienst Ostpreußen«, daß die Kessel nur noch für ein Jahr Betriebserlaubnis hatten. Die Reederei mußte deshalb alle Schamotte-Ausmauerungen erneuern und viele Rauchrohre auswechseln. Bei der Neuklassifizierung durch den Germanischen Lloyd im Jahre 1925 bestand Gewißheit darüber, daß der Veteran 1929 insgesamt neue Kessel bekommen müsse, wenn das nächste Mal die »Klasse« zuerkannt werden sollte. Davon hing die weitere Fahrterlaubnis der See-Berufsgenossenschaft ab.

Neue Kessel für die alte FREIA – das rechnete sich einfach nicht. Und als sich die Chance abzeichnete, die DEUTSCHLAND als Ersatz für den Raddampfer anzukaufen, beschaffte sich die Braeunlich-Geschäftsleitung Angebote von Abwrackwerften, was sie für die Verschrottung der an Edelmetallen reichen FREIA zu zahlen gewillt seien. Das beste Angebot kam wie gesagt aus Holland.

Es sprach sich auf der sogenannten »Küstenklatschwelle« bald herum, daß der FREIA nach der Sommersaison 1929 wohl für immer das Dampfventil abgesperrt werde.

Als es dann tatsächlich so weit war, gab es am Stettiner Dampfschiffsbollwerk eine Abschiedskundgebung, bei der sich auch ausgewachsene Kapitäne und Schiffsingenieure ihrer Tränen nicht schämten. Hans Braeunlich gab das Zeichen dazu: Kapitän Johannes Gaedt ließ die Trillerpfeife ertönen und kommandierte: »Hol nieder Flaggen!«

Das war kein Schiff, das hier aus dem Leben schied – es war eine Institution, ein Stück Stettin und deutscher Seefahrtsgeschichte. Jemand fand das Kuriosum heraus, daß diese einstige Bau-Nummer 44 der Werft Blohm & Voss tatsächlich genau 44 Jahre in Fahrt gewesen ist. Was hatte dieser Raddampfer miterlebt, der schon unter der Kontorflagge der zeitweilig existent gewesenen »Stettiner Seebäder-Reederei Ballin & Braeunlich« gefahren war und dann das erste Schiff der »Stettiner Dampfschiffs-Gesellschaft J.F. Braeunlich« wurde.

Der Abschied fiel entsprechend schwer. Aber noch schwerer fiel zunächst die Wahl des neuen Schiffsnamens für die in Braeunlich-Eigentum übergegangene DEUTSCHLAND: Man konnte den Nachfolger der FREIA nicht einfach FREIA II nennen. Das wäre Anlaß von Verwechslungen geworden. Der Name des neuen Schiffes mußte anders lauten, sollte aber dennoch in die Traditionslinie passen. Eines Tages hatte jemand – vermutlich Hans Braeunlich – die rettende Idee: In jedem Lexikon kann man nachlesen, daß Freia, in der nordischen Mythologie die Gattin Odins, die Göttin der Liebe, des häuslichen Herdes und der Fruchtbarkeit, in Skandinavien als Frigga bezeichnet wird. Das bot die Lösung: Beide Schiffsnamen bedeuteten dasselbe, sie standen für Kontinuität. FREIA galt also für den nun außer Dienst gestellten Raddampfer und FRIGGA für den schmucken Doppelschraubendampfer, der nach der Hebung totalrenoviert wurde.

Die Bordgastronomie blieb unverändert in der bewährten Hand von Otto Maak, dem Besitzer des Restaurants »Alte Wache« am Paradeplatz in Stettin.

Die von Kapitän Willi Lüdke geführte FRIGGA wurde ein fröhliches Schiff. Der damalige Kochlehrling Fritz Streck erinnerte sich später, wie er ab Sommer 1930 auf

Hochbetrieb an der ODIN-Brücke des Ostseebades Heringsdorf. Zwei Braeunlich-Dampfer müssen zugleich abgefertigt werden: vorn FRIGGA, im Hintergrund RUGARD.

diesem jüngsten Zuwachs der Braeunlich-Flotte »kreuz und quer über die Ostsee zu schaukeln das Glück hatte«. Und schon das Fahrtprogramm des ersten Sommers unter der neuen Reedereiflagge machte die Bandbreite der Sonderfahrten und Vercharterungen an Großgruppen deutlich. Fritz Streck schrieb: »Ob in Danzig oder Pillau (wo wir zum Stahlhelm-Treffen in Stettin mit den ›größeren Schwestern‹ RUGARD, ODIN und HERTHA[9] Tausende von Mitgliedern abholten), ob in Ystad/Schweden oder der ›Perle des Nordens‹, Kopenhagen, überall waren wir zu Hause. Und näherte man sich Rügen, dann tauchten bald Göhren, Sellin und Binz auf, herrliche Badeorte am Ostseestrand, welch schöne Erinnerungen, wieviel pikante Erlebnisse, wenn die zweite Heimat der Berliner und Sachsen (jeder dritte ein sächsischer

9 Dieser Einsatz aller vier Dampfer war nur möglich, weil das Treffen unter Ausnutzung des Himmelfahrt-Feiertages zehn Tage vor Pfingsten begann, so daß die traditionelle Saison-Eröffnung der Sassnitz-Linie mit zwei Dampfern zugleich – mit Pfingstbirken im Vortopp – dadurch nicht gefährdet wurde.

Gast) die Strandkörbe be- und übervölkerten. Künstler, Filmleute und Politiker suchten hier Erholung. Adlige, Mittelstand und Prominenz gaben sich dort ein Stelldichein. Und es verging wohl kein Sommer, wo nicht der alte Fridericus-Rex-Darsteller Otto Gebühr hier mit seinem Fahrrad und kurzen Hosen über die Insel strampelte. Maria Paudler, einst eine bekannte Filmschauspielerin, dirigierte im Binzer Kurhaus ihre Kapelle und Lilian Harvey stieg im ›Fürstenhof‹ ab, während Harry Piel und Gerda Maurus in die Prora (auf der Schmalen Heide zwischen Binz und Sassnitz) einen Urwald hingezaubert bekamen als wäre er echt, um ihren Film ›Der Dschungel ruft‹ mit Tigern, Elefanten und Palmen zu drehen.

Schöne Frauen wandelten auf den Promenaden und zeigten hier mehr, als man es sonst irgendwo durfte, ihre Garderobe. Die salzhaltige Meeresluft hatte einen schweren Kampf zu bestehen, um sich den Parfümwolken gegenüber zu behaupten! Und wenn die Sonne ihre letzten Strahlen blutrot über Meer und Land warf, dann spielte noch einmal Otto Kermbach (später als der »Sportpalast-Otto-Otto« in Berlin bekannt) seine eigenen Kompositionen, auch das bekannte Rügen-Chanson

›... *und die Wälder so mächtig*
und die Mädels so prächtig,
das ist Binz, das ist Binz!‹ «

Ungeachtet der rapide gestiegenen Arbeitslosenzahl infolge der zurückgezogenen amerikanischen Kredite im Vorjahr 1929 wurde der Sommer 1930 in den Ostseebädern noch einmal zu einer Saison ungetrübter Lebensfreude. Und die Frigga war mit ihren Sonder- und Charterfahrten bestens ausgelastet. Einmal befand sie sich in Charter einer Berliner Rundfunkgesellschaft auf der Rückreise von Bornholm nach Sassnitz, als Sturm mit Windstärke 9 aufkam. Natürlich wurden auch Mitreisende recht blaß im Gesicht und begannen, Neptun entsprechende Opfer zu bringen. Aber Schiffsleitung und Fahrgäste waren gleichermaßen von dem vorzüglichen Seeverhalten der Frigga angetan. Sie »biß« die Seen auf besonders elegante Weise. Übrigens konnte man diese kleinere Schwester der Hertha schon von weitem identifizieren: Obwohl der vordere Mast wie bei der Hertha durch die Glasveranda, die Unterbrücke, hindurchgebaut war, war deren Verschanzung unterhalb der braun eingefaßten Fenster weiß gestrichen statt braun. Der Unterteil war aus Stahl gebaut und nicht mehr holzbeplankt. Diese Besonderheit stand der Frigga »gut zu Gesicht«.

Fritz Streck bezog in seine Schilderungen seiner Frigga-Fahrten auch Swinemünde, Heringsdorf und Zinnowitz ein. Vor allem erwähnte er, wie die Überfahrt von Zinnowitz nach Rügen an der Insel Greifswalder Oie vorbeiführte, wo man im Spätsommer den utopischen Film »F.P.1 antwortet nicht« drehte.

Die Abkürzung im Filmtitel stand für »Flugplattform 1«. Die UFA-Filmgesellschaft hatte beträchtlichen Pressewirbel entfacht, um das ungewöhnliche Filmprojekt frühzeitig zu popularisieren. Der Film erzählte die Geschichte von einem riesigen, schwimmenden Flugstützpunkt von 500 Meter Länge und 150 Meter Breite sowie 20 Meter Tiefgang. Er sollte dazu dienen, mit herkömmlichen Landflugzeugen einen Transatlantik-Luftverkehr zu ermöglichen. Die Maschinen sollten dort zwischentanken und gewartet werden können. Mit Hans Albers, Sibylle Schmitz, Paul Hartmann, Hermann Speelmans, Peter Lorre und Rudolf Platte in den Hauptrollen hatte man ein beträchtliches Star-Aufgebot zusammengebracht. Am bemerkenswertesten waren jedoch die technischen Umbauten auf der Greifswalder Oie, die man mit abertausend Stahlplatten belegte, um das Oberdeck der auf Säulenbeinen ruhenden Flugplattform vorzutäuschen. Man errichtete auf der Insel die Attrappe eines großen, langgestreckten Flugplatzgebäudes mit Kontrollturm und eigenem Leuchtfeuer sowie gegenüber der Start- und Landebahn eine Instandsetzungswerft mit Hangars und Kran. Versierte Fluglehrer einer Deutschen Verkehrsfliegerschule wagten mit Junkers-Maschinen tatsächlich Starts und Landungen auf den Stahlplatten der Oie. Das war damals sensationell. Und so kam es, daß die zweimal täglich vorbeifahrenden Dampfer der Sassnitz-Linie beim jeweiligen Passieren der einsamen Insel ebenso Schlagseite bekamen wie die FRIGGA bei ihren Sonderfahrten: Alle Fahrgäste begaben sich auf die Landseite des Schiffes, um möglichst viel von den Kunstbauten und dem Flugbetrieb auf der Greifswalder Oie zu erspähen und auch im Fernglas näher zu betrachten.

Der Film war um eine Kriminalgeschichte herumgerankt. Böse Mächte hatten sich die Versenkung der Flugplattform zum Ziel gesetzt. Sie wäre um ein Haar geglückt, wenn Hans Albers nicht im letzten Augenblick als Fliegerheld und Retter auf der Bildfläche erschienen wäre. Und niemand konnte zum Zeitpunkt der Dreharbeiten ahnen, daß die filmische Utopie schon vier Jahre später überholt und widerlegt war: Es gab tatsächlich schwimmende Flugstützpunkte im Atlantik – anfangs zwei und später vier. Aber sie waren nicht für Landflugzeuge, sondern für Flugboote eingerichtet. Es handelte sich um die Katapultschiffe WESTFALEN, SCHWABENLAND, OSTMARK und FRIESENLAND der Deutschen Lufthansa, die als erstes Luftfahrtunternehmen der Welt planmäßige Luftpostdienste nach Süd- und später auch nach Nordamerika aufbaute.

Von den Kapitänen der Braeunlich-Dampfer, für deren Passagiere die Dreharbeiten auf der Insel zur besonderen Attraktion wurden, erinnerte sich der eine oder andere wohl noch daran, daß sich Dr. Julius Braeunlich vor 1914 mit dem Gedanken getragen hatte, dieses »Helgoland der Ostsee«, die Greifswalder Oie, zu erwerben oder längerfristig zu pachten.

Der ungewöhnliche Name Greifswalder Oie für die Insel in der Pommerschen Bucht – sie ist Usedom vorgelagert – stammt noch von dem dänischen Begriff Ø für Insel ab und erinnert an die Zeit der Christianisierung Vorpommerns durch dänische Zisterzienser. Sie gründeten auch das Kloster Hilda, das später unter dem Namen Eldena berühmt wurde und dessen Ruine zu den beliebtesten Motiven des Romantik-Malers Caspar David Friedrich gehörte. Die Zisterzienser waren auch die Gründer der späteren Hansestadt Greifswald. Die Oie war zeitweilig im Besitz des Klosters und auch der Stadt Greifswald, daher der Name.

Die 1.400 Meter lange und 700 Meter breite Insel hat – wenn auch rund dreimal kleiner – einen ähnlichen Umriß wie die Buntsandsteininsel Helgoland in der Deutschen Bucht. Ihre Steilküste besteht jedoch nur aus Lehmabbruchkanten von durchschnittlich 15 Meter Höhe. Ebenso wie Helgoland trägt die Greifswalder Oie zur

Sicherung eines besonders wichtigen Großschiffahrtsweges ein starkes, weithin sichtbares Blitzfeuer auf einem bereits 1854/55 gebauten Leuchtturm, dessen Benzolglühlicht man später durch elektrisches Glühlicht ersetzte. 1914 erhielt die Oie den größten und stärksten bis dahin installierten Leuchtfeuer-Linsenapparat.

Die Insel Oie mit ihrem naturbelassenen Wald und ihrer Wildflora ist ein reizvolles Tagesausflugsziel. Man trug sich mit dem Gedanken, jeden Tag von den Seebrücken der Inseln Usedom und Rügen mit einem Braeunlich-Dampfer Ausflügler abzuholen und nach einer Oie-Fahrt anschließend wieder dorthin zurückzubringen. Ebenso wie in Sandvig auf Bornholm wollte man auch auf der Greifswalder Oie ein Hotel mit Restaurant und Café erbauen, das den Tagesgästen ebenso dienlich sein sollte wie Individualisten, die längere Zeit auf dieser »Insel für Kenner« verweilen wollten. Aber der Kriegsausbruch von 1914 machte dieses Projekt illusorisch.

Rückblickend betrachtet war es gut, daß sich die Sache zerschlagen hatte. Die Greifswalder Oie wurde nämlich 1936 vom Heereswaffenamt der Wehrmacht zum militärischen Sperrgebiet erklärt. Da die im Aufbau befindliche Heereswaffenversuchsanstalt Peenemünde erst im Krieg fertiggestellt wurde, startete ab 1937 der damals noch wenig bekannte Dr.-Ing. Wernher von Braun mit seinem Arbeitsstab auf der abgelegenen Insel – ohne unerwünschte Zaungäste – seine ersten Versuchsraketen vom Typ A 3. Diese ersten stehend gestarteten Raketen der Technikgeschichte erhielten den Spitznamen »Braun'scher Fahrstuhl«. Aus ihnen entwickelten sich die ballistischen Projektile vom Typ A 4, die 1944 aus Propagandagründen die Bezeichnung V 2 erhielten – Vergeltungswaffe Nr. 2.

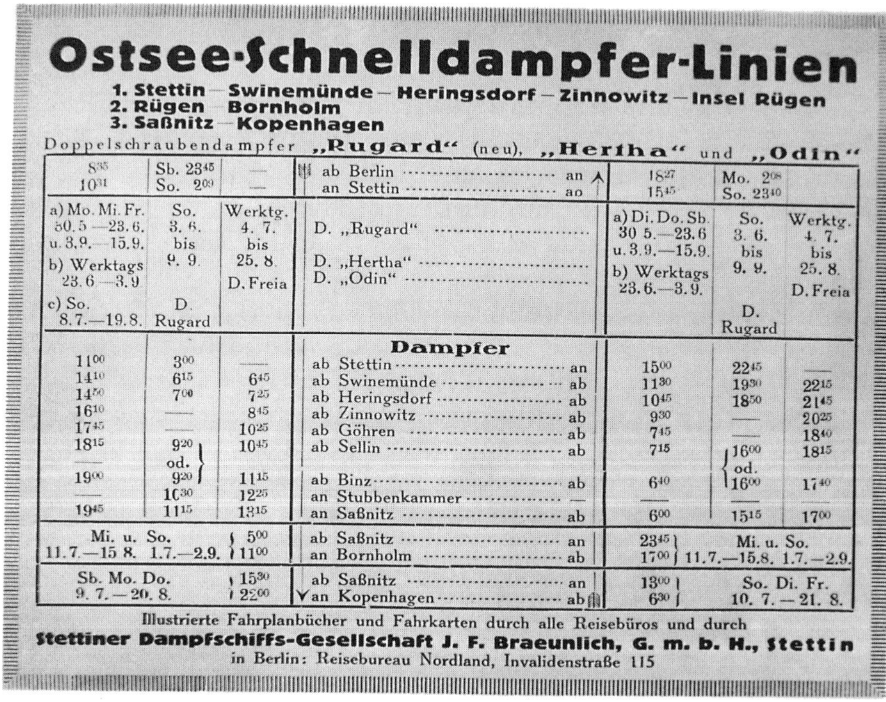

Ostsee-Schnelldampfer-Linien

1. Stettin – Swinemünde – Heringsdorf – Zinnowitz – Insel Rügen
2. Rügen – Bornholm
3. Saßnitz – Kopenhagen

Doppelschraubendampfer „Rugard" (neu), „Hertha" und „Odin"

8^{35} 10^{31}	Sb. 23^{45} So. 2^{09}	— —	ab Berlin .... an / an Stettin .... ab	18^{27} 15^{45}	Mo. 2^{08} So. 23^{40}	
a) Mo. Mi. Fr. 30.5.–23.6. u. 3.9.–15.9. b) Werktags 23.6–3.9 c) So. 8.7.–19.8.	So. 3.6. bis 9.9. D. Rugard	Werktg. 4.7. bis 25.8. D. Freia	D. „Rugard" .... D. „Hertha" .... D. „Odin"	a) Di. Do. Sb. 30.5.–23.6 u. 3.9.–15.9. b) Werktags 23.6.–3.9.	So. 3.6. bis 9.9. D. Rugard	Werktg. 4.7. bis 25.8. D. Freia
			Dampfer			
11^{00}	3^{00}	—	ab Stettin .... an	15^{00}	22^{45}	—
14^{10}	6^{15}	6^{45}	ab Swinemünde .... ab	11^{30}	19^{30}	22^{15}
14^{50}	7^{00}	7^{25}	ab Heringsdorf .... ab	10^{45}	18^{50}	21^{45}
16^{10}	—	8^{45}	ab Zinnowitz .... ab	9^{30}	—	20^{25}
17^{45}	—	10^{25}	ab Göhren .... ab	7^{45}	—	18^{40}
18^{15}	9^{20} od.	10^{45}	ab Sellin .... ab	7^{15}	16^{00} od.	18^{15}
—						
19^{00}	9^{20}	11^{15}	ab Binz .... ab	6^{40}	16^{00}	17^{40}
—	10^{30}	12^{25}	an Stubbenkammer .... —	—	—	—
19^{45}	11^{15}	13^{15}	an Saßnitz .... ab	6^{00}	15^{15}	17^{00}
Mi. u. So. 11.7.–15.8. 1.7.–2.9.		5^{00} 11^{00}	ab Saßnitz .... an / an Bornholm .... ab	23^{45} 17^{00}	Mi. u. So. 11.7.–15.8. 1.7.–2.9.	
Sb. Mo. Do. 9.7.–20.8.		15^{30} 22^{00}	ab Saßnitz .... an / an Kopenhagen .... ab	13^{00} 6^{30}	So. Di. Fr. 10.7.–21.8.	

Illustrierte Fahrplanbücher und Fahrkarten durch alle Reisebüros und durch

Stettiner Dampfschiffs-Gesellschaft J. F. Braeunlich, G. m. b. H., Stettin

in Berlin: Reisebureau Nordland, Invalidenstraße 115

Dunkle Schatten

Die Weltwirtschaftskrise hatte zunächst die Vereinigten Staaten von Amerika erschüttert. In Deutschland erzielte man in dem besagten Jahr 1929 die erste aktive Außenhandelsbilanz seit Kriegsende. In den Sog der von Amerika ausgegangenen Krise geriet die Weimarer Republik erst dann mehr und mehr, als allein im Herbst 1930 über 500 Millionen Dollar amerikanisches Kapital in Gestalt gewährter Anleihen abrupt zurückgezogen wurden.

Ab Mitte 1930 lagen in nahezu allen Häfen der Welt beschäftigungslos gewordene Handelsschiffe auf, wobei die Trampschiffahrt härter betroffen wurde als die Linienfahrt. Braeunlich spürte 1930 praktisch noch keine Einbrüche, obwohl es im Januar bereits 4,4 Millionen Arbeitslose gab. Die meisten der vom Verlust ihres Arbeitsplatzes Betroffenen gehörte ohnehin nicht zu jenen, die sich einen Sommerurlaub in den Ostseebädern leisten konnten.

Wegen der zurückgezogenen amerikanischen Kredite war Deutschland jedoch extrem krisenanfällig geworden. Die hohen ausländischen Reparationsforderungen verursachten Auslandschulden im Verrechnungswert von 20 Milliarden Goldmark. Überproduktion und eine jeder Vernunft widersprechende Spekulationswut hatten in den Ländern der einstigen Kriegsgegner, der Siegermächte, längst zum Ende der Konjunktur, bald auch zur Wirtschaftsdepression geführt, bei der die USA vorangegangen waren. Da sich die Kettenreaktion fortsetzte, immer mehr Banken und Gläubiger ihre Kredite zurückforderten und in der entstandenen Panik nicht zur Stundung bereit waren, wirkte sich die Kettenreaktion aus: 1931 brach die Österreichische Kreditbank und zwei Monate später auch die Darmstädter und Nationalbank (DANAT) zusammen. Hinter beiden Banken standen jedoch Absicherungsgarantien der deutschen Regierung. Aber durch den fortwährenden ausländischen Kapitalabzug stand die Reichsbank vor dem Ende der Golddeckung. Und um diesen finanziellen Schlag für den deutschen Staatshaushalt überhaupt verkraften zu können, mußte die deutsche Regierung drakonische Sparmaßnahmen beschließen und die Banken sowie Sparkassen zu äußerster Kreditbremsung veranlassen. Die Produktion der Industrie verlangsamte sich rapide, die Arbeitslosenziffer schnellte abermals weiter empor. Alle deutschen Häfen füllten sich zusehends mit weiteren beschäftigungslos aufgelegten Handelsschiffen, die Werftindustrie stand praktisch mit leeren Auftragsbüchern da.

Am Dampfschiffsbollwerk 1b beobachtete man die Situation mit Sorgfalt und nicht ohne große Bedenken. Mit dem Ankauf der FRIGGA hatte man noch aus dem Vollen schöpfen können, die guten Erträge der Jahre seit 1924 hatten eine gesunde Kapitaldecke geschaffen. Wie aber würde die Wirtschaftslage auf die Sassnitz-Linie und den »Seedienst Ostpreußen« durchschlagen?

Tatsächlich gab es im Sommer 1931 bereits spürbare Rückgänge im Fahrgastaufkommen. Dennoch war man verwundert, daß diese sich in Grenzen hielten. Es dauerte einige Zeit, bis man die Ursache für das Phänomen herausfand: Das sogenannte »gutbürgerliche Publikum« war noch am wenigsten von der Krise betroffen. Wer als Studienrat, Regierungsrat, Richter, Landgerichtsdirektor seine Bezüge bekam, behielt seinen sicheren Arbeitsplatz. Noch waren solide Mittelständler nach den Jahren der Konjunktur gut genug bei Kasse, um wie gewohnt an die See zu reisen. Dasselbe galt für die Empfänger von Offiziers- und Beamtenpensionen und damit auch für deren Hinterbliebene. Braeunlich behielt im Sommer 1931 alle Schiffe in Fahrt und fuhr immer noch schwarze Zahlen ein, so knapp sie auch waren.

Dank der Tatsache, daß für die staatseigene Preussen kein Kapitaldienst zu leisten war und nur ein Bereederungsvertrag vorlag, konnte man trotz verringerten Fahrgastaufkommens aufatmen. Aber wie sollte sonst alles weitergehen?

Die Anzeichen sozialer Unruhe mehrten sich. Ende 1931 wurden bereits 5,5 Millionen Arbeitslose registriert, ihre Zahl stieg weiter und überschritt 1932 die Marke 6,6 Millionen. Die Massen erwarteten eine Erlösung aus dem Dilemma, sie erhofften einen Retter aus der Not. Mit besonderer Eindringlichkeit hatte sich für diese Rolle jener Adolf Hitler empfohlen, dessen NSDAP am 24. April 1932 bei den Landtagswahlen in Preußen zur stärksten Partei geworden war.

Auf den Inseln Vorpommerns hatte man bis weit in das Jahr 1932 relativ ruhig weitergelebt. Die Schlagzeilen der Presse über die Ereignisse in Berlin erschienen den braven Insulanern wie Boten aus einer anderen Welt. Als aber Ende Juli ganze Staffeln gemieteter Flugzeuge auch die Ostseebäder mit Zehntausenden von kleinen Flugblattstreifen bombardierten, auf denen eindringlich gefordert wurde, »Liste 1« zu wählen und als man sogar illegalerweise, ohne Wissen der Schiffsleitungen, an Bord von Braeunlich-Dampfern Wahlkampfzettel verteilte, war klar, daß die heiße Phase der Innenpolitik angebrochen war, bei der es keine ausgesparten Freiräume mehr geben werde. Die politischen Parteien buhlten um jede Stimme. Hitler überflog ganz Deutschland und sprach zwischen dem 15. und 30. Juli in mehr als 60 Städten, auch in Stettin! Mit tatsächlich 13,7 Millionen Wählern, 1,2 Millionen Parteimitgliedern und 350.000 Braunhemden von SA und SS stand »der Führer« ante portas:

Am 31. Juli 1932 ging die NSDAP Adolf Hitlers mit 230 Mandaten als stärkste Fraktion im Reichstag aus den Wahlen hervor. Reichskanzler von Papen wollte diesen suggestiv auf die Massen einwirkenden Führer der »Nationalsozialistischen Deutschen Arbeiterpartei« entsprechend an die Leine legen. Er wollte ihn, um mit einem Zeitzeugen zu sprechen, »in die deutsche Politik einbauen, aber wie einen Untertagearbeiter, der unter Aufsicht der bürgerlichen Rechtsparteien stand«. Das mißlang bei einem Machtmenschen wie Hitler total. Er ging aufs Ganze und erklärte bei einer Massenkundgebung im Berliner Sportpalast, daß der Kanzler »sehr schlecht beraten« sei, wenn er »eine Partei, die über 230 Reichtstagssitze verfügt, als Minderheit behandelt«.

Der Sommer 1932 war politisch gewittergeladen. Aber allen Besorgnissen zum Trotz hatten Odin und Hertha zu Pfingsten wie üblich, mit Maigrün im Vortopp, gemeinsam die erste Ausreise der Saison angetreten und damit den Betrieb der Sassnitz-Linie wieder aufgenommen. Rugard und Frigga folgten mit je einer Sonderfahrt gleich hinterher. Und so deutlich dann der weitere Rückgang des Reedereiumsatzes 1932 auch wurde: Man hatte eigentlich noch größere Verluste erwartet. Erst allmählich kam man dahinter, daß ein zuvor nicht beachteter Faktor den Niedergang wenigstens teilweise abzufedern vermochte: Auch das bürgerliche Publikum sah sich mittlerweile gezwungen, »kleinere Brötchen zu backen«. Das aber hieß, daß viele lieber nicht mehr nach Korfu, Capri oder Amalfi reisten, auch keine Mittelmeer- oder Nordlandkreuzfahrt unternahmen, sondern besser in einem nahegelegenen Ostseebad blieben. Der »große Knall« eines totalen geschäftlichen Mißerfolges war also ausgeblieben, man kam mit einem blauen Auge davon, als man die Gewinn- und Verlustrechnungen der Fahrzeit 1932 aufstellte. Man hatte wohlweislich schon im März 1932 mit anderen Betreibern von Bäderschiffen abgesprochen, daß man angesichts der wirtschaftlichen Gesamtlage reduzierte Fahrpreise erheben werde. Diese Maßnahme war sicherlich klug. Man konnte Plus minus Null erwirtschaften, also wenigstens Defizite vermeiden. Aber für die Schiffsbesatzungen war es jedesmal ein eigenartiges Gefühl, beim Ein- und Auslaufen im Stettiner Hafen an einer Art Schiffsfriedhof vorbeizukommen, an reihenweise aufliegenden Frachtdampfern.

Hans Braeunlich (1891–1984) steuerte als Geschäftsführer die Reederei-Unternehmen durch die bewegten Zeiten der zwanziger und vierziger Jahre.

Seefahrt unter neuen Vorzeichen

Der Winter 1932/1933 wurde dramatisch. »Während Tag für Tag die Zahl der Geschäftszusammenbrüche und der Selbstmorde anstieg, ergoß sich eine neue Wahlkampagne über das wieder von Hunger und Verzweiflung ermattete Land«, urteilte ein ausländischer Beobachter.

Deutschland war zerstückelt in 22 Länder, die ständig gegen die Zentralregierung aufbegehrten. Jedes von ihnen hatte sein eigenes, eifersüchtig auf seine Vorrechte bedachtes Parlament. An der Spitze dieses wankenden Gebäudes gab es nur einen Reichskanzler, der selbst ständig im Konflikt mit dem Reichstag war und einen Reichspräsidenten, der häufig mit seinem Kanzler nicht übereinstimmte. Die 23 Kabinetts (!), die Deutschland seit dem Zusammenbruch des Kaiserreiches regiert hatten, hinterließen schließlich ein Defizit von sieben Milliarden und eine äußere Schuld von siebzehn Milliarden Goldmark. Die ungelösten Probleme erreichten Turmhöhe, allen voran die auf sozialem Gebiet. Die öffentliche Meinung befand sich in einem Seelenzustand, der am besten mit der Bernard Shaw zugeschriebenen Glosse zu kennzeichnen war: »Ich weiß zwar nicht, ob es besser wird, wenn es anders wird. Aber soviel sehe ich – daß es anders werden muß, wenn es gut werden soll.« Da es seinerzeit noch keine Fünf-Prozent-Klausel gab, hatten im Sommer 1932 nicht weniger als 37 verschiedene Parteien mit mehr als 7.000 Kandidaten um die Gunst der Wähler gebuhlt. Die stumpf gewordene Bevölkerung betrachtete das nur noch als Possenspiel. Fünf Millionen Deutsche wählten die KPD, die damit 100 Reichstagsabgeordnete stellte. Das verstärkte die Furcht der breiteren Öffentlichkeit vor einer unerwünschten Diktatur nach dem Muster der UdSSR. Andererseits war der Ruf nach einem starken Mann unüberhörbar. Der amerikanische Journalist Hubert Knickerbocker, von 1928 bis 1941 Korrespondent amerikanischer Zeitungen in Berlin, beschrieb diesen Spannungszustand eindrucksvoll in seinem Buch »Deutschland zwischen Ost und West«.

Am 30. Januar 1933 waren die Würfel gefallen. Um 11.00 Uhr empfing Reichspräsident Paul von Hindenburg im Präsidentenpalais den Ex-Gefreiten Adolf Hitler und die Mitglieder seines neuen Kabinetts, um ihnen die Ernennungsurkunde als Reichskanzler und Minister auszuhändigen. Und nicht wenige, aufmerksame Betrachter dieses Vorgangs waren darüber verblüfft, daß in dieser neuen Regierung außer Hitler nur zwei Nationalsozialisten vertreten waren. Statt dessen hatten sich hochkarätige Sachkenner und Ressortchefs aus dem gemäßigten Lager um diesen fraglos charismatischen und willensstarken Mann geschart, der nun Franz von Papen als Vizekanzler ins zweite Glied gedrängt hatte. Wie dem auch sei: Es schienen sich das konservative und das revolutionäre Deutschland zusammengetan zu haben.

Dieser Eindruck verstärkte sich erst recht, als am 21. März 1933, dem Jahrestag der ersten Parlamentseröffnung des von Bismarck zustandegebrachten Reiches (1871 in Versailles), der ehemalige Kronprinz des Hauses Hohenzollern, der Reichspräsident von Hindenburg und der im Frack erschienene Reichskanzler Hitler in der Potsdamer Garnisonkirche zusammenfanden, um über dem Grab Friedrichs des Großen symbolisch das erste Parlament des Dritten Reiches zu eröffnen. Mag das perfide Inszenierung und Täuschung der Öffentlichkeit gewesen sein: Das historische Preußentum und das Deutschland der sozialen Revolution schienen sich auf unblutige Weise zusammengetan zu haben. Und als der Schock nach dem Reichstagsbrand, im Monat zuvor, zur Verordnung »Zum Schutze von Volk und Staat« geführt und die Wege zum Ermächtigungsgesetz geebnet hatte, das »Zur Behebung der Not von Volk und Reich« dem neuen Kanzler Generalvollmacht für vier Jahre erteilte und mit diesem Ermächtigungsgesetz den Parlamentarismus praktisch aushebelte, bestand überraschend breiter Konsens. Man war bereit, diese vermeintlich nur auf Zeit angelegte Diktatur zu schlucken. Man wollte den »Führer und Reichskanzler« ausschließlich an der Einlösung seines gegebenen Versprechens messen: »Gebt mir vier Jahre Zeit – und ihr werdet Deutschland nicht wiedererkennen.«

Dic meisten erklärten Gegner der neuen Hitlerbewegung vertraten die illusorische Auffassung, »dieser Spuk wird sich in Bälde wieder verflüchtigen«. Und man wollte es einfach nicht fassen, wieso die sozialistisch organisierte deutsche Arbeiterschaft mit den zentral geführten, starken Gewerkschaften sang- und klanglos vor »den Braunen« kapituliert hatte. Reinhart Schmelzkopf liefert des Rätsels Lösung kurz und präzise: »Der einmal so erfolgreich eingesetzte Generalstreik konnte nicht funktionieren, weil sechs Millionen Arbeitslose auch sechs Millionen potentielle Streikbrecher waren; die völlige Fehleinschätzung der innenpolitischen Situation durch Moskau hatte die kommunistischen Arbeiter zum Stillhalten gezwungen …«

Die Mehrheit der Seeleute stand ohnehin außerhalb irgend welcher Organisationen, so daß die Zerschlagung der Gewerkschaften am 2. Mai 1933 auf den Schiffen kaum Widerhall fand. Die neue Regierung war geschickt genug, ihre Maßnahmen in erster Linie auf soziale Belange zu konzentrieren und die Bekämpfung der Arbeitslosigkeit zum Primat zu machen. Aber es war eine Riesenaufgabe, sechs Millionen Arbeitslose von der Straße zu bringen. Dennoch schrumpfte ihre Zahl schon erheblich, ohne daß anfangs eine Rüstungsfabrikation im Vordergrund stand. Silvester 1933 waren noch 4,1 Millionen Arbeitslose registriert. Man ist fast versucht zu sagen »nur noch«. Aber das klänge zynisch.

Der Beginn der Sommersaison 1933 verriet kundigen Blicken, daß auch auf den Braeunlich-Dampfern die schwarz-weiß-rote Handelsflagge (die seit 1867/Norddeutscher Bund am Heck aller deutschen Schiffe wehte) laut Gesetz vom März 1933 ohne die kleine schwarz-rot-goldene »Gösch« in der linken oberen Ecke geführt werden mußte. Damit war die Weimarer Republik sozusagen symbolisch ausgelöscht. An der Signalrah wurde die Hakenkreuzflagge gesetzt. Im Oktober besagte eine neue Verordnung, daß sie als Bugflagge zu führen sei. Dort aber hatten bis dato jeweilige Stadtflaggen der Heimathäfen geweht – bei den Braeunlich-Dampfern die dreimal rot-blau waagerecht gestreifte Stettiner Flagge mit dem roten Greifenkopf. Dieser Verlust auf ein Stück heimatlicher Identität war schmerzlich. Aber kurze Zeit später kamen die meisten deutschen Reeder auf die Idee, am Bug ihrer Schiffe das jeweilige Stadtwappen des Heimathafens anzubringen. Als nachher im November 1935 die Hakenkreuzflagge zur offiziellen National- und Handelsflagge Deutschlands erklärt wurde, bestand wieder die Möglichkeit, die Stettiner Stadtflagge am Bugflaggstock zu setzen. Davon machte die Braeunlich-Gesellschaft gern Gebrauch. Die Stadtwappen-Idee hatte sie nicht mitgetragen, weil alle Braeunlich-Dampfer schon seit der Zeit vor 1914 traditionsgemäß einen goldenen Stern als Bugverzierung führten, dessen heraldische Hintergründe heute wohl niemand mehr kennt.

Der Geschäftserfolg der Fahrtsaison 1933 hielt sich in Grenzen, die leichte Steigerung gegenüber dem Negativ-Knick des Sommers 1932 sprang noch nicht ins Auge. Neue Autarkiebestrebungen verhinderten mit ihren scharfen Devisenvorschriften, daß allzu viele Fahrten nach Kopenhagen und Bornholm veranstaltet werden konnten.

Die Mißlichkeit des Ausbootens im Ostseebad Göhren bestand 1933 noch immer. Es war ein zeitraubendes, umständliches Manöver. Und es tröstete die Reederei in keiner Weise, daß eine aus dem weit entfernten Oberbayern angereiste Gruppe von Fahrgästen dem Göhrener Braeunlich-Agenten Friedrich Franz begeistert zurief: »Dös is fei' a Gaudi! Dös mecht mer!«

Die Bajuwaren hatten zum Glück ruhige See. Aber das konnte auch anders sein. Mehr als ein Fallreep der Bäderdampfer wurde durch Gegenschlagen des längsseits liegenden Motorbootes leicht oder sogar stark demoliert. Und für die Seeleute am unteren Fallreepspodest konnte es aufregend werden, wenn ältere oder gar gehbehinderte Leute von dem einen Fahrzeug auf das andere übersteigen mußten. Natürlich lag es im Ermessen des Kapitäns, bei welchem Seegang und welcher Windstärke das Ausbooten überhaupt unterbleiben mußte.

Ganz und gar »mittelalterlich« wirkte das Ausbooten des Passagiergepäcks und der für Göhren bestimmten Seefrachtgüter. Sie wurden jeweils in Netzbrooks eingeschlagen und vom Dampfladebaum über Bord geschwungen. Mit Beiholern hielt man sie bei ihrer Vertikalbewegung fest und fing sie in dem oft genug dümpelnden Motorboot auf, so daß sie einigermaßen sicher abgestellt werden konnten. Das ging nicht immer ohne blaue Flecke ab, und die Ladungsoffiziere der vor Anker liegenden Braeunlich-Dampfer machten jedesmal drei Kreuze, wenn das Umschlagmanöver ohne Quetschungen und Knochenbrüche abgegangen war. Als tragbarer Zustand galt das auf keinen Fall. Und es war bezeichnend, daß ein pensionierter, unter den Fahrgästen befindlicher Afrika-Kapitän der Woermann-Linie erstaunt feststellte, so etwas habe er zum letzten Mal auf der Reede von Kribi in Kamerun – vor 1914, versteht sich – gesehen. Das sei ja doch bei einem deutschen Ostseebad ein bißchen erstaunlich.

Es war eine unschöne Sache, daß es von 1919 bis 1933 noch immer nicht gelungen war, Göhren im normalen Sinn zum Anlaufpunkt der Sassnitz-Linie zurückzuentwickeln. Alle Anträge an die Gemeinde, den Kreis, den Regierungsbezirk und das Land Preußen waren vergeblich geblieben. Die finanziellen Sachzwänge der schwierigen Nachkriegsjahre verboten eine andere Lösung zunächst. Bei der Reederei war man sich freilich darüber im klaren, daß eine »Neuauflage« der 1.002 Meter langen, allzu aufwendigen Brücke am geschützteren Göhrener Südstrand auf keinen Fall in Frage kam.

Auch wenn man dabei auf die Chancen des Anlegens im Windschutz verzichtete, wenn es steif aus nördlichen, vor allem nordwestlichen Richtungen wehte: Die neue Göhrener Seebrücke mußte am Nordstrand entstehen. Die Nautische Inspektion der Braeunlich-Reederei wurde vernünftigerweise in alle Erörterungen und Planungen einbezogen, die in der Gemeindeverwaltung des Ostseebades Göhren, im Kreis sowie Regierungsbezirk zum Thema Seebrücke anstanden. Aber es gab eine Wechselwirkung: Kapitän Beyreis unterbreitete selbst Vorschläge, die auf seinen eigenen Erfahrungen – zuletzt als Rugard-Kapitän – sowie auf denen seiner Kollegen beruhten. Man hatte sich nach dem Ende der Saison-Fahrzeit des Jahres 1933 zusammengesetzt und die an allen Seebrücken des Fahrtgebietes Stettin–Sassnitz gewonnenen Erfahrungen erörtert. Als Nautischer Inspektor hatte Beyreis sie ausgewertet und in einer »Denkschrift zur Neugestaltung der Seebrücke Göhren« zusammengefaßt. Sie hatte beinahe wissenschaftlichen Charakter, denn man hatte mit Sorgfalt auch die »Wind- und Sturmhäufigkeits-Tabellen« der Hamburger Seewarte konsultiert, der deutschen Fachbehörde für Hydrographie und Ozeanographie. Man wußte exakt, an wievielen Tagen der Sommerhalbjahre 1897–1932 der Wind an der Nordküste von Rügen aus welcher Richtung geweht hatte. Und so kam man zu dem Ergebnis, beim dringend erhofften Neubau einer Seebrücke im Ostseebad Göhren die Abkehr vom bisherigen Prinzip zu empfehlen: Die Anlegepodeste der »Stettiner Dampfer« dürften nicht mehr parallel zur eigentlichen Seebrücke liegen. Der Brückenkopf müsse statt dessen V-förmig im Winkel von 45 Grad auseinandergabeln, also in zwei gleichwertigen Kopfteilen enden. Mit diesem Richtungsverlauf erreichte man größere Flexibilität für die jeweils erforderlichen Anlegemanöver.

Die Braeunlich-Dampfer legten in Vorausfahrt an und in Rückwärtsfahrt wieder ab, um erst außerhalb des Brückenkopfbereichs wieder Vorausfahrt aufzunehmen und das Schiff auf den Kurs zur nächsten Seebrücke einzusteuern. Bei stärkerem Seegang war es nicht ungefährlich, beim Anlegen von achterlichen Seen geschoben zu werden. Das Schiff behielt bessere »Steuermacht«, wenn der Seegang mehr aus seitlicher Richtung angenommen wurde. Die V-Form der Podeste machten den Kapitänen die Auswahl leicht: Bei rauher See vor Nordwestwind nahmen sie die Lee-Seite des östlichen Kopfteils, bei Ost- und Nordostwind den westlichen. Wichtig war, daß das anlegende Schiff niemals vom auflandigen Wind auf einen Podest draufgedrückt wurde. Das konnte bei einsetzenden Böen schwere Anrempelungen mit Sachschäden an Schiff und Brücke verursachen. Und noch etwas: Bei reinem Nordwind fand man eine halbwegs leeseitige Manöverposition an beiden Kopfteilen vor. Die neue V-Form mußte »der Stein der Weisen« werden. Außerdem hob die Braeunlich-Inspektion hervor, daß man aus zwingenden Problemen hinsichtlich der Tiefgänge wie 3,66 Meter bei der Rugard an den Kopfteilen eine Mindestwassertiefe von 4,50 Meter fordern müsse. Dadurch werde eine 450 Meter lange Seebrücke notwendig.

Die konkreten Aussagen machten einen exakten Kostenvoranschlag möglich. Und es half jetzt der günstige Umstand weiter, daß bei einem Baubeginn während der Verkehrsruhe der Sassnitz-Linie in den sturmärmeren Zeiten des Winters 1933/1934 geldliche Zuschüsse aus dem Arbeitsbeschaffungsprogramm zu erwarten waren. Zwei im Juni und September 1933 durch den Reichsbankpräsidenten Hjalmar Schacht sowie durch Staatssekretär Reinhardt vom Reichsfinanzministerium initiierte Gesetze erleichterten öffentliche Bauvorhaben durch Sonderfinanzierungen. Es handelte sich dabei nicht nur um Projekte der Bauwirtschaft, sondern auch um die Schaffung neuer Verkehrskapazitäten. Unter diese Kategorie fiel die Seebrücke von Göhren. Reinhardt hatte die »Deutsche Gesellschaft für Öffentliche Arbeiten« (abgekürzt Oeffa) mit staatlichen Geldern finanziert. Sie vergab Investitionsmittel mit der strengen, vom Rechnungshof überprüften Auflage, es dürfe bei Oeffa-geförderten Projekten von den ausführenden Firmen kein Gewinn erzielt werden. Zunächst drehte sich alles darum, Arbeitsplätze zu erhalten und zügig immer weitere zu schaffen. Diese Rechnung ging tatsächlich auf. Bei Akzeptanz dieser Bestimmungen flossen die Investitionsmittel unbürokratisch und rasch.

Hans Braeunlich ließ es sich nicht nehmen dabei zu sein, als zu Pfingsten 1934 die fertiggestellte neue Seebrücke von Göhren mit dem ersten Rugard-Anlegemanöver eingeweiht wurde. Der Brückenkopf war beflaggt und mit Girlanden behängt, die Freude allerseits groß. Und es stand das Wort im Raum: »Wer zuletzt lacht, der lacht am besten.«

Das Ostseebad Göhren hatte am längsten warten müssen, erhielt nun jedoch die modernste Seebrücke der deutschen Ostseeküste. Man hatte die kurze 126-Meter-Brücke für die Sassnitz-Dampfer mitgenutzt und die neue Brücke in moderner Bauweise davorgesetzt. Dabei verwendete man beim Bau der hölzernen Brücke stählerne Unterzüge, wie man sie bis dahin eigentlich nur beim Bau stählerner Brücken gekannt hatte. Diese Gitterkonstruktionen verhinderten beim winterlichen Eisgang die Torsionen oder Verdrallungen. Tatsächlich verringerte diese Mischkonstruktion Eisschäden praktisch auf Null. Die Kapitäne waren von der neuen V-Form des Kopfes begeistert – und es sei vorweggeschickt, daß aus den damit gewonnenen Erfahrungen eine weitere Optimierung möglich wurde: Im Frühjahr 1938 komplettierte man den Göhrener Brückenkopf zum Triangel, indem man die beiden seeseitigen Kopfenden durch einen Quersteg verband. Auf diese Weise verloren auch die zwar seltenen, aber durch Regenböen nicht ungefährlichen Winde aus südlichen Richtungen den Schrecken. Man legte auch am Quersteg stets in einer Lee-Lage an. Und es wurde nachher der Frigga die Ehre zuteil, erstmals an der Nordkante dieser Seebrücke festmachen zu dürfen.

Die Fahrtsaison 1934 zeigte erstmals wieder stärkeren Anstieg der Fahrgastziffern und Einnahmen. Diese Tendenz setzte sich 1935 um so erfreulicher fort. Es zeichnete sich ab, daß die Weltwirtschaftskrise überwunden und zugleich die

Bekämpfung der Arbeitslosigkeit weitgehend geglückt war. Immer mehr Kurgäste reisten an, die z.B. als Werkmeister oder Ingenieure für Schiff- oder Maschinenbau nicht mehr um ihre Weiterbeschäftigung zu bangen brauchten. Sie konnten unbesorgt in den Urlaub fahren. Und es ergab sich das Phänomen, daß die (aus der Reichsmarine der Weimarer Republik hervorgegangene) Kriegsmarine Probleme bekam, ihr nach Abschluß des Deutsch-Britischen Flottenabkommens im Juni 1935 zugestandenes Flottenbauprogramm von zwei Schlachtschiffen, zwei schweren Kreuzern, sechzehn Zerstörern und achtundzwanzig U-Booten bei den Werften ordern zu können. Diese lagen nämlich schon im Juli mit 55 Neubauten von Handelsschiffen wieder an 2. Stelle der Welt, bei weiteren neun Tankschiffen im Tankschiffbau sogar an erster. Der deutsche Exportschiffbau hatte gewaltig angezogen, obwohl Deutschland unter chronischem Devisenmangel litt. Er machte sogar den Ankauf von Edelmetallen problematisch, so daß der Außenhandel mehr und mehr auf Kompensationsgeschäfte angewiesen war: Lokomotiven gegen Weizen, Baumwolle und Jute, landwirtschaftliche Maschinen gegen Ölfrüchte und Kakao. Manche Dinge waren höchst kurios: Weil die Deutschen keine Devisen mehr für den Ankauf von Tabak z.B. aus dem damaligen Niederländisch-Indien mehr verfügbar hatten, konnten die Tabakpflanzer auf Sumatra und Java ihre Ernte nicht mehr im gewohnten Umfang loswerden, während die deutschen Tabak- und Zigarrenfabrikanten absehen konnten, wann sie Personal entlassen mußten. Folglich waren beide Seiten an einer Übereinkunft interessiert: Die niederländischen »Mijnheers« mußten nur jemanden finden, der einen Schiffbauauftrag nach Deutschland vergeben konnte! Und so wurde das als Beispiel »Zigarrenschiff« in die Werftgeschichte eingegangene kombinierte Fracht- und Fahrgastschiff BOISSEVAIN von deutschen Zigarrenfirmen bezahlt, die für die entsprechenden Reichsmarkaufträge niederländisch-indischen Tabak erhielten. Auf ähnliche Weise wurde das kombinierte Tank- und Fahrgastschiff – auch so etwas gab es – SAN JORGE von Argentinien mit der Lieferung von Mais und Rinderhäuten bezahlt. Diese beiden Beispiele mögen erklären, wieso sich Autarkie und Außenhandel doch miteinander vertrugen. Bei Licht betrachtet bedeutete das Ganze eine Art Rückkehr zum Tauschhandel.

Die Betreiber der Braeunlich-Dampfer interessierte ausschließlich der Wiederanstieg der Fahrgastziffern. Er ging mit der Abnahme der Erwerbslosigkeit Schritt für Schritt einher. Beispielsweise lagen Ende Dezember 1935 nur noch 38 deutsche Seeschiffe auf, was 3,3 Prozent der Gesamttonnage entsprach.

Die sogenannte NS-Gemeinschaft »Kraft durch Freude der Deutschen Arbeitsfront« hatte ein eigenes »Amt für Reisen, Wandern und Urlaub«. Es veranstaltete »Reichskongresse für Freizeit und Erholung«. Man charterte oder kaufte Übersee-Fahrgastschiffe, um sie für äußerst preiswerte Kreuzfahrten einzusetzen. Man pumpte sie bis zur Ausbuchung mit Arbeitern und kleinen Angestellten voll, die sich anders nie eine solche Seereise hätten leisten können. Voraussetzung für die Teilnahme war die Mitgliedschaft in der »Deutschen Arbeitsfront« (DAF). Die Reederei Braeunlich profitierte davon, daß die DAF ab April 1934 erstmals neben den See-Erho-

Am Bornholm-Anleger des Sassnitzer Hafens liegt die Rugard zur Fahrt nach Rönne/Bornholm und Kopenhagen bereit. Davor liegt der fahrplanmäßige Dampfer der Sassnitz-Linie.

lungsreisen auch Wochenend-Seereisen ins Programm aufnahm und Gästegruppen einbuchte. Es kam auch zu Einzelcharterungen der Frigga.

Die Fahrten nach Bornholm und Kopenhagen konnten wieder verstärkt aufgenommen werden, nachdem ein neues Gesetz einheitlich festgelegt hatte, daß jedem Fahrgast pro Tag Devisen im Umtausch-Gegenwert von zehn Mark zustanden. Nahm man also die Mahlzeiten weitmöglich »auf deutschem Boden«, im Bordrestaurant der Braeunlich-Dampfer, ein, dann reichte dieser Betrag durchaus für Nahverkehrs-Fahrgelder, Museums- und »Tivoli«-Eintrittspreise sowie für ein paar Leckereien aus. Man konnte auf eigene Faust Kopenhagen oder Bornholm erkunden, aber auch im Rahmen von ausgeschriebenen Rundfahrten, die auf besondere Weise – gegen Rundfahrten dänischer Touristen in Deutschland – verrechnet wurden.

Obwohl Braeunlich mit der Preussen kein unternehmerisches Risiko trug, freute man sich über die Nachfrage-Steigerung beim »Seedienst Ostpreußen«. Dabei half mit, daß man schon 1933 die Route nach Westen ausgeweitet hatte: Die Schiffe liefen Lübeck-Travemünde und sogar die Seebrücke von Binz an, die Rückfahrpreise wurden bis zu 40 Prozent ermäßigt. Der Preussen war es vergönnt, mit Feierlichkeiten in Travemünde sowie in der Hansestadt Lübeck selbst diese Weststrecke einzuweihen, die bald auch gern als Teilstrecke nach Binz oder Swinemünde benutzt wurde. Man konnte z.B. als Hamburger bedeutend reizvoller und bequemer zu den Seebädern von Rügen, Usedom und Wollin gelangen, wenn man anstelle der Bahn »den Dampfer« nahm.

Aus schiffssicherheitstechnischen Gründen, basierend auf einer neuen internationalen Gesetzgebung, wurde die PREUSSEN (ebenso wie kurz zuvor ihr Schwesterschiff) nach der Sommersaison 1934 bei den Stettiner Oderwerken um 10,2 Meter verlängert. Diese schwierige Arbeit wurde im Schwimmdock bewältigt.

Kapitän Clavier hatte bereits im Sommer 1934 die RUGARD-Kommandobrücke räumen und die Führung der PREUSSEN übernehmen müssen, weil Kapitän Jacobson mit der Bauaufsicht des Seedienst-Neubaues TANNENBERG beauftragt wurde. Dazu war ein ungewöhnlicher Schachzug erforderlich: Der als Turbinenschiff konzipierte, über 5.500 BRT große Neubau wurde der in den »Seedienst Ostpreußen« zurückgekehrten Hapag zur Bereederung übertragen. Sie benötigte jedoch den besterfahrenen Kapitän, der am längsten eins der beiden Seedienst-Motorschiffe gefahren hatte. So wurde Jacobson ebenso an die Hapag ausgeliehen wie seinerzeit Kapitän Delfs an die Preußische Staatsbahn, als es um die Bauaufsicht der Sassnitz-Fährschiffe und die erste Führung der DEUTSCHLAND ging.

Kapitän Clavier führte bis zum Jahre 1938 die PREUSSEN, Jacobson bis Kriegsausbruch die TANNENBERG. Als Gegenleistung sicherte die dem Reichsverkehrsministerium unterstehende Seedienst-Zentrale zu, daß über einem späteren, noch größeren Neubau wieder die Braeunlich-Flagge wehen werde. Später rückte das Ministerium von dieser Zusage wieder ab.

FAHRSTUNDEN:

Aufhebung, Einschränk. u. Verläng. der Fahrten der Fahrpläne I–IV jederz. vorbehalten.

I. STETTIN — RÜGEN

1. TOURFAHRTEN (DD. „Rugard“, „Hertha“, „Odin“, „Frigga“)

Von Stettin nach Fahrpreise (Vorkriegspreise)	Swinemünde	Heringsdorf	Zinnowitz	Rügen
einfach	3.—	4.—	5.—	10.—
Rückfahrkarten	4.50	6.—	7.50	15.—
Sonntags R.	3.—	4.—	—	10.—
Von Swinemünd E.		1.—	2.—	7.—
S.		—	—	7.—
4täg. Ausflugsk.		—	—	12.—
Von Zinnowitz E.				6.—

i.d.Woche		(Siehe Seite 2, I, Nr. 2–4)			i.d.Woche	
D 8^{40}	ab	**Berlin St. B.**		an	18/6–4/9 E 18^{01}	—
10^{31}	an	**Stettin** Hbf.		ab	15^{54}	—
*11^{00}	ab	**Stettin**-Hakenterrasse 3)	Dampfer	an	15^{00}	—
14^{00}	an	**Swinemünde**-Hafen		ab	11^{30}	—
	16^{37}	an Misdroy	Bahnanschluß über Ostswine ab	9^{33}		So 25.6.–20. 8.
D 10^{30}	ab	**Berlin** St. B.		an	D 15^{03}	D 15^{03}
E 13^{46}	an	**Swinemünde** Hbf.		ab	12^{00}	12^{00}
14^{10}	ab	**Swinemünde**-Hafen	Dampfer	an	11^{15}	11^{15}
14^{40}	an	**Heringsdorf**-Brücke		ab	10^{45}	10^{45}
		an Ahlbeck	Motorboot-Anschl. ab			
		an Bansin	in ca. 10 Minuten ab			
14^{50}	ab	**Heringsdorf** 1)-Brücke	Dampfer	an	10^{40}	10^{40}
16^{00}	an	**Zinnowitz**-Brücke		ab	9^{30}	9^{30}
16^{10}	ab	**Zinnowitz**-Brücke		an	9^{20}	9^{20}
17^{45}	an	**Göhren**	ab- u. anbooten	ab	7^{45}	7^{45}
18^{00}	ab	**Göhren**		an	7^{35}	7^{35}
		an Thiessow	Motorschiff- oder Auto-Anschluß			
		an Baabe				
18^{15}	an	**Sellin**-Brücke	Dampfer	ab	7^{15}	7^{15}
18^{25}	ab	**Sellin**-Brücke		an	7^{05}	7^{05}
19^{00}	an	**Binz**-Brücke		ab	6^{40}	6^{40}
19^{10}	ab	**Binz**-Brücke		an	6^{30}	6^{30}
19^{45}	an	**Saßnitz**-Hafen 2)		ab	6^{00}	6^{00}

*) Auch Sonntags 11^{00} von Stettin bis Saßnitz vom 2. 7.–13. 8.

1) In Heringsdorf Bahnanschl. nach u. von Ückeritz, Kölpinsee, Koserow, Zempin, Carlshagen.
2) Ab Saßnitz Ortsbhf. 20^{10} Bahnanschluß nach Bergen und Sagard (an 20^{23}, von wo Postautoverbindung nach Lohme, Glowe, Breege, Altenkirchen, Wiek.
3) Nach Breslau besonders gute Anschlußzüge am Schluß des Ferienverkehrs.

Das Olympia-Jahr 1936

Zwei besondere Ereignisse hatte das Jahr 1936 parat, die ausgeklügelte Dispositionsarbeit verlangten. Das erste davon war die Einweihung des Marine-Ehrenmals in Laboe, das 1927 nach dem Entwurf des Düsseldorfer Architekten Professor Munzer begonnen wurde, finanziert von den Sammelerträgen, die der Deutsche Marinebund mit seinen über ganz Deutschland verstreuten Marinekameradschaften in unermüdlicher Kleinarbeit zusammengebracht hatte. Und da dieses eigenwillige, architektonisch gelungene Bauwerk als neues Wahrzeichen der Kieler Außenförde in allererster Linie das Gedenken an die größte Seeschlacht aller Zeiten – am 31. Mai 1916 vor dem Skagerrak – wahren sollte, war allen Schwierigkeiten und Finanzierungssorgen zum Trotz der Einweihungstermin während der rund zehnjährigen Bauarbeiten kategorisch klar: Es mußte der 31. Mai 1936 sein, zur 20-Jahr-Feier »Skagerrak«.

Inzwischen gab es das Dritte Reich, was 1927 bei der Grundsteinlegung noch niemand wissen konnte. Nun aber war klar, daß Adolf Hitler sich die Chance für einen großen Auftritt nicht entgehen lassen wollte. Er wohnte der Einweihung bei und nahm auch anschließend an Bord der Kriegsmarine-Staatsjacht Aviso Grille die aus Anlaß des Tages veranstaltete Flottenparade in der Kieler Bucht der westlichen Ostsee ab. Erstmals beteiligten sich daran alle drei Panzerschiffe der Deutschland-Klasse unter Führung des neuen Flottenflaggschiffs Admiral Graf Spee sowie der ebenfalls neue Kreuzer Nürnberg. Natürlich wollten zehntausende von überall her angereisten Marinebund-Teilnehmer nicht nur die Einweihung miterleben, sondern möglichst auch die Flottenparade. Aber Begleitschiffe dafür waren äußerst begehrt und im näheren Umfeld von Kiel und Flensburg längst ausgebucht. Was also lag näher, daß gleich das ganze Quartett Rugard, Odin, Hertha und Frigga die aus Stettin und ganz Vorpommern anreisenden Mitglieder der »Blauen Zunft« nach Kiel transportierte und ihnen dort einen »Logenplatz« bei der Flottenparade bot, als schwimmende Zuschauertribüne.

Eine solche Großaktion setzte eine sehr klare, genau durchdachte Disposition und Maßnahmenkette voraus. Der 31. Mai 1936 kollidierte mit der Wiederaufnahme der Fahrten auf der Sassnitz-Linie. Es mußten daher die SwiDAG-Schiffe Berlin und Stettin gechartert und auf die Sassnitz-Linie »umgetopft« werden. Das Ereignis wiederholte sich im August 1936 unter anderen Vorzeichen. Den in Berlin veranstalteten Olympischen Spielen schlossen sich die Olympischen Seglerwettkämpfe in Kiel an. Für die SwiDAG war es ein gutes Geschäft, abermals ihre beiden größten Dampfer auf Sassnitz-Kurs zu setzen, während für die Braeunlich-Flotte ein »Allemannsmanöver« fällig war. Da auch der internationale Olympia-Verkehr enorm anschwoll, dehnte der »Seedienst Ostpreußen« seine Fahrtroute im Westen bis nach Kiel, im Osten bis hinauf nach Helsinki aus.

Diese Ausdehnung war mit dem vorhandenen Schiffspark trotz der dazugekommenen Tannenberg nicht zu schaffen. Auch Odin und Hertha sowie abermals das Hapag-Turbinenschiff Kaiser mußten mit einspringen. Erneut blieb es der Preussen vorbehalten, die erste Fahrt auf der erweiterten Route anzutreten. Am 31. Juli führte dieses Schiff außerdem für finnische Olympiabesucher eine Schnellfahrt von Helsinki direkt nach Kiel durch. Nachher wurden erstmals auch Libau und Reval angelaufen. Der zusätzliche Bedarf an Schiffsraum war horrend. Das beka-

Es war der von Braeunlich bereederten Preussen vorbehalten, die Route des »Seedienstes Ostpreußen« im Westen erst bis Travemünde, dann bis Kiel und im Norden bis hinauf nach Helsinki auszudehnen.

men auch Rugard und Frigga zu spüren, die sich zwischen Stettin und Kiel »die Seele aus dem Leib karrten«. Odin und Hertha taten das auf der altvertrauten Seedienst-Route ebenfalls. Der Seeweg aus Ostpreußen, aus dem Baltikum und aus Finnland zu den Olympischen Spielen in Berlin war via Swinemünde/Stettin ebenso die bestgeeignete Verbindung wie nachher der Seeweg zu den Olympischen Seglerwettkämpfen in Kiel, was auch für die Rückfahrten galt.

Nach der Abschlußfeier in Berlin und Beendigung der Kieler Regatten mußten das gesamte Braeunlich- sowie das Seedienst-Quartett (einschließlich Kaiser) in die Abtransporte der ostpreußischen, baltischen und finnischen Gäste eingeschaltet werden, außerdem sogar die Eisenbahn-Fährschiffe Schwerin (Warnemünde–Gedser) und Preussen (Sassnitz–Trelleborg), so daß zeitweilig gleich zwei Schiffe namens Preussen in der östlichen Ostsee erschienen, was für einige Verwirrung sorgte.

Auch Hunderttausende ausländischer Touristen äußerten Zustimmung zu einem Land, das sich im Olympiasommer 1936 von seiner besten Seite gezeigt hatte. Die bereits vollzogenen Gleichschaltungen und die endgültig etablierte Diktatur wurden unsichtbar retuschiert oder trickreich gelockert. Der Rückkopplungseffekt auf die Deutschen selbst war unverkennbar: Sie empfanden Stolz auf ihr Land, das solche internationale Zustimmung gefunden hatte.

Im Hause des Reeders Hans Braeunlich blickte man so weit auch hinter die Kulissen, daß man die tickende Zeitbombe nicht übersah. Wie überall unter Wirtschaftlern hatte man auch jüdische Geschäftsfreunde und genug internationale Beziehungen, um die Kehrseite der Medaille nicht zu übersehen, den Januskopf des Nationalsozialismus. 1933 entließen alle Staatsdienststellen zunächst nur jüdische Beamte, später auch Arbeiter und Angestellte, aber in der Wirtschaft bestanden weiterhin Freiräume. Unter dem ersten Schock des Jahres 1933 verließen 33.000 Juden das von Hitler regierte Deutschland, in den beiden folgenden Jahren sanken diese Ziffern beträchtlich. Wurde vielleicht doch nicht alles so heiß gegessen, wie es gekocht worden war? Dann aber kamen die »Nürnberger Gesetze« des Jahres 1935, die plötzlich Juden pauschal zur Unperson erklärten und dazu führten, daß sogar große Namen wie Albert Ballin, Albert Einstein, Felix Mendelsohn-Bartholdy und viele andere mehr tabuisiert wurden. Aus der Stettiner Schiffahrt verschwanden Persönlichkeiten wie der im Braeunlich-Aufsichtsrat tätig gewesene Georg Manasse und der Reeder Werner Kunstmann in die Emigration, ebenso die Inhaber-Familie der Druckerei Max Bauchwitz, die seit Jahrzehnten alle Braeunlich-Druckaufträge ausgeführt hatte. Forciert setzte eine neue Auswanderungswelle ein. Den Ausreisewilligen zwang man eine »Reichsfluchtsteuer« von 25 Prozent auf, ihre Wirtschaftsgüter wurden durch Verkauf »arisiert«. Andererseits respektierte man zunächst alle jüdischen Mitbürger, die Teilnehmer des Ersten Weltkrieges waren und vielfach Frontkämpfer-Auszeichnungen trugen. Sollte vielleicht doch eine Mäßigung zu erwarten sein, gerade angesichts der erreichten außenpolitischen Erfolge Hitlers?

Auch mein Vater Hans Braeunlich wurde, wie viele andere Deutsche, zwischen Bedenken oder gar Ablehnung und Bewunderung hin- und hergerissen. Unstrittig waren die erreichten sozialen Erfolge: 1935 hatte sich die Zahl der Erwerbslosen auf 2,7 und im Juli 1936 auf 1,5 Millionen verringert, um im Sommer 1937 auf 350.000 abzusinken. Die Statistik klärte untrüglich, daß die Wiedereinführung der allgemeinen Wehrpflicht (1935) zu dieser Reduzierung nur im Umfang von 15–17 Prozent hatte beitragen können. Die nach Aufhebung der Versailler Beschränkungen durch Legalisierung einer Panzertruppe, Luftwaffe und U-Bootwaffe sichtbar angezogene Aufrüstung hätte, auch nach ausländischem Urteil, eine derartige Masse von Arbeitslosen niemals aufsaugen können. Datenmaterial wies den eindeutig stärksten Anstieg im Straßen-, Kanal-, Wohnungs- und Siedlungsbau sowie bei der Textil- und Automobilindustrie aus. Die Steuerbefreiung für alle Arbeiten öffentlichen Interesses hatte sich ausgewirkt. Die beschleunigte oder überhaupt erst möglich gewordene Fertigstellung oder Inangriffnahme von wichtigen Projekten wie Schiffshebewerk Niederfinow (1934), Bau des Rügendammes (Fertigstellung 1936/1937), Bau des Küstenkanals zwischen Weser und Ems (Fertigstellung 1938), Vollendung des Mittellandkanals samt Schiffshebewerk Rothensee (1938), die Kanalanbindung Ober-

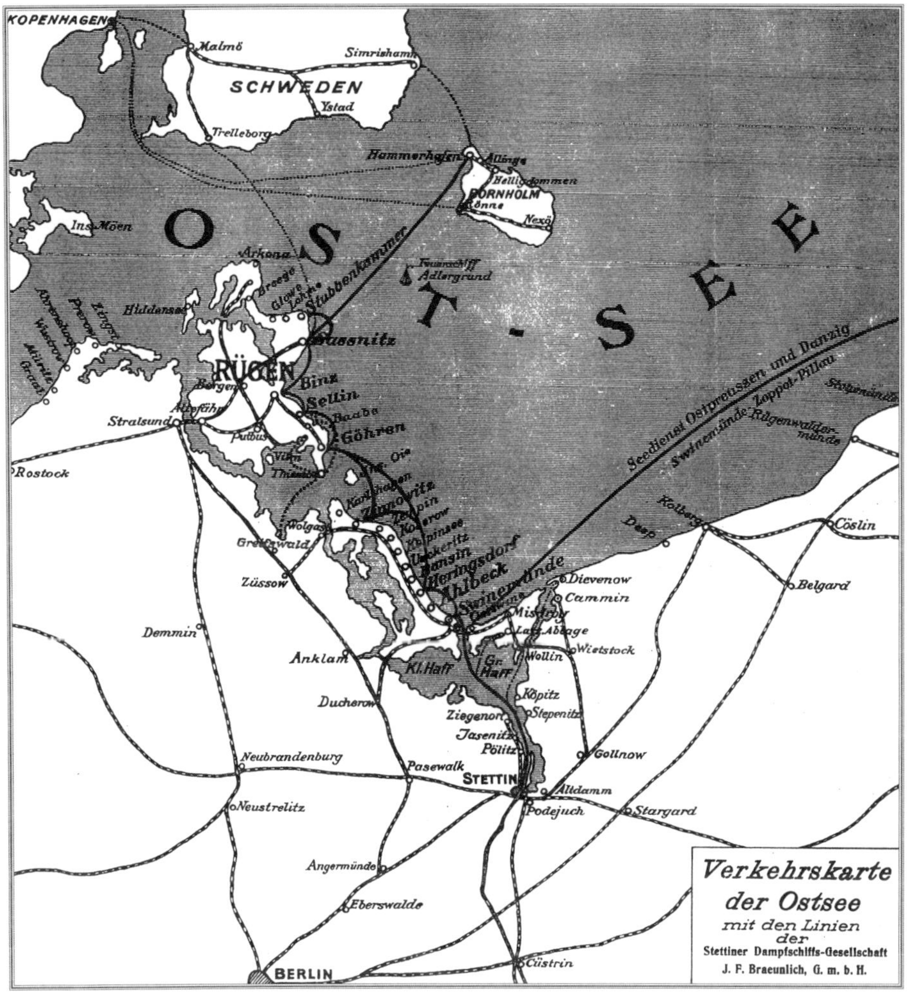

schlesiens an die Oderschiffahrt (1937), der Bau des Elster-Saale-Kanals von Halle nach Leipzig (1939 fast vollendet), die beschleunigte weitere Stauregulierung der Flüsse Neckar und Main, im zweitgenannten Fall zur Schaffung einer Rhein-Main-Donau Schiffahrtsstraße, trugen ebenso wie der Bau neuer Häfen in Braunschweig und Würzburg zur Verbesserung der Infrastruktur und Standortverbesserung der Wirtschaft bei, abgesehen vom Netz der völlig neuartigen Autobahnen, von der Neulandgewinnung und anderem.

Auch in meinem Elternhaus hatte man anfangs die »Deutsche Arbeitsfront« als eine Art Papiertiger betrachtet, der das Verbot der Gewerkschaften hatte schmackhaft machen sollen. Die in die Illegalität abgedrängte linkssozialistische Propaganda stellte die DAF als eine Art »Schulterschluß mit der Reaktion«, als Kotau vor dem Kapitalismus dar, der den Widerstand der Unternehmer gegen den Nationalsozialismus brechen sollte. Aber man kam aus der Verwunderung nicht heraus: Ganz im Gegenteil zwang die DAF den Arbeitgebern eine Reihe von Maßnahmen auf, die eindeutig die Lebensbedingungen der Arbeiter und Angestellten verbesserten. Mit Parolen wie »Schönheit der Arbeit« verbanden sich nicht nur Propagandathesen, sondern ein Wettstreit um verbesserte Sozialeinrichtungen in den Betrieben, dessen Sieger mit der »Goldenen Fahne« ausgezeichnet wurden. Die Hygiene in den Fabriken wurde verbessert, man richtete Kantinen und Sportplätze ein. Bezahlter Urlaub, Bezahlung von Feiertagszuschlägen und Verbesserung der Mannschaftsunterkünfte auf den Handelsschiffen anstelle der vorher üblich gewesenen Massenlogis waren sichtbare Fortschritte. Der Klassenkampf verlor an Interesse. Und ich erinnere mich sehr wohl, daß mein Vater wenig später im Familienkreise äußerte, man habe wohl die Reederschaft ganz schön über den Tisch gezogen: Der Achtstundentag wurde für die gesamte Seeschiffahrt bindend vorgeschrieben. Da für alle über diese Zeit hinausgehenden Leistungen Überstunden gezahlt werden mußten, wurden die betriebswirtschaftlichen Kosten auf der für Tagesfahrten zugeschnittenen Sassnitz-Linie wesentlich höher. Sie glichen sich nur durch den immer weiter ansteigenden Urlauberverkehr zu den Ostseebädern wieder aus.

Ich verhehle nicht, daß die gleich zu Anfang des zweiten Vierjahresplans verabschiedete neue »Ausbildungsverordnung für Seeleute« von den Reedereien lebhaft begrüßt wurde.

Der Beruf des Seemanns wurde ein Lehrberuf mit ordentlichem Lehrvertrag samt Berufsschulbesuch und Abschlußprüfung. Der Matrosenbrief war damit dem Gesellenbrief eines Facharbeiters gleichzusetzen. Das wertete den Seemannsberuf beträchtlich auf und sicherte auch bei den Nachwuchskräften erkennbar immer mehr fachliche Qualität.

Kapitän Johannes Gaeth hatte FREIA, RUGARD und ODIN geführt, ehe er als Nachfolger von Kapitän Beyreis zum Flottenkapitän der IHK-Eisbrecher und zum Nautischen Inspektor »von Braeunlich« aufrückte. Er mußte mit vielen damaligen Neuordnungen fertigwerden.

Trügerische heile Welt

Im Januar 1937 wurde Wolfgang Weber, der zwei Jahre zuvor in die Firma eingetreten war, neben Hans Braeunlich zum zweiten hauptamtlichen Geschäftsführer bestellt. Er trat an die Stelle des Nestors Dr.h.c. Franz Gribel, der sich als 86jähriger keineswegs in den wohlverdienten Ruhestand zurückzog, sondern sich noch mehrmals in der Woche durch seinen Kutscher vom Wohnsitz Polchow durch die Stadt zu seinem Schreibtisch im Gribel-Kontorhaus fahren ließ, um nach dem Rechten zu sehen und auch seine vielen Ehrenämter ausüben zu können.

Die beiden Geschäftsführer Braeunlich und Weber staunten nicht schlecht, als sich kurz nach Saison-Eröffnung der Sassnitz-Linie im Sommer 1937 zwei Stabsoffiziere der Kriegsmarine bei ihnen meldeten. Sie brachten ein Anliegen vor, das bereits Gesagtes unterstrich: Die deutsche Werftindustrie war derart mit Bauaufträgen für Handelsschiffe deutscher und ausländischer Auftraggeber eingedeckt, daß die Marine zum Bittsteller werden mußte, um die vom deutsch-britischen Flottenabkommen von 1935 konzessionierten Neubauten »unterzubringen«. Die genehmigten 26 Unterseeboote konnten mit einiger Mühe geordert werden, die dazugehörigen Mutterschiffe jedoch nicht. Es war ein Unding, mit dem einzigen vorhandenen Unterseebootbegleitschiff oder Tender SAAR einen solchen Zuwachs an neuen Booten (zu den bereits vorhandenen 16 Booten) zu verkraften. Die neu aufzustellenden Unterseebootsflottillen mußten über weitere Mutterschiffe verfügen können, die als »Mädchen für alles« dienten, zugleich als fahrende Zielschiffe für die einzuübenden U-Boot-Kommandanten, die ihre ohne Sprengladung abgefeuerten, mit Übungsköpfen versehenen Torpedos richtig ins Ziel bringen mußten. Es galt als »Treffer«, wenn der tief genug eingestellte »Aal« mit seiner sichtbaren Blasenbahn direkt unter dem Zielschiff durchlief, das man dann trotz der gesteuerten Ausweichbewegung »erwischt« hatte. Nach harter Tagesarbeit dienten die Mutterschiffe dann als Freizeit- und Wohnstätte der in die allzu engen »Stahlröhren« ihrer Boote eingepferchten U-Boot-Besatzungen, als schwimmende Werkstätte, Torpedoklarmachraum, Funkvermittler, schwimmendes Krankenrevier und so weiter.

Die beiden Marineoffiziere gaben freimütig zu verstehen, daß ein drückender Engpaß entstanden sei. Man habe zwar ausgereifte neue Begleitschiffe, größer und moderner als die SAAR, konstruiert. Aber niemand wollte und konnte sie schon 1937 bauen. Man griff zu einem Notbehelf, indem man zwei ältere Frachtdampfer und drei Fruchtkühlschiffe ankaufte, um sie nach Umrüstung als behelfsmäßige Tender in Dienst zu stellen. Auch das sei nur ein Tropfen auf den heißen Stein. Die beiden Erstlinge wurden im Frühjahr 1937 unter den neuen Namen DONAU und WEICHSEL in Fahrt gebracht. Die beiden nächsten Behelfstender ISAR und LECH würden jedoch erst im Spätsommer 1938 und die ERWIN WASSNER gar erst Anfang 1939 hinzukommen können. Bis dahin sei man auf Fahrgastschiffe angewiesen, die als Ziel- und Wohnschiffe fungieren könnten, während man besonderen Tropedoklarmachschiffen die technischen Wartungen übertragen müsse.

Die Kriegsmarine bot nun einen Chartervertrag für mindestens einen Braeunlich-Dampfer. Am meisten liebäugelte man natürlich mit der RUGARD. Aber da winkte die Braeunlich-Geschäftsleitung entschieden ab. Man verständigte sich auf einen Kompromiß: Nach der Sommerfahrzeit 1937 wollte man die HERTHA im September »übungsmäßig« als Tender einer aus zivilen Hilfsschiffen zusammengestellten Hafenschutzflottille an die »Graue Dampfercompagnie« verchartern, wie man die Kriegsmarine im Jargon der Seeleute zu nennen pflegte. Und so geschah es auch, man konnte die HERTHA bei dieser Übung auf Eignung für den gedachten Zweck testen.

Man befand die HERTHA als brauchbar. Sie fungierte nachher vom 21. Juni bis zum 21. Dezember 1938 als Ziel- und Beischiff, als Behelfstender für die neu aufgestellte 7. Unterseebootsflottille »Wegener« in Kiel. Man wunderte sich auf Usedom und Rügen, warum in der Sommersaison 1938 die Sassnitz-Linie von RUGARD und ODIN gemeinsam betrieben wurde und die Kopenhagen- und Bornholm-Fahrten allein der FRIGGA übertragen wurden, die Tagesausflüge von Reisegruppen dem dann in Charter genommenen SwiDAG-Dampfer BERLIN. Und es wurde natürlich über den Verbleib der HERTHA so einiges gemunkelt.

Um so weniger fiel es nachher auf, daß nach Saisonende 1938 auch die ODIN für den gesamten Winter in Charter der Kriegsmarine genommen wurde. Sie wurde der im Oktober 1938 aufgestellten 6. Unterseebootsflottille »Hundius« als Ziel- und Beischiff übergeben. Sie erfüllte dieselben Aufgaben wir ihr Schwesterschiff HERTHA.

Der 1886 in Berlin verstorbene Historiker Professor Leopold von Ranke gehörte zu den Mitbegründern der historisch-kritischen Methode und objektiven Geschichtsdarstellung. Die Grundforderung dieser Denkschule lautet, daß man alle geschichtlichen Ereignisse vor den tatsächlich gegebenen Hintergründen zu wertender Zeitabschnitte zu erfassen habe, nicht mit pauschalisierenden Verdammungen und vorgefaßten Meinungen.

Das deutsche Volk und auch die britische Öffentlichkeit sahen in der Wiederaufrüstung Deutschlands eine Rückkehr zur Normalität und Souveränität. Die von Versailles erzwungene militärische Ohnmacht dieser besiegten Nation wurde in keiner Form von einer Abrüstung der anderen Militärmächte begleitet. Die Überwindung der Demütigungen von Versailles wurde von den Briten mit dem Flottenvertrag honoriert. Bei Wahrung seiner damals weltweiten Vormachtstellung erkannte Großbritannien an, daß sich eine Gleichberechtigung der Deutschen nicht länger unterbinden ließe und sogar gegenüber einer Hegemonie der Franzosen auf dem europäischen Festland eine Art Gegengewicht darstelle könne, im Sinne der »Balance of Power«. Und da Hitler als einfacher Gefreiter das Grauen des Krieges in den Schützengräben der Westfront bis zur schweren Verwundung durch Gelbkreuzgas am eigenen Leibe erfahren hatte, glaubte man seinen immer wieder vorgebrachten Friedensbeteuerungen. Er formulierte sie so, daß sich die Wehrmacht tatsächlich als Hüterin des Friedens verstand. Die Rechnung schien auch aufzugehen: Das Ausland nahm den Einmarsch der deutschen Truppen in die vertragsgemäß entmilitarisierten Zonen des Rheinlands ebenso hin wie den Anschluß Österreichs, der zum »Blumenfeldzug« geriet und begeistert bejubelt wurde. Um das auch gleich vorauszuschicken: Das Münchener Abkommen vom September 1938, gemeinsam unterzeichnet vom britischen Premierminister Sir Neville Chamberlain, vom französischen Ministerpräsidenten Edouard Daladier, von Italiens Staatschef Benito Mussolini und von Adolf Hitler, bewirkte die von einem Schiedsspruch des Lords Runciman empfohlenen Anerkennung des Selbstbestimmungsrechts der drei Millionen Sudentendeutschen und erlegte der Tschechoslowakei auf, die deutsch besiedelten Randgebiete in der ersten Oktoberdekade zu räumen und damit das Sudetenland als vorheriges Spannungsgebiet an Deutschland abzutreten.

In Deutschlands Kirchen und Konzertsälen erhoben sich die Menschen und sangen tief bewegt »Nun danket alle Gott«.

Abermals erschien der zur Kultfigur erhobene Führer und Reichskanzler als eine Art Friedensfürst. Er mußte tatsächlich mit der immer wieder beschworenen Vorsehung verbunden sein, denn Premierminister Chamberlain erklärte bei seiner Rückkehr nach London schon in der Flugzeugtür: »Peace in our time!«

Dann freilich trat etwas ein, was nicht nur im Hause Braeunlich Abscheu erregte. Nur wenige Wochen nach der friedlichen Vereinnahmung des Sudetenlandes wurde ganz Deutschland in einer einzigen Nacht zum Tollhaus. Sie ging als »Reichskristallnacht« unrühmlich in die Annalen ein. Der Pöbel hatte plötzlich die Macht übernommen. Beklommen wurde die deutsche Bevölkerung gewahr, daß die Großstädte beim morgendlichen Hellwerden mit verbrannten oder noch brennenden Synagogen, zerschlagenen Fensterscheiben und geplünderten Auslagen jüdischer Geschäfte eher Bürgerkriegsschauplätzen glichen. Irgend jemand hatte eine teuflische Regie geführt, die im In- und Ausland gleichermaßen auf Ablehnung stieß. Auch die Synagoge der Stettiner Jüdischen Gemeinde oberhalb der Grünen Schanze, die der Stettiner Stadtbaurat Kruhl 1873 mit einer Fassade in maurischem Dekor konzipiert hatte, wurde ein Opfer der Flammen.

Die Betroffenheit vieler blieb weitgehend stumm, zumal die Reichsregierung auszustreuen wußte, daß man höheren Ortes diese Exzesse mißbilligte. Aber nun waren die Verwerfungen plötzlich so aufgehellt, als habe der Blitz eine nächtliche Landschaft schlagartig sichtbar gemacht. Und wer internationale Beziehungen hatte, ahnte sehr bald auch, was die unerwartete Besetzung der restlichen Tschechoslowakei und des von Litauen vereinnahmten Memelgebietes im Frühjahr 1939 anrichteten: Sie bedeuteten den Bruch eines von Hitler gegebenen Versprechens, nach der Münchener Konferenz keine weiteren Territorialansprüche mehr stellen zu wollen. Doch nun war der Draht durchgeschnitten.

Natürlich empfing die Bevölkerung von Memel die deutschen Kriegsschiffe und Heerestruppen mit frenetischem Jubel, denn für sie war eine Periode der Fremdherrschaft zu Ende.

Man wurde ratlos, wenn man die Medaille von beiden Seiten zu betrachten wußte. Andere Anzeichen waren so positiv, daß man geneigt war, daraus immer noch Hoffnung zu schöpfen: Die Hapag hatte den ersten Ozeanriesen eines Trios von neuen Turbo-Elektroschiffen von 41.000 BRT Größe in Auftrag gegeben, die ab 1940 auf der Route Hamburg–New York die vormaligen Kombischiffe der ALBERT-BALLIN-Klasse ersetzen sollte. In Hamburg-Finkenwerder entstand eine Serie von sechsmotorigen Großflugbooten, die ab 1940 den Nordatlantik nonstop auf der Route Berlin–Hamburg–New York überqueren sollten, mit Schlafkabinen und Bordrestaurant ausgestattet. Bei den Stettiner Oderwerken entstand das neue Flaggschiff des »Seedienstes Ostpreußen«, für das der Namen MARIENBURG vorgesehen war. Das Schiff sollte ursprünglich von Braeunlich bereedert werden. Dieses sogar eisbrechende Turbo-Elektroschiff sollte mit 6.200 BRT vermessen werden, ganzjährig die bis nach Finnland verlängerte Seedienstroute bedienen und rechtzeitig zur Eröffnung der XII. Olympischen Spiele am 20. Juli 1940 in Helsinki im Liniendienst eingefahren sein.

Auf Rügen wuchs die erste von zwei Großanlagen der Fertigstellung entgegen, die jeweils 20.000 Urlaubern einen preiswerten Urlaub an der Ostsee ermöglichen sollte. Es handelte sich um das KdF-Bad Prora bei Binz, das auch eine große kaiartige Seebrücke erhalten sollte. Es hatten Verhandlungen mit der »Stettiner Dampfschiffs-Gesellschaft J.F. Braeunlich« stattgefunden, wie weit die Sassnitz-Linie in den Zubringerverkehr der neuen Einrichtung eingeschaltet werden könne oder ob ein solcher Dienst mindestens einen weiteren Neubau erforderlich machen werde.

So überwogen Optimismus und Friedenshoffnung doch wieder. Sogar die polnische Teilmobilmachung vom März 1939 wurde als Drohgebährde und eine gesteuerte »Mache« empfunden. Es konnte doch niemand so wahnsinnig sein, nach all

Die längst modernisierte, mit verglaster Aussichtsplattform versehene BERLIN behielt die vertrauten Schornsteinfarben der SwiDAG weiterhin bei, nachdem sie endgültig in Braeunlich-Besitz übergegangen war – wie die SwiDAG selbst.

dem von 1914 bis 1918 und erst recht danach Durchlittenen diesen schönen Erdteil Europa abermals in den Strudel eines Krieges hineinzuziehen. Wer sollte so etwas tun wollen ... Cui bono?

Man wurde nicht gewahr, daß Hitler im Ausland jeden Kredit verloren hatte, daß die Stimmung abrupt umgeschlagen und der Draht sozusagen durchgeschnitten war. Man wiegte sich in den Illusionen eines weiterhin andauernden Friedens. Und so schien im Sommer 1939 die Welt immer noch in Ordnung zu sein, zumal RUGARD, ODIN, HERTHA und FRIGGA wie gewohnt wieder vollzählig in ihr sommerliches Fahrtgebiet zurückgekehrt waren.

Im Sommer 1939 wurde das Vermögen der SwiDAG vollständig durch die »Stettiner Dampfschiffs-Gesellschaft J.F. Braeunlich« übernommen und die Firma im Handelsregister gelöscht. Die Schiffe gingen damit in den alleinigen Besitz des Braeunlich-Unternehmens über. Die SwiDAG-Dampfer BERLIN, STETTIN und SWINEMÜNDE führten fortan die Braeunlich-Reedereiflagge, aber sie behielten ihre längst traditionellen, besonders den Swinemündern wohlvertrauten Schornsteinfarben bei. Es war ein Schachzug, der mit Sympathie honoriert wurde.

Sieht man von der nur bereederten PREUSSEN ab, dann bestand die Flotte der im Braeunlich-Eigentum befindlichen Schiffe aus RUGARD, ODIN, HERTHA, FRIGGA, BERLIN, STETTIN und SWINEMÜNDE. Damit war das vom Volksmund sogenannte »Weiße Siebengestirn« komplett.

Es war gespenstischerweise wie im Sommer 1914, die Dinge wiederholten sich: Der auch wettermäßig heitere Sommer 1939 wurde für die Sassnitz-Linie wie für den »Seedienst Ostpreußen« gleichermaßen zum erfolgreichsten Geschäftsjahr seit 1933. Die Ostseebäder waren ausgebucht. Fröhliche Menschen genossen ihren Urlaub, ihre Ferien. Es war eine vermeintlich heile Welt. Man konnte im Ostseebad Göhren die Uhr danach stellen: Wenn bei der Greifswalder Oie die weiße, von einer Rauchwolke begleitete Silhouette des Braeunlich-Dampfers erschien, dann war er abermals punkt 17.45 Uhr an der Göhrener Seebrücke. Und wenn der verlängerte Fünf-Uhr-Tee im Brückenkopf-Restaurant der Seebrücke von Binz den Höhepunkt erreichte mit den Tänzen zu den neuesten Schlagern der Saison – dazu gehörten die »Ohrwürmer« von Rosita Serrano, Johannes Heesters, Hans Albers, Marika Rökk, dazu gehörten »Good bye, Jonny« ebenso wie »Bel ami« oder »Rosamunde«, dann war das täglich wiederkehrende Ereignis wieder nahe: Jeden Augenblick mußte der Braeunlich-Dampfer voller glücklicher, erwartungsfroher Badegäste um das Binzer Höft – als Granitzer Ort in den Seekarten verzeichnet – herumkommen. Lachende, winkende Menschen auf der Seebrücke und auf den Dampferdecks bestimmten die Szenerie – nicht anders als 1910, 1927 oder 1937.

Längst hatte das Spitzenschiff RUGARD mit seiner größeren Kapazität den Pendeldienst auf der Sassnitz-Linie ständig übernommen, abwechselnd von ODIN oder HERTHA ergänzt, während sich das andere Schwesterschiff gemeinsam mit der FRIGGA die Sonderfahrten nach Bornholm und Kopenhagen teilten. Und nach wie vor veranstaltete einer der Braeunlich-Dampfer die längst zum Repertoire gewordenen »Fahrten in See mit Tanz« oder die unvergeßlichen Abendfahrten.

Mit seiner Lichterkette über die Toppen und dem angestrahlten gelb-schwarzen Braeunlich-Schornstein bot der jeweils dafür eingeteilte Dampfer eine prächtige Szenerie. Eine schmissige Kapelle sorgte für Stimmung, die Restaurant-Pächter für gepflegten Barbetrieb, die weiß uniformierten wachfreien Offiziere mischten sich als Tänzer unter das Publikum.

Die Reederei hatte mit solchen Fahrten schon 1910 einen Volltreffer erzielt. Es hatte damit begonnen, daß man regelmäßig von Sassnitz aus vor die Kreidefelsen bei Stubbenkammer fuhr und sie dann mit dem starken Eisscheinwerfer von Odin oder Hertha anstrahlte – es war die schönste Illumination, die an einer Küste Deutschlands denkbar war.

Sommerträume auf Rügen und Usedom, immer wiederkehrendes Glücksgefühl – für viele tausend Menschen der Erlebnisgeneration eine bleibende, nachleuchtende Erinnerung.

Am 3. August 1939 setzten die an den Seebrücken von Rügen und Usedom liegenden, zur Besichtigung freigegebenen Schiffe der Kriegsmarine die Flagge der Kaiserlichen Marine im Vortopp. Dieser Vorgang war sonst nur am 31. Mai aller Jahre üblich, um an die Seeschlacht vor dem Skagerrak zu erinnern.

Diesmal hatte der Flaggenschmuck einen besonderen, ernsten Grund. Er sollte daran erinnern, daß an diesem Tag vor 25 Jahren der Weltkrieg 1914–1918 ausgebrochen war. Das Gros der an Bord drängenden, interessierten Badegäste war erfüllt von Dankbarkeit dafür, daß eine Wiederholung der Vorgänge von 1914 wenig wahrscheinlich sei und daß der Frieden in Europa weiterhin gesichert schien …

Niemand ahnte zu diesem Zeitpunkt, daß die unter Braeunlich-Beteiligung für Rud. Chr. Gribel in die Baltikum-Finnland-Fahrt gebrachte Rügen wenig später zum Lazarettschiff werden sollte, das 1940/1941 als Rettungsschiff deutschen Geleitzügen durchs Kattegat und Skagerrak folgen mußte.

»Lichter aus« in Europa

Um so schlimmer, wie Bomben, schlugen die Ereignisse ein, die in den letzten Augusttagen des Sommers 1939 die Friedens-Illusion immer deutlicher zunichte machten.

Die deutsche Seeschiffahrt war es, die als erste Zielgruppe außerhalb der militärischen Verbände massiv auf die drohende Kriegsgefahr hingewiesen wurde. Über Norddeich Radio gingen die Warntelegramme rings um den Erdball, die unter dem Code-Wort »QWA« drohende Kriegsgefahr verkündeten. Das erste Funktelegramm mit der Bezeichnung »QWA 7« befahl allen auf Auslandsreise befindlichen Kapitänen deutscher Überseeschiffe das sofortige Öffnen des in ihrem Panzerschrank liegenden versiegelten Umschlags, der einen Geheimbefehl für die fortan zu ergreifenden Maßnahmen enthielt. Er traf bereits am 24. August 1939 in den Funkstationen der Schiffe ein.

Die unter Braeunlich-Flagge laufenden Einheiten benötigten derartige Geheimbefehle nicht, denn sie befanden sich weitgehend in heimatlichen oder zumindest nähergelegenen Gewässern. Sie waren über kürzere Informationsstränge erreichbar. So erschien am 28. August 1939 der deutsche Gesandte in Finnland persönlich an Bord der unter Führung von Kapitän Hartz fahrplanmäßig in Helsinki eingelaufenen PREUSSEN, um den sofortigen Antritt der Heimreise wegen drohender Kriegsgefahr anzuordnen.

Kurt Gerdau sagte darüber aus: »Als das Schiff Pillau erreichte, war der Hafen von Kriegsschiffen überfüllt, so daß nur noch mit dem Bug festgemacht werden konnte. Die wenigen Fahrgäste mußten über eine Gerüstleiter an Bord klettern. Die Rückfahrt nach Swinemünde erfolgte entlang der schwedischen Küste.

Gemeinsam mit dem (bereits am 27. August aus der Fahrt gezogenen und an die Marine übergebenen) Minenleger HANSESTADT DANZIG verließ die (für denselben Zweck vorgesehene) PREUSSEN am 31. August kurz vor Mitternacht Swinemünde, und beide Fahrzeuge liefen nach Kiel.«

Die HANSESTADT DANZIG erhielt umgehend 185 sog. EMD-Minen (Elektrominen mit Distanzzünder) vom Sperrzeugamt, denn schon drei Stunden später traf der Funkspruch vom Beginn der Feindseligkeit mit Polen ein. Die PREUSSEN mußte in aller Eile erst noch personell umbesetzt und grau angestrichen werden. Die Braeunlich-Friedensbesatzung blieb – mit Ausnahme des Bedienungspersonals – an Bord und wurde dienstverpflichtet und in Marinesoldaten verwandelt. Wie schon 1914 behielt man den Friedenskapitän als Navigationsoffizier an Bord, ähnliches galt für alle anderen Nautiker und Ingenieure.

Die Hast bei der Indienststellung der Seedienst-Schiffe als Minenleger deutete darauf hin, daß die Kriegsmarine vom Ausbruch des Konfliktes überrascht wurde.

Tatsächlich hatte noch am 22. August Hitler in Swinemünde an Bord des Avisos GRILLE vor höheren Marineoffizieren wörtlich erklärt, man möge die Nerven behalten – es gäbe keinen Krieg, denn der würde das »finis Germaniae«, das Ende Deutschlands bedeuten!

Die Minenleger fuhren zunächst noch unbewaffnet in den Einsatz. Erst nachträglich erhielt auch die PREUSSEN zwei 8,8-cm-Geschütze, zwei 3,7- cm-Doppellafetten und anfangs zwei, später sechs 2-cm-Maschinenkanonen als Flugabwehrgeschütze an Bord, desgleichen Wasserbomben zur Abwehr von Unterseebooten und Nebelgefäße zum Selbsteinnebeln.

Da man modernere Motor- und Turbinenschiffe zur Verfügung hatte, blieb den nach wie vor kohlegefeuerten Dampfern ODIN und HERTHA – wie übrigens auch der längst zur Gribel-Flotte gehörenden RÜGEN – ein abermaliger Einsatz als Minenleger erspart. Das freilich bedeutete nicht, daß die Kriegsmarine auf sie verzichten konnte. Sie mußte sozusagen alles zusammenkratzen, was an seetüchtiger Tonnage vorhanden war.

ODIN »marschierte« als erstes von der Mobilmachung erfaßtes Braeunlich-Schiff ab. Es fand sich gleich am 1. September 1939 bei der Unterseebootsschule Neustadt/Holstein ein, um seine inzwischen eingeübte Funktion als Ziel- und Beischiff bzw. Sicherungsschiff dort zu übernehmen. Und später traf ODIN dort mit der FRIGGA zusammen. Diese hatte man ursprünglich als »Kleines Lazarettschiff« vorgesehen, der Umbauentwurf für diesen etwaigen Mobilmachungszweck wurde bereits im Juli 1938 angefertigt. Bei dem für die Kriegsmarine so überraschenden Kriegsausbruch konnte der auf fünf Tage befristete Umbau beim besten Willen nicht durchgeführt werden. Auch wurde plötzlich als Manko empfunden, daß sich auf der FRIGGA aus Raumgründen anstatt der geforderten 80 nur 56 Patientenbetten unterbringen ließen. Man verzichtete auf den Umbau, der übrigens zunächst auch für die BERLIN vorgesehen war – aber die hätte sogar nur die Aufstellung von 47 Betten ermöglicht. Man entschied sich daraufhin für den rascheren Umbau kleinerer Frachter, deren Laderäume mehr Platz für den Einbau von Kranken- und Operationssälen boten. FRIGGA wurde statt dessen ab Dezember 1939 als Tender der 1. Unterseebootsschulflottille in Neustadt eingesetzt und 1941 von der ebenfalls dort stationierten 21. U-Flottille übernommen. Ende Oktober 1943 ging die FRIGGA zum Umbau in die Werft und wurde ab Januar 1944 als Navigationsschulschiff ZENITH für die Navigationsschule Gotenhafen eingesetzt.

Vor der Einberufung zur Kriegsmarine hatte man die FRIGGA zeitweilig, zusammen mit der BERLIN und der HERTHA, für den »Seedienst Ostpreußen« abgestellt, dessen sämtliche Schiffe zu Minenlegern umfunktioniert worden waren. Aber bald setzte man anstelle von FRIGGA und HERTHA die für diesen Zweck umgerüsteten Fruchtschiffe OROTAVA, BRAKE und ROBERT MÖHRING beim »Seedienst Ostpreußen« ein.

HERTHA erhielt danach am 5. Oktober 1939 den Gestellungsbefehl als Ziel- und Wohnschiff der 25. U-Flottille in Danzig.

Die STETTIN wurde am 22. September 1939 als Entfernungsmeß-Schulschiff für die Schiffsartillerieschule Sassnitz in Dienst gestellt. Sie hatte sicherlich den beschaulichsten, aber auch langweiligsten »Job«, der überhaupt zu vergeben war. Mit zwei großen Sechsmeter-E-Meßgeräten auf dem Achterschiff »dattelte« sie Tag für Tag durch die Prorer Wiek zwischen Sassnitz und Binz, bisweilen auch zum Nordperd von Göhren, um zum aberhundertsten Male die aus den Seekartenpeilungen genau bekannte Entfernung des Turms vom Jagdschloß Granitz, des Kurhauses von Binz oder des Wasserturmes von Göhren korrekt feststellen zu lassen. Diese permanenten Meßübungen gingen völlig lautlos vor sich, so daß man sich beim Ausbildungspersonal durchaus etwas Abwechslung gewünscht hätte. Diese blieb jedoch aus. Und es mutet fast wie ein Wunder an, daß niemals ein gegnerisches Minenlegerflugzeug oder ein tieffliegender Jagdbomber die fast apathisch vor sich hindampfende STETTIN aufs Korn genommen hat. Die einzige, mehr zur moralischen Beruhigung an Bord befindliche 2-cm-Maschinenkanone hätte dann wenig auszurichten vermocht. Sie hatte den bezeichnenden Spitznamen »Mus-Spritze«.

Das Schicksal der RUGARD war so außergewöhnlich, daß es einem späteren Kapitel vorbehalten bleibt. Wohl aber sollte auch die RÜGEN nicht unerwähnt bleiben, obwohl Braeunlich nur an ihr beteiligt und sie kein Eigentum der »Stettiner Dampfschiffs-Gesellschaft« mehr war. Ihre Einsätze auch im Zweiten Weltkrieg waren interessant.

Sie lag bei Kriegsausbruch auf ihrer Bauwerft, den Stettiner Oderwerken, zur Reparatur und traf weisungsgemäß am 16. September im Hamburg zwecks Umrüstung zum »Kleinen Lazarettschiff« bei den Schiffswerkstätten der Afrika-Linien in Hamburg ein. Sie nahmen die neue Raumaufteilung und die Einrichtungsbauten vor. Nach der Indienststellung am 25. September erhielt die RÜGEN die dazugehörige Sanitätsausrüstung in Wilhelmshaven, wo man ab 2. Oktober auch die endgültige Reparatur der Kesselanlage fortsetzen mußte. Da inzwischen der Polenfeldzug »gelaufen« war, wurde die RÜGEN mit »dreitägiger Bereitschaft« zum Einsatz innerhalb dieser Frist in Stettin vorgehalten.

Vier Tage nach Beginn der Besetzung Norwegens wurde die RÜGEN wieder in Marsch gesetzt. Sie hatte zur Soforthilfe bei gegnerischen Luft- und U-Boot-Angriffen gegen deutsche Nachschubgeleite diesen in zehn Seemeilen Abstand hinterherzufahren, friedensmäßig beleuchtet und mit weithin sichtbar angestrahlten Roten Kreuzen an den Schornsteinen. Sie war zur Sofortaufnahme von Schiffbrüchigen besonders ausgerüstet worden. Diese Rettungsvorsorge traf man auf den Routen Frederikshavn–Larvik und Frederikshavn–Horten. Die RÜGEN fuhr nahezu pausenlos zur See, was für Lazarettschiffe eher atypisch ist. Auf ihrer letzten Fahrt in diesem Spezialdienst nahm sie in Oslo noch 200 Kranke und Verwundete an Bord und lief Wesermünde (heute Bremerhaven) an, um dort für die eventuelle deutsche Landung in England in Bereitschaft zu bleiben. Als das Unternehmen »Seelöwe« einen Monat später abgeblasen wurde, nahm man in Hamburg noch einige Umbauten vor. Unter anderem installierte man eine für den Wintereinsatz beheizbare, vollständig geschlossene Kommandobrücke. RUGEN wurde der Marinestation der Nordsee zugeteilt und setzte ihre Aufgabe der Konvoibegleitfahrten wieder fort. Am 18. Juni 1941 beorderte man das Schiff nach Kiel. Das »Unternehmen

Barbarossa«, der Angriff auf die Sowjetunion, stand dicht bevor. Man dirigierte deshalb die RÜGEN sogleich weiter in die östliche Ostsee.

Das Schiff wurde in Lettland und Finnland eingesetzt und nahm im Frühjahr 1945 als Flüchtlingstransporter an der Evakuierung der ostdeutschen Brückenköpfe teil.

❖

Hans Braeunlich und Wolfgang Weber hatten 1939 zunächst alle Hände voll zu tun, um die BERLIN, FRIGGA und HERTHA im »Seedienst Ostpreußen«, der durch den Polenfeldzug nur fünf Tage lang unterbrochen war, in Fahrt zu halten und für die termingerechte Ablieferung aller zur Marine eingezogenen Schiffe zu sorgen, samt Personal- und Inventarübergabe. Zugleich mußte dem Norddeutsche Lloyd, der nunmehr statt Braeunlich für die Bereederung des Neubaues MARIENBURG vorgesehen war, kollegiale Assistenz gewährt werden. Als erstes Turbo-Elektroschiff für den »Seedienst Ostpreußen« bereitete das Schiff besondere antriebstechnische Probleme, die beiden Sätze AEG-Turbinen waren für eine Leistung von 8.000 PS ausgelegt. Ein neuartiges Bugruder sollte die Manövriereigenschaften des mit 6.200 BRT eigentlich zu großen Schiffes – zusätzlich zum Doppelschraubenantrieb – verbessern. Die MARIENBURG mußte bis zu 2.000 Fahrgäste mitnehmen können, davon 550 in Doppelkabinen.

Nach dem Stapellauf am 14. Oktober 1939 blieb das Turbo-Elektroschiff MARIENBURG für die Dauer des Krieges unvollendet liegen. Das 6.200 BRT große Fahrgastschiff mit 8.000 PS Maschinenleistung war für den Einsatz als Minenleger überdimensioniert und damit ungeeignet.

Am 14. Oktober 1939 fand bei den Stettiner Oderwerken der Stapellauf des neuen Spitzenschiffes statt, das sich jedoch für Einsätze als Minenschiff wegen seiner Übergröße nicht eignete. Allem Tonnagemangel zum Trotz gab es für den Neubau beim besten Willen keine passende Verwendung. Er wurde zum Damm'schen See bei Stettin verholt und blieb dort bis Kriegsende als unfertiger Rumpf liegen, mit bereits eingebauter Maschinenanlage. Dort erbeuteten 1945 die Sowjets den Torso.

Für die Linienfahrt Stettin–Swinemünde war anfangs nur die kleine, aus der SwiDAG-Flotte stammende Swinemünde übriggeblieben. Nach der Freistellung durch die Kriegsmarine und Rückkehr aus dem »Seedienst Ostpreußen« konnte auch die Berlin ab Herbst 1939 wieder auf diese Route zurückkehren.

Vom besagten »Siebengestirn« des letzten Vorkriegssommers verkehrten also in den Kriegsjahren nur die Dampfer Berlin und Swinemünde. Jeweils ein Schiff fuhr täglich zwischen Stettin und Swinemünde. Wenn beide eingesetzt werden konnten, wurden die Abfahrtzeiten in der Tageszeitung annonciert. Diese Fahrten waren einmal von der Kohlenzuteilung abhängig, aber vor allen Dingen von dem aufkommenden Transportgut. Da die Versorgung der Region um Swinemünde auf dem Schienenweg sehr umwegig war, beförderten die Braeunlich-Schiffe in dieser Zeit neben den Passagieren viele Güter des täglichen Bedarfs wie Frischgemüse, Kartoffeln, Fleisch, aber auch dringend benötigte Ersatzteile und ähnliches. Aus diesem Grund war das auf ein Minimum geschrumpfte Unternehmen als sogenannter ›Kriegswichtiger Betrieb‹ eingestuft worden. Ab dem Nachtangriff vom 17. August 1944 mit Phosphor- und Flammstrahlbomben fiel dann die Swinemünde aus, weil sie ebenso wie mehrere Frachter als Folge von Treffern im Hafen gesunken war.

Ab Sommer 1944 erlebte Stettin mehrere unterschiedlich schwere Luftangriffe. Zuerst galten sie dem Hydrierwerk in Pölitz und den Werftanlagen. Dann waren die Altstadt und der Hafen stark betroffen. Freihafenschuppen brannten aus und diverse Schiffe wurden versenkt. Die völlig zerstörte Altstadt wurde vermauert. Am 30. August muß Stettin das schwerste Luftbombardement über sich ergehen lassen. Es traf die ganze Stadt, die über 1.000 Todesopfer und 60.000 Obdachlose zu beklagen hatte. Bei diesem Angriff brannte auch das Kontorhaus am Dampfschiffsbollwerk 1b und die Nachbarhäuser total aus. In den oberen Geschäftsräumen befand sich um die Jahrhundertwende die Wohnung des Reeders. In genau dem Zimmer, in dem Hans Braeunlich geboren wurde, hatte er in den letzten zehn Jahren seinen Arbeitsraum als Reedereidirektor gehabt. Nun lag alles in Schutt und Asche, so wie auch die Epoche der Seebäderlinie zu Ende gegangen war.

Die Berlin war nun der letzte »Mohikaner«, der noch für Braeunlich fuhr, er bediente seit dem Totalverlust der Swinemünde die Strecke Stettin–Swinemünde allein. Wie schon im Ersten Weltkrieg wurde der Swinemünde-Verkehr immer wichtiger für in Stettin gebaute Kriegsschiffe und U-Boote, deren Restpunkte-Arbeiten, die sich bei den Probefahrten herausgestellt hatten, mit Stettiner Fachpersonal möglichst gleich in Swinemünde erledigt wurden. Das ersparte unnötige Revierfahrten auf der luftkriegsbedrohten und immer wieder aus der Luft verminten unteren Oder und durchs Stettiner Haff und ersparte wie 1914–1918 zugleich Treibstoff.

Als sich die Zange der Roten Armee am 6. März 1945 schloß, mußte Hals über Kopf ein letzter deutscher Geleitzug den Stettiner Hafen verlassen. Die Kriegsmarine hatte Ultrakurzwellenfunkgeräte an alle beteiligten Schiffe verteilen lassen. Geleitzugführer wurde ein (Grundminenabwehr-)Sperrbrecher, dem ein herkömmliches Minensuchboot und als erstes ziviles Schiff der Dampfer BERLIN folgten. Dahinter fuhren die Eisbrecher STETTIN, PREUSSEN, POMMERN und BERLIN.

Dampfer BERLIN, geführt von Kapitän Krüger, hatte etwa 1.000 Menschen an Bord, darunter 200 nach Swinemünde zu evakuierende Werftarbeiter. Dort fielen immer mehr Reparaturen trefferbeschädigter Schiffe an.

Mit abgeblendeten Positionslaternen, sonst vollständig verdunkelt laufend, kam der Konvoi gegen Mitternacht ohne Zwischenfälle bis querab von Pölitz. Doch bei Schwabach-Schwankenheim sah man hellen Feuerschein lodern. Man erkannte bald brennende Gehöfte. Schließlich bemerkte man, vom Feuerschein angeleuchtet, eine Anzahl sowjetischer Geschütze, vor deren Rohrmündungen das an dieser Stelle nur 100 Meter breite Fahrwasser entlangführte.

Kapitän Krüger tat das, was im gleichen Augenblick auch alle anderen Kapitäne der nachfolgenden Schiffe taten: Er beorderte alle Fahrgäste in »Feuerlee« und damit in den Treffer- und Splitterschutz der dazwischenliegenden Aufbauten. Dann wurde die gefährliche Engstelle mit äußerster Kraft durchlaufen. Die Maschinentelegrafen hatten zweimal hintereinander »Voll voraus« zum Fahrstand hinuntergetingelt.

Man wußte im Maschinen- und Kesselraum, daß nun die letzten Pferdestärken herausgeholt werden mußten.

»Der Geleitzug war im Widerschein der Brände deutlich sichtbar. Und schon brach die Hölle los. Jaulend schwirrten die Granaten der sowjetischen Geschütze über die Aufbauten der Schiffe, zumeist zwischen den Masten hindurch. Andere Granaten lagen zu kurz, sie schlugen noch vor der Steuerbordwand der Rümpfe ins Wasser, während auf den backbordseitigen Decks die Kinder aufschrien und sich die verängstigten Mütter über sie warfen. Trotz der Fahrwasserenge wurde in hastigen Schlägen Zickzack gesteuert. Auch wurden überall die Windmaschinen abgestellt, damit zeitweilig der künstliche Zug unter den Kesselfeuern unterblieb. Schwarze Qualmwolken entquollen den Schornsteinen, in denen sich die Schiffe einnebelten, so daß die abgefeuerten Schüsse alle planlos vorbei sausten.« (Zitat aus dem Buch »Dampfeisbrecher STETTIN und die Eisbrecher der Welt« von Hans Georg Prager/Christian Ostersehlte.)

Die BERLIN war also gut davongekommen. Sie entging nachher auch dem schweren amerikanischen Tages-Luftangriff auf Swinemünde, der am 11. März 1945 mehr als 20.000 Todesopfer in der von Flüchtlingen verstopften Stadt forderte. Die BERLIN wurde eins der am »Unternehmen Rettung« beteiligten Schiffe, sie kam bei Kriegsende, vollgepfercht mit Flüchtlingen, aber mit heiler Haut in Kopenhagen an.

Die »Stettiner Dampfschiffs-Gesellschaft« hatte im Krieg ihre Aktivität durch ein Unternehmen erweitert, das für die Werftindustrie immer bedeutsamer wurde.

Als die Reederei 1942 ca. 25 Prozent des Kapitals der Eisenbahn-Trajektschiffahrt und Wasserbau G.m.b.H. Hans Knust, Stettin, erwarb, wurde Wolfgang Weber

Die drei Trajektschiffe der Reederei Hans Knust bei der Laderampe an der Altdammer Straße: Links TYRAS, hinten CAESAR, rechts SULTAN.

als ihr Geschäftsführer eingesetzt. Dieses von dem Kapitän Hans Knust 1882 gegründete Spezialunternehmen führte die Beförderung größter und schwerster Frachtstücke, wie Kessel, Maschinen, Eisenbahnwaggons und Brückenkonstruktionen, auf dem Wasserweg aus.

Mit der schnell fortschreitenden Industrialisierung hatten sich in der Gründerzeit Betriebe an Stellen im Stromgebiet der Oder angesiedelt, die lange keinen Eisenbahnanschluß erhielten oder ihn aufgrund der Lage nie bekommen konnten. Hans Knust erkannte die Marktlücke und ließ sich drei Fährschiffe konstruieren, die den wechselnden Bedürfnissen immer wieder angepaßt wurden. Die 1882 vom »Vulcan« erbaute SULTAN trug auf einer eingleisigen Spur zwei Güterwagen, während die 1887 von den Stettiner Oderwerken abgelieferte TYRAS bei einer Länge von 33 Metern und fast fünf Meter Breite bereits drei Waggons aufnehmen konnte. Die neun Jahre später von den Oderwerken gebaute CAESAR besaß etwa die gleiche Ladekapazität. Die drei Trajektdampfer verkehrten zwischen ihrem ständigen Liegeplatz in der Nähe des Hauptgüterbahnhofs auf dem Ostufer der Oder, wo sich ein entsprechender Anleger für die Übernahme von Gleisfahrzeugen aller Art befand, und diversen Hafenbecken. Sie transportierten u.a. neu gebaute Lokomotiven vom Stettiner »Vulcan« zu Gleisanschlüssen oder schafften Güterwagen zu Industriebetrieben, die weit außerhalb angesiedelt waren und mangels Eisenbahnanschluß eine Trajektrampe erstellt und ein Stück Werksgleis verlegt hatten.

In einer Abhandlung über dieses Stettiner Spezialunternehmen berichtet Professor Theodor F. Siersdorfer weiter, daß die CEASAR auch sonntags zu Ausflugsfahrten auf der unteren Oder sowie zum Dammschen See diente. Ihr breites Eisenbahndeck eignete sich vorzüglich zum Aufstellen von langen Tischreihen und Bänken und bot vielen fröhlichen Menschen Platz. Wegen mangelnder Vollbeschäftigung wurde sie ab 1899 für sieben Jahre durch die Danziger Aktien-Gesellschaft »Holm« auf der Fahrtroute zwischen Nehrung und Holm eingesetzt. Die CAESAR kehrte dann nach ihrem Gastspiel in Westpreußen wieder an die Oder zurück.

Stettin war bis Ende 1943 von feindlichen Luftangriffen fast verschont geblieben. Die Trajektfähren waren deshalb noch gut beschäftigt. Dann erfolgten aber in immer kürzeren Abständen Angriffe auf Industrieanlagen und Werften sowie auf die Stadt und den Hafen. Wolfgang Weber war im November 1943 verstorben, deshalb hatte Hans Braeunlich die Geschäftsführung übernommen. In den letzten Kriegswochen befand sich das ältestes Trajektschiff SULTAN aufgrund eines Bombenschadens in Reparatur und mußte in Stettin bleiben. Für seine neuen polnischen Eigner wurde der Veteran als PROM KOLEJOWY NR. I wieder in Fahrt gebracht. Bei einer gründlichen Modernisierung wurde 1952 die alte Dampfmaschine durch Motoren ersetzt, und die Fähre fuhr nun wieder unter ihrem ersten Namen SULTAN bis circa 1961 auf der Oder. Sie hatte somit fast 80 Jahre schwere Lasten befördert. Die etwas jüngeren Schwesterschiffe TYRAS und CAESAR konnten im Frühjahr 1945 mit Flüchtlingen nach Lübeck entweichen. Aber dort fanden sie keine Trajektrampen vor. Ein anderweitiger Einsatz dieser »Sonderlinge« unter den Schiffen war ohne grundlegenden Umbau weder auf der Trave noch im offenen (gezeitenabhängigen) Tidehafen Hamburg möglich. Da dieser jedoch zu kostspielig gewesen wäre, wurden die beiden Trajekte gleich nach der Währungsreform von 1948 verschrottet und die Firma Hans Knust Ende 1948 liquidiert. Noch ein Ereignis der Kriegszeit verdient es, nachgetragen zu werden:

In der Aufsichtsratssitzung vom 31. Januar 1944 gedachte der Vorsitzende des am 22. Dezember 1943 verstorbenen Geheimrats Franz Gribel, den Senior der Reederei R.C. Gribel. Lt. Protokolleintragung würdigte Dr. Lange in beredten Worten die Verdienste des Geheimrats Gribel um die Firma Braeunlich, zu der er 44 Jahre in enger Verbindung stand, zunächst als Geschäftsführer, dann als Mitglied des Aufsichtsrats. Er war der Nestor der Stettiner Reeder. Die Stadt und der Hafen Stettin verdankten Dr. h.c. Franz Gribel sehr viel. Zur Trauerfeier war auch sein Nachbar aus Falkenwalde, der damals 94jährige Generalfeldmarschall August v. Mackensen, erschienen. In seiner schmucken Uniform eines Husarengenerals gab er seinem Freund die letzte Ehre. Der Autor dieses Buches erinnert sich genau daran, weil er direkt neben ihm stand.

Kapitän Wilhelm Krüger hatte 1942 den Eisbrecher STETTIN unter dramatischen Umständen im »Gefrierfleischwinter« geführt, davor und danach die BERLIN im »Seedienst Ostpreußen« und auf der Linie Stettin–Swinemünde. Er nahm am Ausbruch des letzten von Stettin abgegangenen Konvois teil und beteiligte sich mit seinem Schiff bis Kriegsende an den Rettungsaktionen für Verwundete und Flüchtinge.

Dramatisches Finale

Im April 1945 flohen die Bewohner der Stadt, die bisher dort ausgeharrt hatten. Auch Hans Braeunlich machte sich jetzt mit seiner Frau und der 81jährigen Mutter auf den Weg nach Westen. Streckenweise auf Militärfahrzeugen, meist zu Fuß mit ihrem Ziehleiterwagen erreichten sie mit einem Flüchtlingstreck Mecklenburg. Gerüchteweise hörte man, daß nach Beendigung der Kampfhandlungen um ihre Stadt einige Stettiner schon wieder zurückgekehrt seien. Mitte Mai kam die Meldung, die provisorisch eingesetzte polnische Stadtverwaltung habe aufgrund massiver amerikanischer Proteste Stettin geräumt, das als Hafenstadt für die zukünftige Sowjetische Besatzungszone Deutschlands vorgesehen war. Daraufhin floß der Treck nach Stettin zurück, denn man wollte seinen Besitz nicht einfach aufgeben. Jedoch war das Haus des Reeders inzwischen Klubhaus russischer Offiziere geworden, so daß er mit seiner Familie in das Haus befreundeter Nachbarn mit einzog.

Das sowjetische Hauptquartier in Berlin entschied Anfang Juli, daß Stettin und Swinemünde in das von den Polen verwaltete Gebiet eingegliedert wird und die deutsche Stadtverwaltung aufzulösen sei. Gegen die mit Nachdruck betriebene Vertreibung der deutschen Bürger durch Polen erhoben die Westalliierten keinen Protest mehr und nahmen es auch unwidersprochen hin, als die Grenze bei Stettin erheblich nach Westen verlegt wurde.

Jetzt packte die Familie zum zweiten Mal die Bündel – und zwar auf dringlichen Rat der sowjetischen Offiziere, die ihre Quartiere ebenfalls in wenigen Tagen für die Polen räumen sollten. Man nahm sie sogar einige Kilometer auf den Lastwagen mit. Inzwischen waren es viele Gruppen, die sich auf den Landstraßen drängten und in den angrenzenden Dörfern und Gehöften um Quartier und Nahrungsmittel bettelten. Manche waren schon seit Wochen unterwegs. Noch vor Erreichen von Ludwigslust wurden alle Männer ihres Trecks zur Seite genommen und in das sowjetische Sonderlager Fünfeichen bei Neubrandenburg gebracht, das vor verdächtigen »Junkern«, »Saboteuren« und sogenannten Kriegsverbrechern bereits überquoll. Die hygienischen Verhältnisse waren katastrophal, die Verpflegung reichte zum Verhungern auf Raten. Nach ergebnislosen Ermittlungen sah Hans Braeunlich seine Familie erst Wochen später wieder, die ihn in seinem Gesundheitszustand kaum wiederkannte. Eine Bauernfamilie nahm die Braeunlichs freundlich auf und half bei der körperlichen Wiederherstellung des Vaters, damit sie den Weg nach Westfalen schafften. Der jüngste Sohn hatte ihre Adresse über Freunde ausfindig machen können und gebeten, bald zu kommen. Er hatte nämlich, aus englischer Kriegsgefangenschaft kommend, eine Stelle als landwirtschaftlicher Eleve auf einem Gut im Ruhrtal angenommen. Der Gutsherr Ernst Lange erklärte sich sofort bereit, die Eltern für einige Monate aufzunehmen und mit dem Nötigsten zu versorgen. So konnten die Braeunlichs das bevorstehende Weihnachtsfest zusammen mit der Familie Lange feiern und erste Pläne für die Zukunft schmieden. Im Frühjahr zogen sie nach Lübeck und wohnten zuerst in zwei Kabinen eines alten Frachters der Stettiner Reederei R.C. Gribel. Dann teilte ihnen das Wohnungsamt eineinhalb Zimmer mit Küchenbenutzung zu. So ging es sehr langsam wieder bergauf, bis später der Umzug nach Hamburg erfolgen konnte.

Immerhin trafen sie in Lübeck zu ihrer nicht geringen Freude den Doppelschraubendampfer RÜGEN wieder, der bei Kriegsende mit Verwundeten und Flüchtlingen dort angekommen war. Die Wiedersehensfreude wurde jedoch bald jäh getrübt, als das Schiff am 11. März 1946 in Lübeck als sogenannte Kriegsbeute an die Sowjets ausgeliefert wurde, die es nach Grundumbau von der Schiffsreparaturwerft Wismar am 31. Dezember 1946 als IVAN SUSANIN in Fahrt brachten. Bis 1960 tat der Dampfer mit Hammer und Sichel in der roten Schornsteinbanderole im Schwarzen Meer Dienst als Schulschiff.

In Lübeck erfuhren die Braeunlichs auch erstmals Einzelheiten über das ungewöhnliche Schicksal des Dampfers RUGARD, der den Krieg ebenfalls überstanden hatte.

Spitzenschiff RUGARD war sozusagen »zu höheren Dingen berufen«, als es schon am 3. September 1939 an die Kriegsmarine abgegeben werden mußte. Man stellte es unter seinem alten Namen als »Führerschiff 3« in Dienst, mit zwei 8,8-cm-Geschützen, einem 3,7-cm- und zwei 2-cm-Zwillings-Flugabwehrgeschützen fast ebenso stark bewaffnet wie die Minenleger. Die RUGARD fungierte zunächst als Flaggschiff des Führers der Vorpostenboote Ost und ab März 1942 als Flaggschiff des »Befehlshabers der Sicherung der Ostsee« (B.S.O.)

Die RUGARD wurde bekannt wie ein bunter Hund, sie geisterte überall zwischen Skagen und dem Finnenbusen herum und wurde im November 1942 Begleitschiff der 31. Minensuchflottille, die an der »heißestens Ecke« für die Bewachung der Narwabucht zuständig war. Nach Zurücknahme der Ostfront verlegte die Flottille in die westliche Ostsee, die RUGARD jedoch wurde im Herbst 1944 zum Führerschiff der neu aufgestellten 9. Sicherungsdivision, zunächst im kurländischen Windau, ab Februar 1945 in Libau und ab März 1945 in Gotenhafen, nach dessen Räumung bis zum Kriegsende in Hela. Unter ihrem Chef Fregattenkapitän Adalbert von Blanc wurden von Bord des schwimmenden Stabsquartiers RUGARD aus sämtliche Schiffsbewegungen in der östlichen und mittleren Ostsee bestmöglich gesichert. Es blieb also einem Braeunlich-Dampfer vorbehalten, in den Frontgebieten Kurland sowie im Brückenkopf Danzig-Gotenhafen und im letzten Zufluchtszipfel Hela, den Schutz jener Geleite vorzuhalten, die weit mehr als zwei Millionen Flüchtlingen, Verwundeten und zuletzt vor der Gefangenschaft bewahrten Soldaten das Entkommen in den Westen ermöglichten. RUGARD blieb bis zur letztmöglichen Minute im Hafen von Hela. Er nahm noch 1.300 Soldaten an Bord und legte am 8. Mai 1945 um 23.00 Uhr ab – eine Stunde vor der Gesamtkapitulation, die genau um Mitternacht fällig war.

Der 9. Mai 1945 sollte der erste Tag des Friedens in Europa sein, denn die Kapitulationsbedingungen besagten, daß ab 1.00 Uhr die Waffen zu schweigen haben.

RUGARD als Begleitschiff der 31. Minensuchflottille an der Narwafront/Finnenbusen im Schären-Tarnanstrich. Die gewaschenen Signalflaggen sind zum Trockenen gesetzt.

Alle noch bestehenden Kampfeinheiten der Deutsche Wehrmacht zu Lande, in der Luft und zur See hatten ab diesem Zeitpunkt den Befehlen der Alliierten Folge zu leisten.

Trotz konkreter Anweisungen seitens des Stabes der Baltischen Rotbannerflotte, die nächstgelegenen Häfen anzulaufen, versuchten die deutschen Schiffe in Richtung Westen aus dem Operationsgebiet der sowjetischen Marine zu entkommen.

An diesem Tag befanden sich noch etliche deutsche Geleite östlich und südöstlich der Insel Bornholm auf dem Marsch nach Westen. Zu diesem Zeitpunkt befand sich auch das Führerschiff der 9. Sicherungsdivision RUGARD im Geleit von zwei Räumbooten rund 13 Seemeilen westlich Bornholm, als es von einem sowjetischen Torpedoschnellboot die Aufforderung erhielt, sofort den Hafen Rönne anzulaufen.

Einige Maschinengewehrsalven verliehen diesem Befehl Nachdruck. RUGARD kam dieser Order nur scheinbar nach – so kam es zum letzten Schußwechsel des Krieges in der Ostsee.

Im Bericht eines Beteiligten, des damaligen Signalobergefreiten Emil Ulle auf der RUGARD, hört sich das folgendermaßen an:

»Um 16.00 Uhr war Wachwechsel. Da es bis zum Abendessen noch zwei Stunden waren und außerdem so schönes Wetter war, blieb ich weiter auf der Brücke. Für kurze Zeit löste ich den Gefechtsposten Maschinentelegraf ab, er mußte aufs WC.

Als er zurück kam, sagte er zu mir: – Zieh die Schwimmweste wieder an, denn gleich geht's los! –

Ich nahm mein Fernglas und sah achteraus drei russische S-Boote heranlaufen, wobei ich auch die Flagge erkennen konnte. Nach meiner Meldung verfolgte die

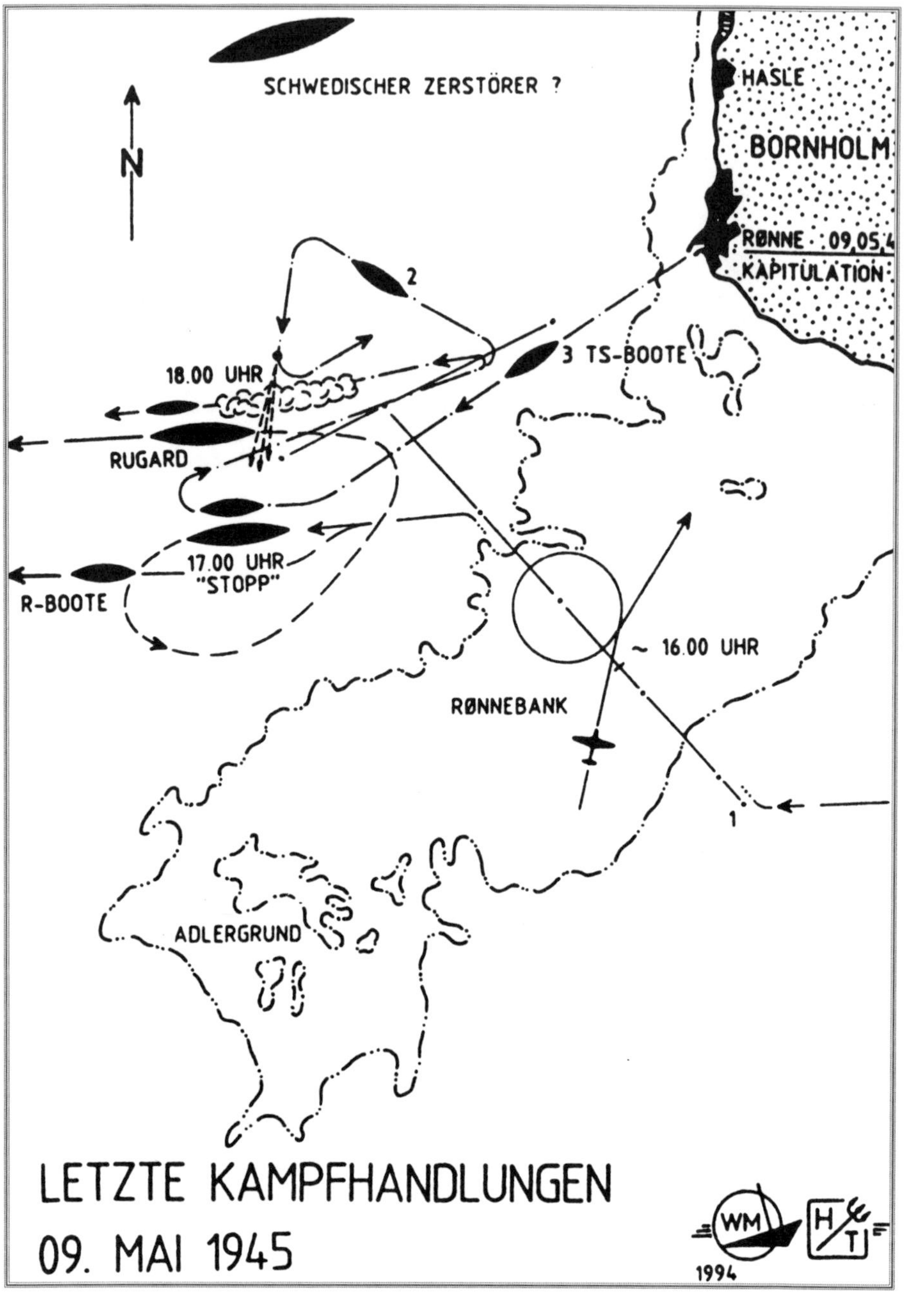

LETZTE KAMPFHANDLUNGEN
09. MAI 1945

gesamte Brücke das weitere Geschehen. Die Russen scherten nach Steuerbord aus und holten auf. Als sie sich Steuerbord querab befanden, schossen sie uns eine MG-Salve vor den Bug.«

Und weiter heißt es in seinem Bericht:

»Ich mußte einen Winkspruch an die uns begleitenden R-Boote absetzen: – Waffen gefechtsklar machen und bei Torpedoschuß Feuer frei! – Rückantwort: – Geschütze sind unklar, Verschlüsse ins Wasser geworfen! – Kurz danach nahmen die beiden R-Boote Fahrt auf und liefen mit hoher Geschwindigkeit, uns allein lassend, nach Westen ab!

Ein Schnellboot war mittlerweile so dicht herangekommen, daß wir glaubten, die Russen wollten festmachen. Ein weiteres Boot war ebenfalls nur wenige Meter von der Bordwand entfernt ...

Der Führer der Russen rief mit einer Flüstertüte:

›Zurück nach Brtlm!‹ – womit er Bornholm meinte. Der 1. WO ließ wieder Fahrt aufnehmen und drehte befehlsgemäß Richtung Bornholm ein ... Die Russen liefen ab und sammelten sich ein paar Hundert Meter voraus. Sie waren wahrscheinlich im Glauben, wir würden in Rönne einlaufen. Nachdem die Rugard ihre volle Geschwindigkeit wieder erreicht hatte, ließ der 1. WO den Kurs nach Westen ändern. Als die Russen die Kursänderung mitbekamen, preschten sie in voller Fahrt auf uns zu. Das erste Boot lief an uns vorbei und legte in 200 bis 300 Meter Entfernung eine Nebelwand. Das zweite Boot scherte nach Norden aus, drehte über Backbord auf uns zu und machte auf kurze Entfernung seine zwei Torpedos los.

Der eine Torpedo war ein Tiefläufer und hätte uns andernfalls mittschiffs getroffen, während der zweite Torpedo dicht an unserem Heck vorbelief ... Landser, die auf dem Achterdeck standen, sprachen von nur zwei Meter Abstand!

Die Russen liefen mit Höchstfahrt in Richtung Rönne ab und kamen so in den Feuerbereich unseres auf dem Achterdeck befindlichen 8,8-cm-Geschützes. Schon der dritte Schuß saß voll im letzten Boot, welches gleich wegsackte.

Nach weiteren Schüssen, vielleicht sechs Schuß, wurde auch das zweite Boot getroffen, es qualmte stark und ist vermutlich auch gesunken. Das dritte Boot war schon zu weit weg, und wir stellten das Feuer ein ...

Das Gefecht wurde ungefähr um 17.30 Uhr eröffnet und dauerte bis 18.00 Uhr. Verluste hatten wir keine, nur einen Verwundeten, ein Hauptfeldwebel von der M. A. A. erhielt einen glatten Schulterdurchschuß.

Die ganze Zeit über beobachteten wir einen schwedischen Zerstörer, der in etwa zehn Seemeilen Entfernung nördlich von uns gestoppt lag und das Gefecht verfolgte ...

Unsere Fahrt verlief ohne weitere Feindberührung, so daß wir in den frühen Morgenstunden des 10. Mai die Kieler Förde erreichten.«

Soweit auszugsweise der Bericht eines Zeitzeugen zum letzten Gefecht in der Ostsee!

Eine notwendige Nachbemerkung muß aber gemacht werden. Nachforschungen und Recherchen haben den Verlauf des Gefechtes im Prinzip – auch von russischer Seite aus – bestätigt. Ob aber tatsächlich eins (oder sogar zwei!) der sowjetischen Torpedoschnellboote des Typ D 3 vernichtet wurde(n) – das erste bereits mit dem dritten (!) Schuß – ist anzuzweifeln. Bisher ist es nicht gelungen, weder in in- und ausländischen Quellen, den Verlust der Boote in diesem Gefecht zu betätigen.

Welcher schwedische Zerstörer (?) die Auseinandersetzung aus der Fene beobachtete ist ebenfalls noch unklar!

(aus: »Gesunken und verschollen«, Koehlers Verlagsgesellschaft mbH, bearbeitet und zusammengestellt von H. Theuerkauf)

Die sowjetische Militäradministration verlangte wenige Tage später von der britischen Besatzungsmacht die Auslieferung des RUGARD-Kommandanten. Er solle wegen der Anwendung von Waffengewalt nach Eintritt des Waffenstillstandes als »Kriegsverbrecher« verurteilt werden – was ohne Frage mit der Todesstrafe geendet hätte. Aber der zuständige Admiral der Royal Navy überprüfte den Sachverhalt und kam zu dem Ergebnis, daß nicht die RUGARD die Waffenruhe gebrochen habe, sondern der sowjetische Schnellbootsverband. Er hatte rechtswidrig gehandelt, weil der 15. Längengrad, der Meridian von Stargard, ausdrücklich als Demarkationslinie festgelegt gewesen sei. Wer ihn überschritt, durfte nicht mehr zum Zweck einer Gefangennahme gestellt oder gar mit Torpedos angegriffen werden. Das Führerschiff RUGARD habe eindeutig in Notwehr gehandelt.

Man sollte lieber nicht darüber nachdenken, was Stalins Militärjustiz nach der erlittenen Schlappe mit den verantwortlichen Offizieren der drei Schnellboote »gemacht« hat. Wahrscheinlich verschwanden sie in sibirischen Straflagern, denn sie hatten sich mit drei Torpedoträgern in schmählicher Weise von einem ungepanzerten Bäderdampfer erst übertölpeln und dann in die Flucht schlagen lassen.

Und da im Krieg alles, was mit Schiffsverlusten zusammenhing, der Geheimhaltung unterlag, erfuhren die Braeunlichs auch erst im Frühjahr 1946 in Lübeck Einzelheiten über den Untergang des Dampfers ODIN, der ebenso wie die bereederte PREUSSEN und die eigene SWINEMÜNDE zum Totalverlust geworden war.

Die Einzelheiten über den Untergang der PREUSSEN waren bereits im Krieg durchgesickert. Sie ließen sich nicht verheimlichen, da ihn ja zur Marine eingezogene Nautiker und Ingenieure miterlebt hatten, die anschließend wieder in Stettin bei ihrem eigentlichen Arbeitgeber Guten Tag sagten. Der Verlust aller drei staatseigenen Schiffe des »Seedienstes Ostpreußen« an einem einzigen Tag war auf blamables menschliches Versagen eines »Schreibtisch-Offiziers« zurückzuführen.

Die drei Minenleger hatten zu Beginn des »Unternehmens Barbarossa« mit sehr großem Erfolg gemeinsam Offensiv-Minensperren in der östlichen Ostsee gelegt, die den Seestreitkräften der Roten Flotte und ihren Transportern hohe Verluste bereiteten. Sie bildeten gemeinsam die »Minenschiffgruppe Nord« und befanden sich zur Übernahme neuer Minenladungen auf dem Rückmarsch nach Swinemünde. Sie marschierten nahe der schwedischen Hoheitsgewässer südwärts und fielen unweit der Südspitze von Öland einer kurz zuvor – sogar auf deutsches Ersuchen hin – verlängerten schwedischen Minensperre zum Opfer. Die PREUSSEN ging nach einer Explosion der vorderen Munitionskammern unter, die auf einen ausgebrochenen Brand zurückzuführen war.

Der gleichzeitige Verlust der aus den Schiffen TANNENBERG, HANSESTADT DANZIG und PREUSSEN bestehenden gesamten Minenschiffgruppe am 9. Juli 1941 war auf die Nichtweitergabe der schwedischen Warnnachricht von der Verlängerung der Sperre an den Verbands-Chef zurückzuführen. Der verantwortliche Stabsoffizier wurde dafür kriegsgerichtlich verurteilt. Aber damit ließ sich die Tragödie von Össby, an die ein schwedischer Gedenkstein unweit des Strandes von Süd-Öland noch heute erinnert, nicht rückgängig machen. 20 Gefallene und eine größere Anzahl von Verwundeten waren das Ergebnis einer Unterlassung des Minenreferenten im Oberkommando der Kriegsmarine.

Im Konflikt mit den beiden größten Seemächten der Welt und außerdem im Mehrfrontenkrieg auch gegen die sowjetische Marine hatte die zahlenmäßig allzu kraß unterlegene deutsche Marine nur ein einziges wirksames Instrument. Ihr schärfstes Schwert war – jedenfalls bis zum Sommer 1943 – die U-Bootwaffe. Die »Schlacht im Atlantik« stand lange Zeit schlecht für die Angelsachsen. Dann erst bekamen massenhaft hergestellte Radargeräte und neuartige Peiler die über Wasser auflauernden »Wolfsrudel« der herkömmlichen deutschen Unterseeboote in den Griff. Es wurde eine völlig neuartige Technik und Bauweise deutscher Unterseeboote erzwungen, die ab Frühjahr 1945 – Winston Churchill schrieb in seinen Memoiren »in erschreckend großer Zahl« – einsatzbereit waren. Aber sie kamen zu spät, der Zusammenbruch der Landfronten hatte diese Waffe unwirksam gemacht.

Die Deutschen hatten nach und nach die größte U-Boot-Flotte der Welt aufgebaut. Es gab insgesamt 1.432 fertiggestellte Unterseeboote!

Längst gab es endlich auch moderne, eigens für diesen Zweck gebaute Begleitschiffe, aber diese wurden in den weit entfernten Einsatzräumen Nordmeer, östliche Ostsee und Biskaya dringend benötigt. In den heimatlichen Gewässern konnte man bis zuletzt auf die Behelfstender nicht verzichten, ihre Anforderungen wurden immer größer. Das Ziel- und Beischiff ODIN hatte inzwischen Unterkunftsräume für U-Bootfahrer erhalten. Wie sein Schwesterschiff HERTHA hatte die ODIN neben einem neu installierten Scheinwerfer ein Funkmeßgerät (Radar), eine sog. Ortungs-Zerstörersäule, ein Kristallbasis-Drehgerät (KBD-Gerät) für Unterwasserortung sowie eine Bordwandanlage für Unterwasser-Telegrafie (UT) eingebaut bekommen. Es konnte dank dieser Hilfsmittel immer geschickter Übungsangriffen ausweichen und damit die Trefferchancen der auszubildenden Kommandanten erschweren. Die nach der Anfangszeit in Neustadt an die 25. Unterseebootsflottille in Danzig weitergereichte ODIN wurde nach Verlegung der Flottille in den Raum Trondheim zur 30. U-Flottille in Gotenhafen kommandiert, die für den »letzten Schliff« der Besatzungen neuer U-Boote zur Erlangung der Frontreife zuständig war. Die »Ausbildungsgruppe Front« arbeitete unter hohem Zeitdruck. Sie mied nach der harten Tagesarbeit der Ausbildung oder den nächtlichen Torpedoschießübungen unnötige Rückfahrten nach Gotenhafen. Die ODIN fungierte nicht nur als Zielschiff, sondern beherbergte »nach Feierabend« bis zu 400 U-Boot-Männer, wenn sie als »Beischiff« irgendwo vor Anker ging und die in Ausbildung stehenden Boote sie wie die Küken eine Glucke umgaben. Sie fungierte als Ersatz-Mutterschiff, genoß jedoch trotz aller räumlichen Enge einige Beliebtheit. Insbesondere hatte es der gemütliche Salon den Offizieren der »Grauen Wölfe« angetan. Und so überfiel sie alle Traurigkeit, als das Ziel- und Beischiff ODIN – ohne jede Feindeinwirkung – zugrundeging.

Es geschah gänzlich unerwartet auf einer Position zwischen Hela und Brüstenort, daß durch den Tiefensteuerversager eines Übungstorpedos die »mittschiffs getroffene« ODIN nicht, wie in solchen Fällen üblich, in ausreichendem Abstand zum Schiffsboden unterlaufen wurde. Statt dessen durchschlug er die dünne Außenhaut, nur wenige Dezimeter unter dem eisverstärkten Rumpfgürtel, mit verheerendem »Erfolg«. Unglücklicherweise zerstörte der (natürlich ohne Sprengladung abgefeuerte) Torpedo mit der Wucht seiner hohen Geschwindigkeit den Hydraulik-Schaltkasten der Schottenschließanlage. Keins der wasserdichten Schotten ließ sich noch schließen. Das Schiff lief derart schnell voll, daß alle Versuche des Schottenschließens mit dem handgekurbelten Notmechanismus nicht mehr gelangen. Nach 42 Jahren Seefahrt in Krieg und Frieden verabschiedete sich der alte Kämpe ODIN von dieser Welt und versank auf den Grund der an dieser Stelle über 100 Meter tiefen Ostsee. Der Unfall hatte keine Schuldigen, es war rein technisches Versagen des Torpedos die Ursache.

Auch die HERTHA hatte ab April als Wohn- und Zielschiff der 2. Unterseebootsausbildungsflottille und der späteren 25. Unterseebootsflottille in Danzig Dienst getan. Ihr blieb jedoch das Schicksal der ODIN erspart, sie konnte ab Februar 1945 mit Erfolg am »Unternehmen Rettung« teilnehmen.

Überhaupt hatten alle im Frühjahr 1945 noch vorhandenen Braeunlich-Dampfer erfolgreich an den Rettungsfahrten für Flüchtlinge und Verwundete teilgenommen. Sie brachten 18.300 Flüchtlinge in den Westen. Von RUGARD, HERTHA, ZENITH ex FRIGGA und BERLIN war bereits die Rede. Aber auch für die STETTIN war schließlich die Zeit der Idylle mit den E-Meßfahrten vor Rügen vorbei. Sie mußte genauso an die Front und holte mit Bravour die dort Ausharrenden aus den Brückenköpfen heraus. Und so kamen die Braeunlich-Dampfer alle nach abenteuerlichen Fahrten in Kopenhagen, Lübeck und Kiel an.

Als erste wurde die HERTHA von den Briten zu ihrer eigenen Kriegsbeute erklärt. Man hat sie im Herbst 1945 von Kiel durch den Nord-Ostsee-Kanal und von dort weiter nach England geschickt. Die eigene Besatzung überführte den Dampfer nach Methil, wo er am 17. September 1945 eintraf und nach der Übergabe an Griechenland verkauft wurde. In der Ägäis bestand, noch bedingt durch den vorangegangenen Krieg, erheblicher Mangel an Schiffen für den Verkehr zwischen den Häfen und vom Festland zu den vielen Inseln. Aber die in HEIMARA umbenannte HERTHA brachte den neuen Eignern kein Glück. Sie wurde Opfer einer spektakulären Schiffskatastrophe, als sie im Januar 1947 auf der Reise von Saloniki nach Piräus unweit Rafina in stockdunkler Nacht auf eine noch nicht geräumte Mine des Zweiten Weltkrieges lief und binnen einer halben Stunde unterging. Sie folgte ihrem Schwesterschiff ODIN genau drei Jahre später ins nasse Grab. So waren beide 42 Jahre in ihrem Elemant gewesen. Bei dem Unglück fanden über 300 Passagiere, viele Frauen und Kinder, den Tod. Mehr darüber im Anhang auf Seite 212. Die britische Marine vollbrachte die Rettung der 200 Überlebenden.

Doch zurück nach Deutschland:

Im März 1946 war die gesamte Kieler Förde mit ankernden Schiffen übersät. Der »große Ausverkauf« hatte begonnen. An der Tag und Nacht hell angestrahlten, in »Navy Bridge« umgenannten Tirpitzmole von Kiel-Wik lag das deutsche Unterseebootsbegleitschiff LECH, das einen britischen, russischen und deutschen Stab beherbergte. Und mit Wehmut fuhr man an den Ankerliegern RUGARD und FRIGGA vorbei, die einem wie auf der Schlachtbank vorkamen. An Bord der LECH wurden die Aufteilungsurteile über die »Kriegsbeute« gefällt. Die ZENITH ex FRIGGA wurde am 2. März, die RUGARD am 18. März an die Sowjets übergeben. FRIGGA fuhr unter dem Namen ZENITH weiter, aus der RUGARD wurde die ILYA REPIN. Die Schiffsliste im Anhang gibt Auskunft über den weiteren Verbleib beider Schiffe.

Der »letzte Mohikaner« aus der einstigen Braeunlich-Flotte war der Passagierdampfer STETTIN, 375 BRT, 1200 PSi. Das Foto zeigt ihn in Charter der Reederei August Bolten, Wm. Millers Nachf., 1947 im Hamburger Hafen – eingesetzt auf der Route Hamburg–Cuxhaven–Bremerhaven.

Ungewöhnlicher Neubeginn

»Gone with the wind«, vom Winde verweht. So gingen sie alle dahin, die überall an Vorpommerns Küsten und in den benachbarten dänischen Gewässern so vertraut gewesenen »Weißen Schwäne«. So jedenfalls meinten die inzwischen fast mittellos gewordenen, heimatvertriebenen Braeunlichs. Aber während sie noch auf der Suche nach einer neuen Bleibe waren, ergab sich dann aber doch ein kleines, unerwartetes Wunder.

Nach welchen Grundsätzen auch die deutsche Handelsflotte gemäß Potsdamer Abkommen ohne jeden Friedensvertrag zerteilt und als Beute entführt wurde – es gab dabei Merkwürdigkeiten, die man bis heute nicht nachvollziehen kann.

Da gab es die Kategorie der sogenannten X-Schiffe. Darunter verstand man ein Sonderkontingent von 269 kleineren, Privatreedern oder Eignern gehörenden Schiffen (zumeist Schleppern, Leichtern, Fährdampfern) und 674 Küstenschiffen einschließlich Motorseglern, die als an die Alliierten abgeliefert galten, aber bis zur Klärung ihres endgültigen Schicksals in der Verfügbarkeit ihrer Eigentümer bleiben durften. Diese Schiffe waren durch eine vierstellige, weithin sichtbar am Bug aufgemalte Kenn-Nummer mit einem »X« davor gekennzeichnet. Die Kontrolle über sie führte die Tripartite Merchant Marine Commission (TMMC), der Großbritannien, die USA und Frankreich angehörten. Dazu gehörte auch der Dampfeisbrecher STETTIN, der bereitgehalten werden mußte, um den Hamburger Hafen als den wichtigsten Nachschub-Umschlagplatz für die Truppen der britischen Besatzungsmacht bei strengem Frost anlaufbar zu halten. Britische Eisbrecher gibt es nicht, also lag der X-Schiff-Eigenschaft der STETTIN eine Logik zugrunde. Viele andere Fälle wurden anscheinend ausgewürfelt. Anders ist es nicht zu erklären, daß auch der Braeunlich-Dampfer STETTIN eine X-Nummer erhielt und bald darauf laut TMMC-Liste unter der Nummer 835 wieder zu deutschem Eigentum erklärt wurde. Was aber machte man mit einem solchen Schiff, wenn es sein gesamtes, angestammtes Fahrtgebiet verloren hatte?

Es gab in den ersten Nachkriegsjahren der noch ungeklärten Währungsverhältnisse, der noch unzulänglichen Verkehrsanbindungen und des allgemeinen Mangels und Hungers zwischen den noch nicht geräumten Trümmern der Städte sehr wohl einen Transportbedarf, der unter geordneten Verhältnissen undenkbar wäre. Dieser Bedarf war so offensichtlich, daß sogar die britische Besatzungsmacht Kohlenkontingente für Passagierdampfer herausrückte. So fand die STETTIN im noch durch Kriegsverluste dezimierten Schiffspark der »Hamburger Hafen-Dampfschiffahrts-Gesellschaft« (HADAG) ein erstes Unterkommen als Fährschiff für den Unterelb-Nahverkehr.

Zunächst konnte sie also 1946 an die HADAG verchartert werden, dann für Fahrten zwischen Hamburg, Cuxhaven und Bremerhaven 1947 an die Hamburger Reederei August Bolten. Aus Anlaß der Währungsreform wurde der Chartervertrag im Sommer 1948 gekündigt und im Wege des Vergleichs abgefunden.

Die mit voller Firmierung »August Bolten, Wm. Millers Nachf.« genannte Reederei hatte in der Schwarzmarktzeit eine Marktlücke besonderer Art entdeckt: Bremerhaven, größter Fischereihafen des Kontinents, bot für verhärmte Menschen aus anderen Großstädten manche Chance, an frisch gefangene Nordseekrabben, Salzheringe oder Lebertran heranzukommen – auf dem Tauschweg oder zu überhöhten Preisen. Für einen Hamburger war es eine Tortur, dorthin in überfüllten Zügen auf Hamsterfahrt zu gehen. Oft genug stand man dabei auf den Trittbrettern der damaligen Personenwagen oder gar auf den Puffern, was mit schwerbepacktem Rucksack nicht ungefährlich war. Nun aber konnte man mit dem Dampfer von Hamburg über Cuxhaven relativ bequem nach Bremerhaven reisen, unterwegs erholsam Seeluft tanken und auf ähnliche Weise auch wieder zurückkommen. Und da auch Cuxhaven Anlandungsplatz für Fischprodukte und Nordseekrabben war, verband die STETTIN solche Brennpunkte der Begehrlichkeit auf dem Unterelb- und Seeweg miteinander. Auch wer mal gern für einen Tag an die See reisen und wieder wattlaufen oder baden wollte, benutzte den Braeunlich-Dampfer, der an der traditionsreichen Cuxhavener Seebäderbrücke und im Geestevorhafen von Bremerhaven anzulegen pflegte. Das Schiff fand sofort seinen Markt, auch wenn es sehr bald wie ein Heringslogger roch. So etwas nahm man gern als Nebensache in Kauf – die »Kellerkinder« von damals, oft genug noch in kriegszerstörten oder beschädigten Häusern hausend – waren nicht verwöhnt.

Viele alte Stettiner bekamen natürlich große Augen, als sie plötzlich wieder ein Schiff aus der Braeunlich-Flotte vor sich sahen, das auch wieder unter Braeunlich-Kapitänen fuhr, zuerst Wilhelm Krüger und dann unter dem ehemaligen FRIGGA-Kapitän Willi Lüdke, der auch über 25 Jahre für die Stettiner Reederei gefahren war. Die STETTIN führte nun freilich nicht mehr die SwiDAG-Schornsteinfarben, sondern den markanten gelben Braeunlich-Schornstein mit schwarzer Kappe, unter der während der Zeitcharter-Periode die Bolten-Reedereiflagge aus Blech im oberen Teil des gelben Bereichs aufmontiert war. Und wie alle damals als »Bodensatz« nach der großen Schur des Potsdamer Abkommens übriggebliebenen deutschen oder zunächst als X-Schiffe fahrenden Schiffe, führte die STETTIN in jener Zeit mangels einer anderer Nationalflagge die für alle derartigen Seefahrzeuge vorgeschriebene Flagge »C« oder »Caesar« des Internationalen Signalbuches. Dem Vernehmen nach symbolisierte dieser Buchstabe den Begriff »Control Council for Germany«. Von den Seeleuten wurde diese am Heck gefahrene Signalflagge kurz und schmerzlos »der Feudel« genannt. Aber es ergab sich die Groteske, daß die Farben dieser Flagge haargenau jenen der National flagge von Costa Rica glich, was bei ausländischen Schiffen immer wieder für Verwirrung sorgte.

Weder bei Bolten noch bei Braeunlich gab man sich Utopien hin: Dieser Schwarzmarkt-Liniendienst zwischen Elbe und Weser war ein Kind der Zeit, das nach der Währungsreform keine Chancen mehr haben konnte. Und so kam es auch ...

Bis die Suche nach einer neuen Verwendung vielleicht von Erfolg gekrönt war, wurde die Stettin in einer stillen Ecke des Hamburger Hafens, in der keine Kaigebühren gezahlt werden mußten, aufgelegt. Dabei gab es ein Malheur. Bei einer Sturmflut riß sich das Schiff los, erlitt schwere Wassereinbrüche und soff zu deutsch gesagt ab, sie kenterte. Dabei nahmen Schornstein und Bootsdeck schweren Schaden. Weil das Schiff länger unter Wasser gelegen hatte, war vieles unbrauchbar geworden. Das Reinigen des gesamten Fahrzeugs von Schlick, Säuberung und Konservierungsarbeiten sowie Entfernen sämtlicher Holzteile aus den Innenräumen, Wiederherstellung der technischen Funktionen und vieles mehr kosteten Nerven und Geld.

Die Schadenstaxe war mit 116.291,– DM festgestellt. Für 42.000,– DM waren schon Reparaturarbeiten ausgeführt worden. Sie wurden vorerst gestoppt. Die Versicherer hatten zunächst 95.000,– DM angeboten, nach erneuten Verhandlungen die Abfindungssumme auf 105.000,– DM erhöht.

Jetzt wurde Weisung erteilt, alle von Bord genommenen Teile wieder an Bord zu bringen und die laufenden Verkaufsverhandlungen abzuwarten.

Sie fanden statt mit Polen, der Türkei und der damaligen DDR, schließlich sogar mit Dänemark. Von dort lagen sogar mehrere Anfragen vor. Sie waren leider mit einer unerfüllbaren Bedingung verknüpft, daß eine größere Zahl Autos befördert werden mußten, darunter mehrere große Reiseomnibusse. Deshalb kam es zu keinem Verkauf.

Von polnischer Seite kam die Anfrage zur Verwendung als Bäderdampfer an der polnischen Küste. Das Verkaufsangebot lautete auf 216.000,– DM wie das Schiff liegt und steht, zahlbar bei Übernahme in Hamburg. Zwei Besichtigungen hatten inzwischen stattgefunden. Antwort sollte in 14 Tagen erfolgen. Man beschloß bis 200.000,– DM herunterzugehen. Der Rest war jedoch Schweigen.

Falls sich die Angelegenheit zerschlug, sollte die Stettin zur Verwendung an der Mecklenburg-Pommern Küste der DDR zum Verkauf oder zur Charter angeboten werden. Verhandlungen waren in Schwerin und in Stralsund aufgenommen worden.

Bezüglich des DDR-Interesses wäre zu sagen, daß die DDR sich nach 14 Tagen entscheiden wollte, aber fast zwei Monate verstreichen ließ. Es war Verzögerungstaktik oder aber der in der damaligen Planwirtschaft fehlende Mut der zuständigen Stellen, eine derartige Entscheidung zu treffen, die auch noch ohnehin knappe Devisen gekostet hätte, wenn man angesichts des unguten Wechselkurses einen horrenden Überpreis in der Ostmark-Währung vermeiden wollte. Und mit großer Wahrscheinlichkeit bestand in der damaligen Volksrepublik Polen dasselbe Problem. Und so war es wohl eher als Ausflucht zu werten, als die Polen mit erheblicher Verzögerung dann doch ihr Schweigen brachen, allerdings mit ablehendem Bescheid:

Es gab die »Baltic Union Shipbrokers Ltd.« erst Anfang Januar 1950 bekannt, daß die Kaufinteressenten der Ansicht sind, die Wiederherstellung des havarierten Schiffes sei erfahrungsgemäß nicht bis Ende März möglich und sie *deshalb* von dem Kauf absehen wollten.

Da aber gründliche Erkundungen und Marktforschungen ergeben hatten, daß eine weitere Einsatzmöglichkeit an der Nordseeküste für die STETTIN nicht mehr bestand, wurde sie am 5. Januar 1951 gegen sofortige Zahlung von 36.500 DM an den Schiffsabbruchbetrieb Rittscher in Hamburg-Harburg verkauft. Der erzielte Erlös sollte für einen mit zu erwartenden staatlichen Fördermitteln geplanten Neubau mitverwendet werden.

Als 1946 die Gewißheit zu Hans Braeunlich durchgedrungen war, daß die STETTIN heil in den Westen gelangt und seltsamerweise nicht zur Kriegsbeute der Siegermächte erklärt worden war, kam dem Reeder plötzlich die Erinnerung an das bekannte Kinderlied »Zehn kleine Negerlein ...«. Zwar handelte es sich im Falle der Braeunlich-Flotte zuletzt nur um sieben Seebäderschiffe, ›Das weiße Siebengestirn‹, aber die Reederei hatte früher schon aus zehn Dampfern und zeitweise mehr bestanden. Wie hieß es doch in dem Lied zum Schluß:

»Ein kleines Negerlein, das sah ein Mädchen steh'n,
als es sich dies zur Frau genommmen, da war'ns bald wieder zehn.«

Die Zahl der »kleinen Negerlein« könnte also wieder stimmen, wenn ...

Vollständig würde sich die Braeunlich-Reederei jedoch nicht wieder wie ein Vogel Phönix aus der Asche erheben können, denn es fehlte das Fahrtgebiet, das sie in über achtzig Jahren entwickelt hatte und in dem sie ein Markenzeichen geworden war. Aber ganz und gar aufzugeben, das war nicht die Art der Pommern. Dann war eben ein bescheidener Anfang angesagt.

Erste Kontakte und Vorbesprechungen mit der Hamburger Reederei »Oldenburg-Portugiesische Dampfschiffs-Rhederei Kusen, Heitmann & Cie, K.G., Hamburg« (O.P.D.R.) hatten bereits stattgefunden, einer Reederei mit vergleichbaren Traditionen. Die Stettiner hatten in ihr eine für ihr Neubauvorhaben geeignete Partnerin gefunden. Nach weiteren Gesprächen zwischen dem Aufsichtsratsvorsitzenden Dr. Rudolf Krull sowie Dr. Hans W. Kusen von der Hamburger Reederei hatte sich diese unter der Voraussetzung, daß das Wiederaufbaugesetz mit dem im Entwurf vorliegenden Inhalt wirklich erlassen wird, im ersten Quartal 1950 schriftlich bereit erklärt, ein Frachtschiff von der Reederei Braeunlich auf 16 Jahre zu chartern.

Das Schiff mit 3.000 tdw Tragfähigkeit sollte Braeunlich zu einem Preis von 2.100.000,– DM bei der »Lübecker Maschinenbau AG« nach den Plänen der O.P.D.R. bauen lassen, und zwar zu 40 Prozent Bundesdarlehen und zu 60 Prozent mit anderen Krediten und Eigenmitteln.

Die O.P.D.R. verpflichtete sich, bei der Beschaffung der Geldmittel mitzuwirken, die gesamte Verzinsung und Tilgung der Baugelder zu übernehmen, alle sonstigen Kosten des Schiffes und des Betriebes zu tragen, das Schiff nach 16 Jahren zu dem dann festgesetzten Taxpreis vom Bund über Braeunlich käuflich zu übernehmen und außerdem an Braeunlich für 16 Jahre jährlich 13.500,– DM zu zahlen.

Auf dieser Basis wurden in der Folgezeit diverse Gespräche geführt, bis es zu konkreten Vertragsverhandlungen mit im wesentlichen unveränderten Konditionen kam.

Aufgrund des Wiederaufbaugesetzes 1950 für die Seeschiffahrt hatte auch die Reederei Braeunlich nach den erlittenen Verlusten einen Anspruch auf Bereitstellung von Krediten seitens der Regierung. Da diese bei weitem nicht für die Finanzierung eines Neubaus reichten, fand die Gesellschaft in besagter Hamburger Reederei den geeigneten Partner. Am 23. Mai 1951 gründeten in Lübeck die Kaufleute Jürgen F. Braeunlich, Dr. Hans W. Kusen und Hans Heitmann als Kommanditisten zum Zweck des Betriebs einer Reederei die »Stettiner Dampfschiffs-Gesellschaft J.F. Braeunlich, K.G.« Bald danach wurde durch Gesellschafterbeschluß der Firma J.F. Braeunlich GmbH das Vermögen in die Kommanditgesellschaft übertragen. So war es der Partnerreederei möglich, die Anteile von den bisherigen Gesellschaftern, die ja durch die Flucht aus dem Osten und die Kriegsfolgen zum größten Teil verarmt waren, zu erwerben. Hans Braeunlich und John Bargmann wurden Prokuristen. Besiegelt wurde die Firmengründung im Notariat von Hans Wehrmann, einem Nachkommen des Verfassers der »Geschichte der Stadt Stettin«, Prof. Dr. Martin Wehrmann.

Stapellauf des Frachtmotorschiffs Melilla am 8. September 1952 bei »Orenstein-Koppel und Lübecker Maschinenbau Aktiengesellschaft«. Es blieb bis 1971 unter deutscher Flagge in Fahrt.

Frachtmotorschiff MELILLA, 3.060 twd, 1.706 BRT, 2.400 PSi, 14 kn, der einzige Nachkriegsbau der »Stettiner Dampfschiffs-Gesellschaft J. F. Braeunlich K. G.« in Lübeck, später Hamburg. Das Schiff lief in Dauercharter der Korrenzpondenz-Reederei O.P.D.R.

Bei der Lübecker Maschinenbau-Gesellschaft wurde ein kombiniertes Frachtschiff mit 4 Zweibett-Fahrgastkabinen in Auftrag gegeben. Das auf den Namen MELILLA getaufte Motorschiff wurde im November 1952 der Reederei J.F. Braeunlich K.G. übergeben. Diese vercharterte es für einen Zeitraum von sechzehn Jahren an die Oldenburg-Portugiesische Dampfschiffs-Rhederei in Hamburg. Danach ging es in den Schiffsbestand dieser O.P.D.R. über. Auf diese Weise wurde das einstweilige Fortbestehen der alten Reederei Braeunlich sichergestellt. Die Verlegung des Firmensitzes nach Hamburg war Anfang 1956 erfolgt. Die Handelsregistereintragung der Firma ist erst im Februar 1995 beim Amtsgericht Hamburg gelöscht worden.

Wie schwierig es letztendlich war, derartige Firmenumwandlungen und Transaktionen zur Zufriedenheit aller Beteiligten, sowohl der Vertragspartner als auch der indirekt betroffenen ehemaligen Anteilseigner, bis zum Ende abzuwickeln, zeigte die erst viele Jahre später erfolgte Anordnung im »Allgemeinen Kriegsfolgegesetz«. Darin war eine Aufwertung der Reichsschatzanweisungen (aus dem Firmenkapital) mit 10 Prozent sowie eine Wiederaufnahme der Verzinsung ab 1. April 1955 rückwirkend angeordnet worden. Handelte es sich doch bei den meisten Gesellschaftern der Stettiner Reederei um Personen, die bereits durch den Verlust von Hab und Gut sowie ihrer Heimat durch die Vertreibung über Gebühr geschädigt waren. Einige dieser Personen hatten ihren Wohnsitz auch noch im östlichen Teil Deutschlands und unterlagen anderen gesetzlichen Bestimmungen oder sie waren inzwischen verstorben und hatten ihre Ansprüche vererbt.

Mit persönlichem Engagement setzte sich Hans Braeunlich – inzwischen aus Altersgründen aus dem Unternehmen längst ausgeschieden – (1971) dafür ein, daß alle früheren Eigentümer von Geschäftsanteilen an der »Stettiner Dampfschiffs-Gesellschaft J.F. Braeunlich, G.m.b.H., Stettin« zur Abwendung einer unzumutbaren Härte im Lastenausgleichsverfahren eine Zahlung erhalten sollten. Diese sollte seitens der Reederei »J.F.

Braeunlich, K.G., Hamburg« auf Antrag geleistet werden und zwar in Höhe der zehnprozentigen Aufwertung der RM 720.000,– Reichsschatzanweisungen einschließlich der aufgelaufenen Zinsen, die in Summe dem Unternehmen inzwischen zugeflossen waren.

Selbst inzwischen im achtzigsten Lebensjahr, in Preußen aufgewachsen und erzogen, war es für ihn eine innere Verpflichtung, sich für die Gerechtigkeit einzusetzen. Waren doch einige Betroffene teils mit weniger als er, mit nur einem kleinen Koffer in den Westen gekommen und hatten dort mit Energie und viel Fleiß sich eine neue Existenz aufbauen und eine neue Heimat finden müssen. Er setzte sich wie seine Vorgänger bis zuletzt für die ihm anvertrauten Menschen und Aufgaben ein und zwar meist mit Erfolg. Er durfte stolz auf seine preußischen Tugenden sein.

Der Stückgutfrachter MELILLA vor dem Eindocken zur turnusmäßigen Neuklassifizierung bei einer Hamburger Werft. Das Schwimmdock ist bereits abgesenkt.

Nachwirkende Erinnerung

Es wurde gesagt, daß man die im Westen entstandene neue Braeunlich-Reederei erst 1995 im Handelsregister gelöscht hat. Sie bestand also noch auf dem Papier, als Mauer und Zonengrenze fielen und die beiden vorherigen Teilstaaten wiedervereinigt wurden. Es bleibt eine hypothetische Frage, ob die Wiedereinrichtung eines Bäderverkehrs über Stettin, von den Polen in ihrer Sprache Szczecin genannt, reelle Chancen haben könnte.

Sicherlich wäre es den polnischen Nachbarn mehr als recht, wenn der Hafen von Stettin/Szczecin wieder die einträgliche Rolle des »Hafens der deutschen Hauptstadt Berlin« übernehmen könnte.

Die Hansekogge über dem Portal der ehemaligen paritätischen Heuerstelle im Stettiner Seemannsheim in der Augustastraße segelt seit der Restaurierung auch dieses Hauses wieder im alten Glanz. Und der ebenso spektakuläre wie herzliche Empfang des Dampfeisbrechers STETTIN in seiner Heimatstadt, vor der Stettiner Hakenterrasse, 53 Jahre nach seiner nächtlichen Flucht von dort, läßt interessante Rückschlüsse zu. Politisch wäre eine neue Sassnitz-Linie sicherlich kein Problem.

Anders sieht es mit den völlig veränderten Verhältnissen der Jetztzeit aus. Niemand könnte heute noch ungestraft die hohen Kapitaldienstkosten für Schiffsneubauten aufbringen, die sich durch winterliches Aufliegen nicht ausreichend amortisieren. Die inzwischen eingetretenen klimatischen Veränderungen ließen auch die früher allwinterliche Vereisung von Oder und Haff Vergangenheit werden, so daß die einst gegebene, ideale Wechselwirkung zwischen den Bäderschiffen und den von Braeunlich bereederten Eisbrechern nicht mehr denkbar ist.

So bleibt nur noch die Genugtuung darüber, daß der früher stets von Braeunlich-Besatzungen gefahrene Dampfeisbrecher STETTIN als klassifiziertes Seeschiff weiterhin bei seinen sommerlichen Fahrten die Traditionsflagge der Eisbrecherverwaltung der Industrie- und Handelskammer zu Stettin führt und seinen früheren Heimathafen sowie seine Geburtsstätte an der Oder immer stärker in die Erinnerung zurückbringt.

Und wenn inzwischen sogar die Selliner Seebrücke – in moderner Bauweise – ihr früheres nostalgisches Aussehen und dank Verlängerung die Brauchbarkeit für den Schiffsverkehr zurückerhalten hat, dann setzt sie auch jener Reederei ein Denkmal, deretwegen die Vorgängerin gebaut wurde und die zur Hälfte deren Eigentümerin war.

Was mit dem Raddampfer DIE DIEVENOW begonnen hatte und mit dem Motorschiff MELILLA beendet wurde, umfaßt 116 Jahre Seefahrtgeschichte. Sie betrifft ein Unternehmen, das wie kein zweites die Entwicklung der Ostseebäder Vorpommerns und sogar Bornholms bewirkt und vorangebracht hat. Hunderttausende von Menschen haben die Braeunlich-Dampfer von Stettin aus in die Ostseebäder oder von dort aus nach Bornholm und Kopenhagen gebracht. Bei vielen Berlinern und erst recht Stettinern über 65 Jahre, aber bei ebenso vielen Usedomern und Rüganern bemerkt man, daß sie leuchtende Augen bekommen, wenn die Namen der weißen Dampfer ausgesprochen werden. Sie waren untrennbar verknüpft mit selig-unbeschwerten Kindheits- und Jugenderinnerungen. Mit den Braeunlich-Schiffen fuhr man von der Stettiner Hakenterrasse ab, seewärts. Und sowie man die Schiffsplanken betreten hatte und den Rauch dieser Dampfer roch, die Möwen kreischen hörte und schließlich die sanften Schwingungen der Dampfmaschinen vernahm, waren die so heiß ersehnten Großen Ferien oder auch nur die Pfingstferien Wirklichkeit geworden. Es waren Schiffe der Lebensfreude und der Urlaubsstimmung. Es gibt nun mal im Leben Dinge von bleibendem Erinnerungswert, die »in ihrer Kraft und Beständigkeit über Glück und Unglück erhaben sind und das Gefühl fortdauernden Bestehens geben können«, wie das der Kapitän und Dichter Joseph Conrad im »Spiegel der See« so schön formulierte, als er von »diesem endlosen Vorübertaumeln von Schatten und Schattengestalten« sprach, »die an uns vorüberfliegen und hinter die harte Kante des Horizontes sinken wie Dämmer phantastischer Wolkengebilde an einem windigen Tag über See ...«

Eine Flotte von unvergeßlichen weißen Schiffen leuchtet in unserer Erinnerung ebenso hell zurück wie die von der Morgensonne angestrahlten Kreidefelsen von Rügen, an denen sie oft genug vorbeigefahren sind.

Nachwort und Dankadresse

Das »Weiße Siebengestirn« der Bäderdampfer RUGARD, ODIN, HERTHA, FRIGGA, BERLIN, STETTIN und SWINEMÜNDE bestimmte im letzten Friedenssommer 1939 das Bild der großen Seebrücken von Usedom und Rügen, die Szenerie vor der Stettiner Hakenterrasse sowie der Häfen Swinemünde und Sassnitz. In der Erinnerung unzähliger Menschen in Vorpommern und Berlin sowie binnenländischer Stammgäste der Ostseebäder leben diese so vertraut gewordenen Schiffe fort.

Dieses Buch setzt sich mit Geschichte und Schicksal der erfolgreichsten Reederei ihres Metiers auseinander, eingebettet in die Zeitläufe zwischen 1851 und 1995.

Viele Fotos aus länger zurückliegenden Zeiten sowie die Kunstdrucke der Gemälde von Professor Willy Stöwer stellte Herr Professor Theodor Siersdorfer, Essen, zur Verfügung. Ihm gebührt ebenso besonderer Dank wie dem Deutschen Schiffahrtsmuseum in Bremerhaven, das alle gewünschten Fotos aus dem dort vereinnahmten »Stettiner Schiffahrtsarchiv« von Kurt Pittelkow von Negativen reproduzierte. Auch das »Wissenschaftliche Institut für Schiffahrts- und Marinegeschichte« von Peter Tamm in Hamburg stellte weiteres Bildmaterial ebenso bereitwillig zur Verfügung wie die auf der Impressum-Seite genannten Einzelpersonen.

Wesentliche historische Aufhellung verdanke ich der von Kurt Wulf, Hamburg, verfaßten Chronik der Seefahrer-Familien Wulf und Delfs aus Kiel und Stettin, den »Beiträgen zur Schiffahrtsgeschichte der Stadt Stettin« von Kurt Pittelkow sowie der Autoren Theodor F. Siersdorfer und Gottfried Loeck in der Kulturzeitschrift »Pommern«.

Besonders danke ich meinem einfühlsamen Lektor Hans Georg Prager, der seine Rüganer-Heimatliebe, seine eigenen Erinnerungen an unsere Reederei und ihre Schiffe mit seinem fundierten schiffahrtshistorischen Wissen verband und das Ganze zur Abrundung brachte.

Hamburg, im Juni 1999
Jürgen F. Braeunlich

Reederei-Chronik

1852	Reedereigründung durch Julius F. Braeunlich mit der Indienststellung des Raddampfers DIE DIEVENOW.
1862	Erster Linienverkehr Stettin–Putbus/Lauterbach–Greifswald.
1880	Die beiden ältesten Reedersöhne Oscar und Dr. Julius Braeunlich treten in das Schiffahrtsunternehmen ein.
26. Juni 1880	Fertigstellung der »Kaiserfahrt« nach fünfjähriger Bauzeit.
15. Dezember 1888	Infahrtsetzung der ersten Stettiner Eisbrecher.
1. Mai 1890	Gründung der »Stettiner Seebäder-Reederei Ballin & Braeunlich«.
10. September 1890	Julius Ferdinand Braeunlich in Stettin gestorben.
23. Oktober 1896	Gründung der »Stettiner Dampfschiffs-Gesellschaft J.F. Braeunlich, G.m.b.H., Stettin«.
1. Mai 1897	Infahrtsetzung des Schnelldampfers IMPERATOR zur Eröffnung der Reichspost-Dampferverbindung Sassnitz–Trelleborg.
31. Dezember 1899	Oscar Braeunlich scheidet aus der Gesellschaft aus und betreibt den Nahverkehr mit den kleineren Schiffen weiter.
1. Januar 1900	Dr. Julius Braeunlich und der neue zweite Geschäftsführer Franz Gribel widmen sich ganz der Postdampferlinie und dem Seebäderdienst der G.m.b.H.
2. Januar 1900	Gründung des »Verbandes Deutscher Ostseebäder« in Berlin.
1. Juni 1900	Aufnahme der allwöchentlichen Sonntagsfahrten Sassnitz–Bornholm.
10. Mai 1902	Indienststellung des Passagierdampfers ODIN.
7. Juni 1905	Indienststellung des Passagierdampfers HERTHA, der zusammen mit ODIN auf der Postdampferlinie Sassnitz–Trelleborg fährt.
1. November 1905	Zweiter Zehnjahresvertrag zur Postdampferverbindung.
2. August 1906	Eine 500 Meter lange Anlegebrücke in Sellin wird fertiggestellt.
20. Mai 1914	Indienststellung des Passagierdampfers RÜGEN.
August 1914	Erster Weltkrieg: Die Kaiserliche Marine zieht bis auf FREIA alle Schiffe ein.
1. Mai 1919	Erste Fahrten mit FREIA, ab Juli auch wieder mit HERTHA bis Rügen.
11. Juli 1920	Abstimmungsfahrten für den »Seedienst Ostpreußen« bringen 97,7 Prozent der Stimmen für Deutschland. FREIA nimmt daran teil.
1. Januar 1924	Hans Braeunlich wird Geschäftsführer der Gesellschaft.
24. Februar 1924	Seebrücke in Sellin/Rügen durch Eisgang zerdrückt.
12. April 1924	Gemeinde Sellin und Reederei J.F. Braeunlich schließen einen Wiederaufbauvertrag für die Seebrücke.
26. November 1925	Dr. jur. Julius Braeunlich in Stettin gestorben.
4. August 1926	Das neue »Seedienstschiff« PREUSSEN wird durch Braeunlich bereedert.
2. Juni 1927	Indienststellung des Passagierdampfers RUGARD.
16. Januar 1929	Erwerb der Aktienmajorität der »Swinemünder Dampfschiffahrts A.G.«.
10. Juni 1939	J.F. Braeunlich übernimmt die »Swinemünder Dampfschiffahrts A.G.« als eigene Zweigniederlassung in Swinemünde ganz.
1. September 1939	Zweiter Weltkrieg: Die Deutsche Kriegsmarine erfaßt die Schiffe.
1. Juni 1942	J.F. Braeunlich erwirbt 25 Prozent der Trajektreederei Hans Knust.

22. Dezember 1943	Dr.h.c. Franz Gribel, Nestor der Stettiner Reeder gestorben.
1944/1945	Verlegung der Reedereien R.C. Gribel und J.F. Braeunlich nach Lübeck.
1. Mai 1946	Einziger verbliebener Dampfer STETTIN kann für zwei Jahre verchartert werden.
23. Mai 1951	Gründung der »Stettiner Dampfschiffs-Gesellschaft J.F. Braeunlich, K.G., Lübeck«.
11. November 1952	Indienststellung des Kombifrachters MELILLA und Vercharterung an die »Oldenburg-Portugiesische Dampfschiffs-Rhederei, Hamburg«.
4. Januar 1956	Verlegung des Firmensitzes von Lübeck nach Hamburg.
24. Februar 1995	Handelsregistereintragung beim Amtsgericht Hamburg gelöscht.

An die Ostsee
über Stettin

Dampfschiffs-Fahrplan
und
Verkehrs-Handbuch
mit illustrierter Reisebeschreibung und Verkehrskarte
der Ostsee

1 9 3 8
28. JAHRGANG

Herausgegeben
von der Stettiner Dampfschiffs-Gesellschaft
J. F. Braeunlich, G. m. b. H.
Stettin, Bollwerk 1b, Zimmer 10 / Fernsprecher 20030 und 21415
Telegramm-Adresse: „Saßnitzlinie"

und der Swinemünder Dampfschiffahrts-A.-G.
Stettin, Bollwerk 1b, Zimmer 9 / Fernsprecher 21415 / Telegr.-Adr. „Swidug"

NACHDRUCK VERBOTEN

Ausführliche Schiffsliste

1. **Die Dievenow** (JBPH ab 1864) Passagier-, Fracht- und Schleppdampfer
Vermessung 1854: 67 Alte Preußische Normallasten / 36.30 m – 3.40 m – 2.33 m; 1 vertikale Einfach-Expansionsmaschine von 50 PSn = 220 PSi auf 2 Seitenräder; 7 Mann Besatzung

1852	Stapellauf bei Früchtenicht & Brock, Bredow b. Stettin (Bau-Nr. 1).
1853	Bielbrief am 6.4. ausgefertigt, in Dienst für J.F. Braeunlich, Stettin, Einsatz auf der unteren Oder bis Swinemünde, auf den Gewässern im Raum Stettin.
1859	Vermessung jetzt 48 Preußische Normallasten = 96 t Tragfähigkeit.
1880	Neuvermessung als Seeschiff: 104 BRT / 68 NRT / 1 oszyllierende Zwillings-Maschine von 200 PSi / 1-Feuerbüchsen-Kessel; nach Umbau auch über Swinemünde hinaus zugelassen, bis Dievenow bzw. Peenemünde eingesetzt.
1896	blieb auch nach der Gründung der Stettiner D.G. auf den Namen von J.F. Braeunlich eingetragen.
1897	zum Abbruch verkauft.

2. **Princess Royal Victoria** (JBPK ab 1857) Passagier-, Fracht- und Schleppdampfer
Vermessung 1857: 120 Alte Preußische Normallasten / 42.38 m – 5.40 m – 2.67 m; 1 Einfach-Expansions-Maschine mit oszyillierendem Zylinder von 65 PSn = 200 PSi auf 2 Seitenräder; 8 Mann Besatzung

1857	Stapellauf bei der Stettiner Maschinenbau-AG »Vulcan« (Bau-Nr. 14).
1859	Bielbrief ausgefertigt am 1.12., in Dienst für J.F. Braeunlich, Stettin, Einsatz zwischen Stettin und Swinemünde später zwischen Stettin und Lauterbach/Rügen.
1863	Vermessung geändert auf 144 BRT / 31 NRT. Das Schiff blieb im Dienst bis 1900, konnte aber später auch über Swinemünde hinaus eingesetzt werden. Nach Gründung der Stettiner D.G. blieb es auf dem Namen von J.F. Braeunlich eingetragen.
1900	verkauft an Wilhelm Kunstmann Stettin/Swinemünde und umgerüstet zum Seeleichter Nordlicht.
1901	verkauft an W. Kunstmann, Stettin. In Lloyds Register bis 1910. Letzter Namen Nordlicht.

3. **Misdroy** (JBNP) Passagier-, Fracht- und Schleppdampfer
Vermessung 1859: 54 Preußische Normallasten / 38.65 m – 5.06 m – 2.34 m; 1 oszyllierende Zwillings-Maschine von 50 PSn = 160 Psi auf 2 Seitenräder; 7 Mann Besatzung

1859	Stapellauf bei der Stettiner Maschinenbau AG »Vulcan«, Bredow (Bau-Nr. 19); Bielbrief ausgefertigt am 1. Dezember, in Dienst für J.F. Braeunlich, Stettin; Einsatz auf der unteren Oder bis zu den Seebädern auf Usedom und Wollin, später bis nach Lauterbach/Rügen.
1862	nicht mehr als Seeschiff registriert.
1862	als Binnenschiff registriert bis 1869.
1873	übernommen von den Schiffseignern von Ploetz & von Flemming (Korrespondenzreeder verblieb J.B. Braeunlich). Ende der siebziger Jahre wieder von J.F. Braeunlich übernommen.
1880	Vermessung geändert: 112 BRT / 77 NRT; verkauft an W. Kunstmann, Stettin: Einsatz im Passagierverkehr Stettin–Cammin, Stettin–Zinnowitz und Stettin–Lauterbach/Rügen.
1906	nicht mehr Seeschiff.
1911	zum Abbruch verkauft.

4. **Nymphe** Passagierdampfer

50 BRT / 25.11 m – 3.76 m – 1.25 m / 1 vertikale Einfach-Expansionsmaschine von 60 PSi

1863 Stapellauf bei der Stettiner Maschinenbau AG »Vulcan«, Bredow (Bau-Nr. 39). Das Schiff war immer als Binnenschiff klassifiziert, sein Verbleib ist bisher ungeklärt.

5. **Najade** Passagierdampfer

50 BRT / 25.11 m – 3.76 m – 1.25 m / 1 vertikale Einfach-Expansionsmaschine von 60 PSi

1864 Stapellauf bei der Stettiner Maschinenbau AG »Vulcan«, Bredow (Bau-Nr. 44). Das Schiff war immer als Binnenschiff klassifiziert. Nach dem Verkauf an die »Stettin-Wollin-Dievenower Dampfschiffs-Gesellschaft« ging im November 1911 der Dampfer an den Schiffseigner H. Eduard Finke in Fürstenberg/Oder und wurde in Gretchen umbenannt.

1913 verkauft an August Blankenberg in Fürstenberg/Oder und umbenannt in Walter.

1931 verkauft an Fritz Christoph in Fürstenwalde/Spree und umbenannt in Albatross.

1938 verkauft an Erich Fischer, Berlin, mit dem Heimathafen Kaisermühl b. Müllrose.

1940 umbenannt in Ella.

1973 verkauft zum Abbruch.

6. **Nixe** Passagierdampfer

50 BRT / 25.11 m – 3.76 m – 12.5 m / 1 vertikale Einfach-Expansionsmaschine von 60 PSi

1864 Stapellauf bei der Stettiner Maschinenbau AG »Vulcan«, Bredow (Bau-Nr. 45.) Das Schiff war immer als Binnenschiff klassifiziert. Das Schiff wurde 1901 neu vermessen als Binnenschiff mit 27 t Tragfähigkeit, umgebaut zum Passagier-Motorschiff – der Zeitpunkt ist nicht bekannt. Von Februar 1942 bis Juli 1948 war dieses Schiff als Herbert für den Eigner Herbert Zachertz in Fürstenberg/Oder eingetragen, ab Juli 1948 für den Eigner Willy Unger in Ratzdorf/bei Eisenhüttenstadt mit 14,5 t Tragfähigkeit und einer Zulassung von 200 Personen. Ab August 1951 gehörte das inzwischen umbenannte Motorschiff Gerda dem Eigner Friedrich Lettow in Friedrichsthal.

7. **Das Haff** (JCVN ab 1864) Passagierdampfer

151 BRT / 12 NRT / 36.21 m – 4.41 m – 1.94 m; 1 Schubkurbel-Zwillings-Maschine von 40 PSn = 130 PSi / 1-Feuerbüchsenkessel / 1 Schraube; 9 Mann Besatzung

1864 Stapellauf bei der Stettiner Maschinenbau-AG »Vulcan«, Bredow (Bau-Nr. 46); Indienststellung im gleichen Jahr für J.F. Braeunlich, Stettin.

1880 umgebaut und neu vermessen: 81 BRT / 54 NRT / 1 Compound-Maschine von 130 PSi.

1896 neu vermessen: 82 BRT / 32 NRT.

1901 verkauft an die »Swinemünder Dampfschiffahrts-Aktien-Gesellschaft-A.G.« als Binnenschiff klassifiziert und umbenannt in Ahlbeck.

1904 angekauft, von Gottfried Th.G.Rogall, Hamburg (eingetragen in Altona), dort umbenannt in Varuna.

1905 Eigner C.J. L. Pokorny, Hamburg/Wismar mit Heimathafen Wismar

1905 Eigner die Firma G.T.C. Rogall, Wismar.

1906 Eigner F.G. Volkens, Wismar.

1907 Eigner Gebrüder Lüders, Hamburg.

1908 noch Eintragung Gebrüder Lüders, Wismar beim Germanischen Lloyd (CGL).

1912 nicht mehr bei GL registriert.

8. **Wolliner Greif** (JCPT) Passagierdampfer / Seebäderdienst Ostsee

14 Preußische Normallasten / 39.68 m – 4.92 m – 2.33 m; 1 Einfach-Exp.Maschine mit oszyllierendem Zylinder von 50 PSn = 165 PSi / 2 Seitenräder; 8 Mann Besatzung

1864 Stapellauf bei Möller & Holberg, Grabow (Bau-Nr. 19).
1865 Indienststellung für J.F. Braeunlich, Stettin.
1869 Verkauf an Friedrich David Manthey, Stettin. Nach weiteren Eignerwechseln und Neuvermessung mit 95 BRT / 63 NRT
1903 Verkauf an Kapitän A. Diense und Konsorten, neuer Name Arkona.
1915 verkauft an E. Mohrmann, Greifswald, umbenannt in Greifswald.
1918 Verkauf an W. Kunstmann, Stettin.
1919 Verkauf an Sassnitzer Dampfschiffahrts-Gesellschaft.
1922 verkauft an schwedische Eigner als Spritschmuggler.
1923 verlorengegangen vor Strömstad/Norwegen.

9. Terra (HBDV) Passagierdampfer

103 BRT / 72 NRT / 40.60 m – 4.66 m – 2.21 m; 1 einzylindrige Schubkurbel-Maschine von 200 PSi / 1 Feuerbüchsen-Kessel / 2 Seitenräder; 6 Mann Besatzung

1856 Stapellauf in Glasgow, Indienststellung für John Mason, Memel.
1862 als Nr. 43 ins Memeler Schiffsregister eingetragen. Nach zwei Memeler Zwischenverkäufen:
1874 angekauft von J.F. Braeunlich, Stettin; Einsatz auf der unteren Oder und im Seebäderverkehr nach Usedom und Wollin.
1896 bei Gründung der »Stettiner D.G.« weiter für J.F. Braeunlich eingetragen.
1900 noch in allen Registern geführt; in diesem Jahre an die Stettin-Cammin-Wollin-Dievenower D.G. veräußert.
1903 verlorengegangen nach einer am 19.7.1903 bei Frauendorf erlittenen Kollision.

10. Der Kaiser (JDGK) Passagierdampfer

? BRT / 196 NRT / 36.85 m – 5.55 m – 2.49 m; 1 Coupound-Maschine / Kessel / 280 PSi / Seitenräder; 12 Mann Besatzung, ? Passagiere

1865 Stapellauf bei einer Glasgower Werft (in Lloyds Register nicht angegeben) unter dem Namen Mildred.
1871 vom Baltischen Lloyd, Stettin, angekauft und umbenannt in Der Kaiser.
1876 nach dem Konkurs dieser Reederei angekauft durch J.F. Braeunlich.
1979 neu vermessen: 189 BRT / 122 NRT.
1896 neu vermessen: 201 BRT / 73 NRT.
1900 zum Abbruch verkauft.

11. Kronprinz Friedrich Wilhelm (JDLH) Passagierdampfer

217 BRT / 121 NRT / 61,65 m – 5.87 m – 2.31 m; 1 einzylindrige Schubkurbel-Maschine / 2 Feuerbüchsen-Kessel / 350 PSi / Seitenräder; 12 Mann Besatzung

1870 Stapellauf bei T.B. Seath & Co., Glasgow, als Bonnie Doon.
1876 angekauft von J.F. Braeunlich, Stettin, und umbenannt in Kronprinz Friedrich Wilhelm.
1896 neu vermessen: 264 BRT / 77 NRT Liniendienst nach Sassnitz und Bornholm.
1901 verkauft an Carl Feuerloh, Stettin.
1903 Maschine entfernt, Rumpf weitgehend ausgeschlachtet. Restschicksal unbekannt. Im 3. Quartal 1903 nach Rotterdam verkauft und hier abgewrackt.

12. Neptun Passagierdampfer

? BRT / ? NRT / 23.67 m – 4.08 m – 1.25 m; 1 Compound-Maschine / 75 PSi

1877 Stapellauf bei der Stettiner Maschinenbau-AG »Vulcan«, Bredow (Bau-Nr. 79). Das Schiff war immer als Binnenschiff klassifiziert, der weitere Verbleib ist ungeklärt.
1900 verkauft an die Dampfschiffahrts-Gesellschaft Oberhaven und Tegeler See, Spandau.
1907 verkauft an die Spree-Havel Dampfschiffahrts-Gesellschaft »Stern«, Berlin.
1919 verkauft an Gustav Schulz, Stettin, und umbenannt in Marianne.

1940/41 Verwendung als Heizboot STETTIN in der Deutschen Kriegsmarine.
1944 zurückgegeben an die Reederei
1945 verlegt nach Loitz.
1951 verkauft an die Reederei Bauer in Berlin-Friedrichshagen.
1957 verkauft an Richard Fahlenberg, Rathenow.
1961 verkauft zum Abbruch.

13. CLARA (JDTG) Frachtdampfer

266 BRT / 201 NRT / 41.32 m – 6.33 m – 3.39 m; 1 Hoch- und Niederdruck-Maschine / 1 liegender Kessel / 200 PSi / 1 Schraube; 11 Mann Besatzung

1881 Stapellauf bei der Stettiner Maschinenbau-AG (vormals Möller & Holberg), Grabow (Bau-Nr. 101). Indienststellung für Heinrich Kuhr, Kolberg.
1887 verkauft an J.F. Braeunlich, Stettin.
1895 neu vermessen: 295 BRT / 163 NRT.
1902 verkauft an Stenzel & Rolke, Stettin.
1908 verkauft an Pio S. Carrasco, Villagarcia/SP, umbenannt in MARIA CARRASCO.
1910 am 25.1. auf Reise San Sebastian de Pravia – San Sebastian mit Kohle vor Plencia gestrandet und verloren gegangen.

14. GLÜCKAUF (JFBT) Passagier- und Frachtdampfer

396 BRT / 269 NRT / 42.76 m – 7.12 m – 3.64 m; 1 Hammer-Compound-Maschine / 1-Feuerbüchsen-Kessel / 260 PSi / 1 Schraube; 11 Mann Besatzung

1889 Stapellauf bei der Stettiner Maschinenbau-AG »Vulcan«, Bredow (Bau-Nr. 192). Indienststellung für J.F. Braeunlich, Stettin.
1895 neu vermessen: nur noch 210 NRT.
1897 verkauft an C.G.O. Winter, Karlskrona. Noch zweimaliger weiterer Eignerwechsel in Schweden.
1918 im Lloyds Register erloschen.

15. MEITZEN (JFBV) Passagier- und Frachtdampfer

395 BRT / 269 NRT / 42.77 m – 7.12 m – 3.64 m; 1 Hammer-Compound-Maschine / 1-Feuerbüchsen-Kesel / 260 PSi / 1 Schraube; 11 Mann Besatzung

1889 Stapellauf bei der Stettiner Maschinenbau-AG »Vulcan«, Bredow (Bau-Nr. 193).
1895 neu vermessen: 371 BRT / 209 NRT.
1896 am 29.12. auf Reise Kolberg–Åhus in Ballast an der Südostküste Schwedens vor Åhus gestrandet und gesunken.

16. FREIA (RGTP) Passagierdampfer

683 BRT / 421 NRT / 71.91 m – 8.13 m – 4.10 m; 1 Compound-Maschine / 2 Feuerbüchsen-Kessel / 1.580 PSi / 2 Seitenräder; 18 Mann Besatzung, 780 Passagiere

1885 Stapellauf am 20.5. bei Blohm & Voss, Hamburg (Bau-Nr. 44). Indienststellung am 18.7. auf Rechnung der Bauwerft.
1889 verkauft an »Ballin's Dampfschiff-Rhederei Gesellschaft«, Hamburg.
1890 übernommen von J.F. Braeunlich, Stettin; neu vermessen, 858 BRT / 337 NRT nach Innenumbau. Eingesetzt im Liniendienst Stettin–Zinnowitz/Seeseite der »Stettiner Seebäder Reederei Ballin & Braeunlich«.
1896 J.F. Braeunlich bringt die FREIA in die mit Stettiner Geschäftsleuten gegründete »Stettiner Dampfschiffs Gesellschaft J.F. Braeunlich GmbH,« Stettin, ein.
1898 als Ersatzschiff auf der Strecke Sassnitz–Trelleborg eingesetzt.
1909 Ersatz- und Sonderfahrtenschiff Sassnitz-Linie, 1920 bis 1925 beim »Seedienst Ostpreußen«.
1929 zum Abwracken nach Holland verkauft.

17. **Langenberg** (JFDH) Passagierdampfer

65 BRT / 35 NRT / 23.05 m – 4.73 m – 2.65 m; 1 Hammer-Compound-Maschine / 1 Einflamm-Röhrenkessel / 150 PSi / 1 Schraube; 6 Mann Besatzung

1889 Stapellauf bei Aron & Gollnow (vormals Möller & Holberg, spätere Stettiner Oderwerke) Grabow (Bau-Nr. 349). Indienststellung für die Dampfschiffahrt AG »Langenberg«, Langenberg.

1892 verkauft an J.F. Braeunlich, Stettin.

1898 im »Handbuch« noch vorhanden, 1899 nicht mehr; möglicherweise jetzt als Binnenschiff klassifiziert.

18. **Nordsee** (LKWR) Passagierdampfer

71 BRT / 50 NRT / 32.05 m – 4.15 m – 2.15 m; 1 Compound-Maschine / 1 zyl. Einender-Kessel / 60 PSi / 2 Seitenräder; 5 Mann Besatzung

1883 Stapellauf am bei Gebr. Howaldt, Kiel (Bau-Nr. 94). Indienststellung für die Föhringer Dampfschiffahrts-Gesellschaft, Wyk/Föhr.

1894 verkauft an J.F. Braeunlich, Stettin.

1897 verkauft an den Lübzin-Berglander Dampfschiffs-Verein, Lübzin. Nach drei weiteren Verkäufen und Fahrt unter den neuen Namen Grossherzog Friedrich Franz in Schwerin und Dronning Alexandrine in Dänemark, zuletzt als Autofähre.

1931 in Svendborg abgewrackt.

19. **Imperator** (JFKQ) Passagierdampfer

1.079 BRT / 450 NRT / 66.68 m – 10.02 m – 5.89 m; 2 Dreifach-Expansionsmaschinen / 4 zyl. Einender-Kessel / 1.800 PSi / 15.0 kn / 2 Schrauben; 30 Mann Besatzung / Passagiere

1897 Stapellauf bei den Stettiner Oderwerken, Grabow (Bau-Nr. 464) Indienststellung für die »Stettiner Dampfschiffs-Gesellschaft J.F. Braeunlich«; eingesetzt auf der Strecke Sassnitz–Trelleborg.

1909 eingesetzt im Seebäderverkehr Stettin–Rügen und bei Skandinavienfahrten.

1914 am 8.8. zur Kaiserlichen Marine eingezogen, umgebaut zum Hilfs-Lazarettschiff »D«.

1919 am 19.2. an die Reederei zurückgegeben, am 14.3. als Kriegsbeute nach Frankreich abgeliefert, für die französische Regierung bereedert durch E. Genoud, Brest.

1922 Eigner jetzt Genoud & Cie., Cherbourg; Schiff umbenannt in Welcome.

1924 neuer Eigner Cherbourg Maritime S.A., Cherbourg.

1935 in Großbritannien abgewrackt.

20. **Germania** (JFNV) Passagierdampfer

1.594 BRT / 742 NRT / 84.67 m – 10.70 m – 7.26 m; 1 Compound-Maschine / 4 zyl. Einender-Kessel / 3.500 PSi / ? kn / 2 Seitenräder; 37 Mann Besatzung

1877 Stapellauf bei J. Elder & Co., Glasgow (Bau-Nr. 214) als Prinses Marie. Indienststellung für die Stoomvaart Matschapij »Zeeland«, Vlissingen.

1898 angekauft von der Stettiner Dampfschiffs-Gesellschaft J.F. Braeunlich für den Einsatz auf der Route Sassnitz–Trelleborg und umbenannt in Germania.

1902 nach Indienststellung der Odin zum Abbruch verkauft.

21. **Hans** Passagierdampfer

88 BRT / ? NRT / 29.60 m – 5.40 m – 2.40 m; 1 Compound-Maschine / 1-Feuerbüchsen-Kessel / 150 PSi / 1 Schraube

1898 Stapellauf bei Nüscke & Co., Stettin (Bau-Nr. 95) Indienststellung für J.F. Braeunlich, Stettin; das Schiff war stets als Binnenschiff klassifiziert und auf der Strecke Stettin–Gotzlow–Kratzwiek eingesetzt.

1921 verkauft an Emil R. Retzlaff, Stettin.
1932 nach dem Konkurs der Reederei von der Maris-Reederei wieder in Fahrt gebracht.
1945 nach Lübeck gelaufen, dort aufgelegt.
1950 abgewrackt.

22. Hanni Passagierdampfer

89 BRT / ? NRT / 29.60 m – 6.40 m – 2.40 m; 1 Compound-Maschine / 1-Feuerbüchsen-Kessel / 150 PSi / 1 Schraube

1898 Stapellauf bei Nüscke & Co., Stettin (Bau-Nr. 96) Indienststellung für J.F. Braeunlich, Stettin; das Schiff war stets als Binnenschiff klassifiziert und auf der Strecke Stettin–Gotzlow–Kratzwiek eingesetzt.
1921 verkauft an Emil R. Retzlaff, Stettin.
1932 nach dem Konkurs der Reederei von der Maris-Reederei wieder in Fahrt gebracht.
1945 nach Lübeck gelaufen, dort aufgelegt.
1953 abgewrackt.

23. Stettin Passagierdampfer

196 BRT / 120 NRT / 47.20 m – 6.24 m – 2.30 m; 2 Compound-Maschinen / 1 zyl. Einender-Kessel / 340 PSi / 2 Schrauben

1895 Stapellauf bei den Stettiner Oderwerken, Grabow (Bau-Nr. 436). Indienststellung für Malitz & Zimmer, Schwedt.
1898 angekauft durch J.F. Braeunlich, Stettin, Einsatz auf der Strecke von Stettin nach Ückermünde, Wollin und Dievenow.
1905 verkauft an die »Stettin-Wollin-Cammin-Dievenower Dampfschiffahrts-Gesellschaft«.
1925 umbenannt in Direktor Knauff.
1945 nach Schleswig-Holstein geschleppt, später in Hamburg aufgelegt, wurde X-Schiff 2016.
1946 von der Ostdeutschen Dampfschiffahrt- und Transport-GmbH, Hamburg (Hans Krüger) angekauft und umbenannt in Heimat.
1951 im Hamburger Hafen gesunken, gehoben und zum Abbruch verkauft.

24. Werner (JFPR) Passagierdampfer

89 BRT / 38 NRT / 30.57 m – 5.42 m – 2.28 m; 1 Compound-Maschine / 1 Feuerbüchsen-Kessel / 120 PSi / 1 Schraube; 5 Mann Besatzung

1900 Stapellauf bei Nüscke & Co., Stettin (Bau-Nr. 100). Indienststellung für J.F. Braeunlich, Stettin; das Schiff war im Gegensatz zu den Schwesterschiffen Hans und Hanni stets als Seeschiff klassifiziert.
1909 verkauft an die »Stettin-Wollin-Cammin-Dievenower Dampfschiffs-Gesellschaft«, Cammin.
1925 umbenannt in Wollin.
1929 umbenannt in Dievenow.
1930 als Binnenschiff klassifiziert.
1945 beschlagnahmt von den Sowjets in Stralsund, übernommen vom Rat der Stadt Stralsund umbenannt in Strelasund.
1949 übernommen von der Deutschen Schiffahrts- u. Umschlagszentrale, Stralsund.
1956 noch in Fahrt, dann verkauft zum Abbruch.

25. Odin (JFQV, DAKU) Passagierdampfer

1.177 BRT / 388 NRT / 72.11 m – 10.34 m – 6.34 m; 2 Dreifach-Exp.Maschinen / 2 zyl. Einender-Kessel / 2.200 PSi / 14.0 kn / 2 Schrauben; 35 Mann Besatzung, 1.400 Passagiere

1902 Stapellauf am 8.2. bei den Stettiner Oderwerken, Grabow (Bau-Nr. 526). Indienststellung für die Stettiner Dampfschiffs-Gesellschaft J.F. Braeunlich; Einsatz auf der Strecke Sassnitz–Trelleborg.

1909 Einsatz im Seebäderverkehr Stettin–Rügen.
1914 zur Kaiserlichen Marine eingezogen und zum Hilfs-Streuminendampfer umgebaut.
1918 an die Reederei zurückgegeben.
1919 am 14.3. als Kriegsbeute an Großbritannien abgeliefert, Eigner: The Shipping Controller, jedoch nicht übernommen, blieb in Stettin.
1921 zurückgekauft und wieder in Dienst.
1924 neu vermessen: 1.137 BRT / 466 NRT.
1939 zur Kriegsmarine eingezogen, Verwendung ab 1.9. als Ziel- und Sicherungsschiff der U-Boot-Schule, ab 1942 Beischiff der Ausbildungsgruppe für die Front-U-Boote.
1944 am 7.8. in der Danziger Bucht während der Ausbildung nach unglücklichem Treffer eines Übungstorpedos gesunken.

26. **HERTHA** (JFTC, DALD) Passagierdampfer
1.257 BRT / 419 NRT / 76.28 m – 10.35 m – 4.08 m; 2 Dreifach-Exp.Maschinen / 2 zyl. Einender-Kessel / 2.200 PSi / 15.0 kn / 2 Schrauben; 47 Mann Besatzung, 1.280 Passagiere

1905 Stapellauf bei den Stettiner Oderwerken, Grabow (Bau-Nr. 547). Indienststellung am 7.6. für die Stettiner Dampfschiffs-Gesellschaft J.F. Braeunlich; eingesetzt auf der Strecke Sassnitz—Trelleborg.
1909 Einsatz im Seebäderdienst Stettin–Rügen.
1914 am 1.8. von der Kaiserlichen Marine erfaßt, umgebaut zum Hilfs-Lazarettschiff »E«; nicht genutzt, sondern umgerüstet zum Hilfs-Streuminendampfer Ostsee.
1919 an die Reederei zurückgegeben, weiter in Dienst.
1924 neu vermessen: 1.221 BRT / 487 NRT.
1939 von der Kriegsmarine erfaßt, Wohn- und Zielschiff der 25. U-Flottille.
1945 bei Kriegsende fahrbereit; Am 17. September durch eigene Besatzung nach Methils/England überführt. Nach Verkauf an Griechenland HEIMARA.
1947 am 19.1. bei Rafina auf ca. 38°N/14°50'0 nach Minentreffer gesunken.

27. **RÜGEN** (JGMH, DAPE) Passagierdampfer
2.170 BRT / 936 NRT / 95.20 m – 11.60 m – 3.70 m; 2 Dreifach-Exp.Maschinen / 3 zyl. Einender-Kessel / 3.200 PSi / 15.0 kn / 2 Schrauben; 45 Mann Besatzung, 2.500 Passagiere

1914 Stapellauf bei den Stettiner Oderwerken, Grabow (Bau-Nr. 644). Indienststellung am 20.5. für die Stettiner Dampfschiffs-Ges. J.F. Braeunlich; Einsatz im Seebäderdienst Stettin—Rügen; am 21.11. von der Kaiserlichen Marine erfaßt und als Hilfs-Streuminendampfer Ostsee verwendet.
1918 Wohnschiff der U-Schule, Ende des Jahres an die Reederei zurück.
1919 am 14.3. als Kriegsbeute an Großbritannien abgeliefert, Eigentümer: The Shipping Controller, London. Das Schiff blieb jedoch in Stettin und wurde nie von den Alliierten abgeholt. Am 17.4.1921 konnte es zurückgekauft werden und wurde vom alten Eigner übernommen.
1921 verkauft an die »Stettin-Rigaer Dampfschiffahrts-Gesellschaft« (Rud. Chr. Gribel) und umgebaut für den Passagier-Liniendienst nach den Baltischen Staaten und Finnland.
1939 am 25.9. von der Kriegsmarine erfaßt und zum Lazarettschiff umgebaut.
1945 bei Kriegsende fahrbereit, am 20.9. a.D. gestellt.
1946 am 11.3. als Kriegsbeute an die Sowjetunion abgeliefert, Grundumbau bei der Schiffsreparaturwerft Wismar, am 31.12. in Fahrt als IVAN SUSANIN.
1960 aus Lloyds Register gestrichen.

28. **RUGARD** (JBNT, DAUR) Passagierdampfer
1.358 BRT / 492 NRT / 76.80 m – 10.90 m – 3.70 m; 2 Dreifach-Exp.Maschinen / 4 zyl. Einender-Kessel / 2.000 PSi / 15.0 kn / 2 Schrauben; 56 Mann Besatzung, 1.850 Passagiere

1927 Stapellauf am 13.3. bei den Stettiner Oderwerken, Stettin-Grabow (Bau-Nr. 730). Indienststellung für die »Stettiner Dampfschiffs-Gesellschaft J.F. Braeunlich«; Einsatz im Seebäderdienst Stettin—Rügen und für Fahrten Bornholm—Kopenhagen.

1939 von der Kriegsmarine erfaßt und als Flagg-, Stabs- und Wohnschiff des Führers der Vorpostenboote Ost, später des Befehlshabers der Seestreitkräfte Ostsee, zuletzt der 31. Minensuch-Flottille und der 9. Sicherungsdivision verwendet. 9.5.1945 letztes Seegefecht.

1945 fahrbereit in Kiel.

1946 am 18.3. als Kriegsbeute an die Sowjetunion abgeliefert, Grundüberholung bei der Schiffsreparaturwerft Wismar, 13.11. in Fahrt als Ilya Repin.

1960 aus Lloyds Register gestrichen.

29. FRIGGA (JBGW, DARJ) Passagierdampfer

557 BRT / 220 NRT / 61.75 m – 8.50 m – 3.50 m; 1 Dreifach-Exp.Maschine, 2 zyl. Einender-Kessel / 1.000 PSi / 13.0 kn / 1 Schraube; 15 Mann Besatzung, 1.100 Passagiere

1925 Stapellauf als Deutschland bei Nüscke & Co., Stettin (Bau-Nr. 273). Indienststellung für die »Swinemünder Dampfschiffahrts-Aktien-Gesellschaft«.

1929 am 17.8. im Stettiner Haff nach Kollision mit dem Stettiner Dampfer Alexandra gesunken, später gehoben und repariert.

1930 an die Stettiner Dampfschiffs-Gesellschaft J.F. Braeunlich verkauft, umbenannt in Frigga.

1939 von der Kriegsmarine erfaßt, umgebaut zum U-Boot-Tender und Taucher-Schulfahrzeug.

1944 umbenannt in Zenith, Navigations-Schulschiff in Gotenhafen.

1945 bei Kriegsende fahrbereit.

1946 am 2.3. als Kriegsbeute an die Sowjetunion abgeliefert, umbenannt in Orion.

1960 aus Lloyds Register gestrichen.

30. MELILLA (DKJT) Frachtmotorschiff

1.706 BRT / 862 NRT / 3.060 tdw; 93.70 m – 13.25 m – 4.68 m; 2 MAN-6zyl. 4takt-Dieselmotoren / 2.400 PSi / 14.0 kn / 1 Schr.; 31 Mann Besatzung, 8 Passagiere, offener Shelterdecker

1952 Stapellauf am 8.9. bei Orenstein-Koppel u. Lübecker Maschinenbau Aktiengesellschaft, Lübeck (Bau-Nr. 449). Indienststellung am 11.11. für die »Stettiner Dampfschiffs-Gesellschaft J.F. Braeunlich, K.G.«, Lübeck. (Korrespondenz-Bereederung durch Oldenburg-Portugiesische Dampfschiffs-Rhederei, Hamburg).

1971 verkauft an Hercules Shipping Co. Ltd., Monrovia.

1973 verkauft an Sea Rover Shipping Co. S.A., Piräus,

1977 umbenannt in Giannis K.

1979 verkauft an Good Luck Shipping Co. S.A., Piräus, umbenannt in Georgios A. (Interuniversal Chart S.A.) Piraeus.

1981 Im Schiffsregister gelöscht. Verkauft zum Abbruch in Griechenland.

Schiffe der »Swinemünder Dampfschiffahrts-Aktien-Gesellschaft«, die 1939 ins Eigentum der »Stettiner Dampfschiffs-Gesellschaft J.F. Braeunlich« übergegangen sind:

31. BERLIN (JFTS, DAOE) Passagierdampfer

503 BRT / 144 NRT / 56.09 m – 8.06 m – 3.74 m; 1 Dreifach-Exp.Maschine / 2 Feuerbüchsen-Kessel / 850 PSi / 12.5 kn / 1 Schraube; 22 Mann Besatzung, 550 Passagiere

1906 Stapellauf bei Nüscke & Co., Stettin (Bau-Nr. 138), zur Sommersaison Indienststellung.

1914 am 21. Juli im Stettiner Haff nach Kollision mit dem schwedischen Erzdampfer Porjus gesunken. Später wieder gehoben und repariert.

1915 Nach Beendigung der Reparaturen Beschlagnahme durch die Kaiserliche Marine. Dienst als Vorpostenschiff und Führerschiff von Hafenschutzflottillen.

1919 an Reederei zurückgegeben.

1925 neu vermessen mit 468 BRT / 189 NRT.

1939 mitsamt Reederei ins Eigentum der »Stettiner Dampfschiffs-Gesellschaft J.F. Braeunlich« übergegangen. Herbst 1939 Ersatzschiff für den »Seedienst Ostpreußen«.

1940 Nach kurzfristiger Kriegsmarine-Erfassung an Braeunlich zurückgegeben. Bis März 1945 Liniendienst zwischen Stettin und Swinemünde. Anschließend Teilnahme an Flüchtlings-Rettungsaktionen.

1945 Nach letzter Flüchtlingsfahrt am 3. Mai in Vordingborg/Dänemark aufgelegt, im Juli nach Kopenhagen, im August nach Hamburg beordert.

1946 Ablieferung am 27. Februar als Kriegsbeute an die UdSSR. Nach Renovierung bei MTW Wismar umbenannt in PESTEL.

1960 Aus Lloyds Register gestrichen.

32. STETTIN (JBPF, DAXU) Passagierdampfer

375 BRT / 141 NRT / 53.50 m - 7.80 m - 3.30 m; 2 Dreifach-Exp.Maschinen / 2 zyl. Einender-Kessel / 1.200 PSi / 13.0 kn / 2 Schrauben; 13 Mann Besatzung, 600 Passagiere

1914 bestellt bei J.W. Klawitter Danzig von der Administration de Navigation a Vapeur (Ismael Rahmi), Konstantinopel; vom Stapel gelaufen als BOSTANDJE; blieb während des Krieges unfertig, nach Kriegsende jedoch nicht mehr vollendet und in Danzig aufgelegt.

1927 Rumpf von der Swinemünder Dampfschiffahrts AG angekauft und fertiggestellt, neuer Name STETTIN.

1939 Als nunmehriger Braeunlich-Dampfer zur Kriegsmarine eingezogen, Verwendung als Entfernungsmeß-Schulschiff.

1945 fahrbereit, von der TMMC als NR. 835 erfaßt und behalten, jedoch nach Verlegung des Firmensitzes eingetragen für die »Stettiner Dampfschiffs-Gesellschaft J.F. Braeunlich GmbH.«, Lübeck.

1946 in Charter der HADAG für den Dienst Hamburg—Cuxhaven.

1947 in Charter für August Bolten, Wm. Millers Nachf., Hamburg, Liniendienst Hamburg—Bremerhaven.

1949 in Hamburg aufliegend durch Wassereinbruch gesunken und bald gehoben.

1951 verholt und abgewrackt.

33. SWINEMÜNDE (JFDR, DAKG) Passagierdampfer

243 BRT / 154 NRT / 46,35 m - 6.42 m - 3.37 m, 1 Dreizylinder-Compoundmaschine / 1 zylindrischer Einender-Kessel / 500 PSi / 1 Schraube / 13 Mann Besatzung / 440 Passagiere

1891 Stapellauf bei den Stettiner Oderwerken, Grabow, für die Swinemünder Dampfschiffahrts-Gesellschaft. Indienststellung im Mai. Fahrtroute vornehmlich Stettin—Swinemünde im Liniendienst.

1914 Schiff von der Kaiserlichen Marine nicht erfaßt, Fortsetzung des Liniendienstes auch während des Krieges.

1919 Nach Klärung der Nichtablieferung an den Shipping Controller, London.

1939 mitsamt der Reederei Übergang ins Eigentum der »Stettiner Dampfschiffs-Gesellschaft J.F. Braeunlich«. Nach Kriegsausbruch abermalige Freistellung von der Marine. Fortsetzung des Liniendienstes Stettin—Swinemünde, der als kriegswichtig eingestuft wurde.

1944 Nach Bombentreffern im Stettiner Hafen am 17. August Totalverlust des Schiffes.

Von der Reederei J.F. Braeunlich für die kurzlebige »Stettiner Seebäder-Reederei Ballin & Braeunlich« bereedert, da im Eigentum von Albert Ballin verblieben:

A. CUXHAVEN (RBDP) Passagierdampfer

402 BRT / 256 NRT / 67.60 m - 6.80 m - 3.15 m; 1 Compound-Maschine / 2 Feuerbüchsen-Kessel / 600 PSi / 2 Seitenräder; 14 Mann Besatzung, 800 Passagiere

1864 Stapellauf bei Caird & Co., Greenock (Bau-Nr.) als HERALD ,war im Auftrage der Konföderierten Staaten von Amerika bestellt worden. Wegen Beendigung des Sezessionskrieges keine Abnahme.

1865 Schiff von der Reederei Stewart, Glasgow, angekauft und umbenannt in HATTIE.
1866 von der Hamburg-Amerika Linie angekauft und umbenannt in CUXHAVEN.
1884 verkauft an die »Cuxhaven-Unterelbe'sche Eisenbahn-Gesellschaft«, Cuxhaven.
1889 verkauft an Albert Ballin's Dampfschiff-Rhederei Gesellschaft in Hamburg.
1890 Von Albert Ballin zusammen mit der (von Braeunlich aus Ballins Besitz erworbenen) FREIA eingebracht in die »Stettiner Seebäder-Reederei Ballin & Braeunlich«, eingesetzt im Liniendienst Stettin–Zinnowitz/Seeseite.
1891 Totalverlust des weiterhin unter dem Namen CUXHAVEN gefahrenen Raddampfers am 24. Juli auf dem Vineta-Riff, das zwischen Zinnowitz und Koserow vor der Küste liegt. Dabei gab es drei Todesopfer.

Von der »Stettiner Dampfschiffs-Gesellschaft J.F. Braeunlich« bereederter Neubau für den »Seedienst Ostpreußen«, Eigentümer Reichsverkehrsministerium

B. PREUSSEN (JBLP, DATM) Passagiermotorschiff

2.282 BRT / 1.002 NRT / 85.35 m – 11.70 m – 3.80 m; 2 MAN-10zyl. 4takt-Dieselmotoren / 6.400 PSi / 16.0 kn / 2 Schrauben; 83 Mann Besatzung, 1.020 Passagiere

1926 am 17.3. bei den Stettiner Oderwerken, Stettin-Grabow (Bau-Nr. 725). Indienststellung für das Reichsverkehrsministerium (Seedienst Ostpreußen); Korrespondenz-Bereederung durch die »Stettiner Dampfschiffs-Gesellschaft J.F. Braeunlich«.
1934 Umbau und Verlängerung bei den Stettiner Oderwerken; 2.529 BRT / 1.343 NRT / 600 tdw; 90.50 Meter Länge, jetzt 1.200 Passagiere
1939 von der Kriegsmarine erfaßt und zum Minenschiff umgebaut, 3.9. in Dienst.
1941 am 9.7. im Ölandsund auf ca. 56°12'N-16°17'N in ein schwedisches Minenfeld geraten und gesunken (4 Tote).

Hans Knust Eisenbahn-Trajektschiffahrt und Wasserbau G.m.b.H., Stettin (ab Juni 1942 unter 25-Prozent-Beteiligung von der »Stettiner Dampfschiffs-Gesellschaft J.F. Braeunlich G.m.b.H.« betrieben)

C. SULTAN (ohne) Trajekt-Dampfer

77 BRT / 29,91 / 5,76 / 1,42 m / 1 Verbundmaschine, 1 Kessel 65 PSi / 1 Schraube

1882 Stapellauf bei »Stettiner Maschinenbau A.G. Vulcan« (Bau-Nr. 110 für »Eisenbahn-Trajekt- und Wasserbau-Gesellschaft m.b.H.« Stettin, zum Einsatz innerhalb des Stettiner Hafens. Als Binnenschiff klassifiziert. Fassungsvermögen 2 Güterwaggons.
1944 Durch Bombentreffer beschädigt verblieb die Fähre bis Kriegsende in einer Stettiner Reparaturwerft.
1945 Die polnische Hafenverwaltung reparierte das Schiff und setzte es als PROM KOLEJOWY NR. 1 wieder in Fahrt.
1952 Gründliche Modernisierung sowie Auswechselung der Dampfmaschine gegen Motoren. Das Schiff erhielt wieder seinen Alten Namen SULTAN.
1961 vermutlich verschrottet.

D. TYRAS (ohne) Trajekt Dampfer

146 BRT / 33,33 / 4,85 / 1,46 m / 1 Verbundmaschine, 1 Kessel / 100 PSi / 1 Schraube

1887 Stapellauf bei den »Stettiner Oderwerken Akt.Ges., vorm. Möller & Holberg« (Bau-Nr. 179) für den gleichen Eigner wie SULTAN und für das gleiche Tätigkeitsfeld innerhalb des Stettiner Hafens, jedoch 3 Güterwaggons fassend. Klassifiziert als Binnenschiff.
1945 Gelangte mit Flüchtlingen nach Lübeck.
1948 Mangels Beschäftigungsmöglichkeiten abgewrackt.

E. **Caesar** (ohne) Trajekt-Dampfer

162 BRT / 38,35 / 7,00 / 1,90 m / 1 einzyl. Einfach-Expansionsmaschine / 1 Kessel / 220 PSi / 1 Schraube

1896 Stapellauf bei den »Stettiner Oderwerken Akt.Ges., vorm. Möller & Holberg« (Bau-Nr. 458) für jetzt: »Hans Knust, Eisenbahn-Trajektschiffahrt und Wasserbau G.m.b.H.« Stettin. 3 Waggons fassend.

1899 Verchartert an »Danziger Aktien-Gesellschaft Holm« zum Einsatz auf der Fahrtroute zwischen Nehrung und Holm, Westpreußen.

1906 Rückkehr aus Westpreußen zum erneuten Einsatz im Stettiner Hafen.

1945 Gelangte mit Flüchtlingen nach Lübeck.

1947 Kurzzeitige Verwendung bei einem Baggerei-Unternehmen.

1948 Mangels weiterer Beschäftigung wie Tyras abgewrackt und die Firma Hans Knust liquidiert.

Eisbrecherverwaltung der Industrie- und Handelskammer zu Stettin. Ihre Dampfeisbrecher wurden von J. F. Braeunlich bereedert (1888–1945)

F. **Stettin** (DBCR), Dampfeisbrecher

836 BRT / 291 NRT / 51,75 m – 13,43 m – 5,60 m, Dreifach-Expansionsmaschine 2.200 PSi / 1619 kW / 2 Großraumflammrohrkessel / 13 kn; 25 Mann Besatzung, 110 Passagiere

1933 Stapellauf bei der »Stettiner Oderwerke A.G.«, 15. November Abnahmeprobefahrt. Allwinterlicher Einsatz Seeschiffahrtsstraße Stettin—Swinemünde und Pommersche Bucht.

1940 Sondereinsatz als Sperrbrecher bei der Einnahme Kopenhagens im Rahmen des »Unternehmens Weserübung« (Besetzung Dänemark-Norwegen). Danach zunächst Hilfskriegsschiff/Fernräumgeräteschlepper zur Magnetminenbekämpfung. Wegen physikalischer Nichteignung Rückgabe zur zivilen Weiterverwendung. Grundminentreffer und Reparatur.

1942 Eisbrechernothilfe für die Kriegsmarine im Rigaischen Meerbusen sowie in der mittleren und westlichen Ostsee. Danach Fortsetzung der angestammten Tätigkeit auf dem Oder-Revier.

1945 Bei einem Lenzbergungsversuch Beschädigungen durch Grundminen-Nahtreffer. Nach Notreparatur 6. März mit letztem deutschen Konvoi Ausbruch aus dem blockierten Stettin, zeitweilig unter Artilleriebeschuß. Nach Flüchtlingsfahrten 4. Mai mit 1.500 vor der Gefangenschaft bewahrten Soldaten Konvoifahrt Sassnitz—Kopenhagen, von dort mit 800 Soldaten und Flüchtlingen Reise Kopenhagen—Kattegat—Großer Belt—Kiel.

1946 Eisbrecher Seeschiffahrtsstraße Hamburg—Cuxhaven bzw. Elbe 1 für Sea Waterway Department der Britischen Besatzungszone, allwinterlich.

1949 Fortsetzung dieser Tätigkeit in Dauercharter der Wasser- und Schiffahrtsverwaltung des Bundes, Stationierungsort Wedel/Holstein.

1979 Großeinsatz im Packeis der Kieler Förde und Kieler Bucht.

1981 Aufkündigung des Chartervertrages der Wasserstraßenverwaltung mit der Lastenausgleichsbank Bonn-Bad Godesberg, die treuhänderisch ostdeutsche Vermögenswerte verwaltete. Verschrottungsbeschluß. Durchkreuzt mittels erlangtem Denkmalschutz. Ab 23. Oktober »Förderverein Eisbrecher Stettin e.V.« neuer Bereederer. Renovierung und Nachrüstung bei Blohm + Voss, Hamburg.

1982 Nach Beendigung der Maschineprobefahrt ab 17. Juni Teilnahme an der 100-Jahr-Feier »Kieler Woche«. Fortan alljährlich mehrwöchige Fahrten in Tagescharter von Firmen, Institutionen und Zeitungen. Größtes noch fahrendes kohlegefeuertes Schiff der Welt, ehrenamtliche Besatzung.

1987 Teilnahme als Flaggschiff der »Nordic Steam« an Dampfertreffen und Windjammerparade in Kopenhagen.

1998 Erster Besuch im einstigen Heimathafen Stettin/Szczecin, überwältigender Empfang. Seit 1983 ist die Stettin wieder als Seeschiff mit uneingeschränkter Fahrterlaubnis beim Germanischen Lloyd klassifiziert.

Dampfeisbrecher STETTIN (II). 1933 in Dienst gestellt. Seine neue Raumaufteilung führte dazu, daß Salon, Kapitänskajüte, Messe, Offiziers- und Passagier-Kabinen erstmals im Decksaufbau untergebracht wurden.

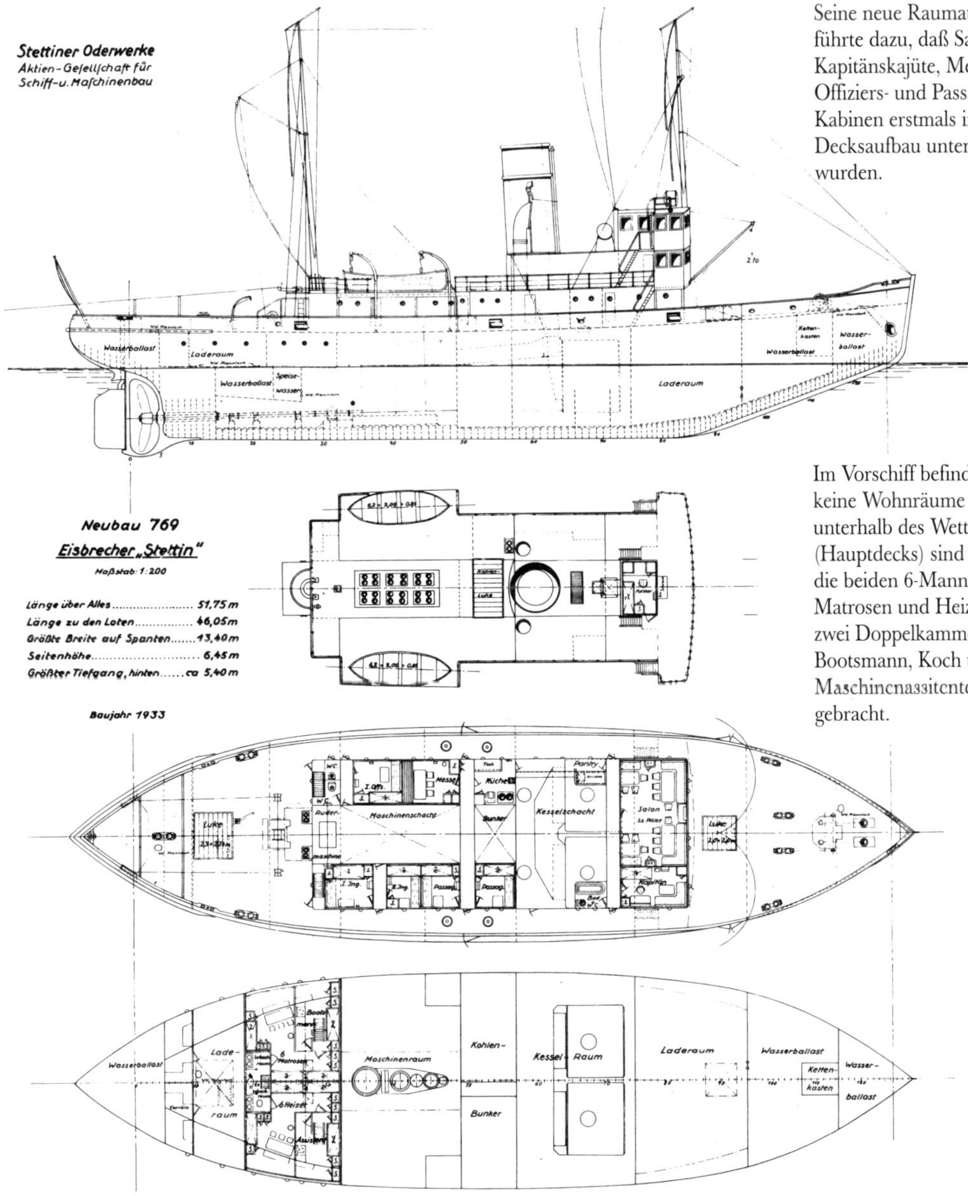

Im Vorschiff befinden sich keine Wohnräume mehr unterhalb des Wetterdecks (Hauptdecks) sind nur noch die beiden 6-Mann-Logis der Matrosen und Heizer sowie zwei Doppelkammern für Bootsmann, Koch und Maschinenassitenten unter gebracht.

Die sechs anderen, einst von J.F. Braeunlich bereederten Eisbrecher seien nur summarisch erwähnt:

STETTIN (I),	Bj. 1888, 300 BRT, 405 PSi (ab 1932 SWINEMÜNDE II) Kriegsverlust 1945.
SWINEMÜNDE (I),	Bj. 1888, 300 BRT, 412 PSi (ab 1927 STRALSUND), nach dem Krieg verschrottet.
BERLIN,	Bj. 1889, 439 BRT, 900 PSi, nach dem Krieg verschrottet.
POMMERN,	Bj. 1905, 525 BRT, 1.200 PSi, nach dem Krieg verschrottet.
HINDENBURG,	Bj. 1916, 671 BRT, 1.850 PSi, Kriegsverlust 1918.
PREUSSEN,	Bj. 1920, 677 BRT, 1.850 PSi, Eisbrecher im Dienst der Bundeswasserstraßenverwaltung bis 1967.

DRAMA OF THE S.S. "HEIMARA"

The S.S. "Heimara", recently wrecked by a mine near Rafina on a run from Salonika. More than 300 people lost their lives and British ambulance workers were called out to assist.

British personnel joined in rescue work when the Greek ship "Heimara" struck a mine

British troops and ambulance workers rushed to the rescue when the 1,200-ton Greek passenger liner, *S.S. Heimara* struck a mine near Rafina while on her regular run between Salonika and the Piraeus recently.

The ship had just cruised past the Attika peninsula when the violent explosion blew off her port bow, destroyed the ship's wireless, put her steering out of action and smashed the electricity supply mechanism; hours elapsed before news of the disaster was received and rescue boats rushed to the scene.

Panic spread among the passengers, numbering more than 500, including many women and children, as the ship lurched and listed before sinking within 30 minutes. Alarm was heightened by a moonless night, the darkness of the ship and the noise caused by the bursting of boiler pipes.

Rear-Admiral A.G. Talbot, C.B., D.S.O., who heard the call for help, flew over the wrecked ship where some hundreds of passengers were struggling in the water, and immediately gave orders for the maximum of co-operation by British rescue parties. He also made arrangements for some of the survivors to be despatched to the British Military hospital at Psychico.

Rescue work continued throughout the day following the disaster and a British R.A.M.C. unit joined in the work of disembarking the casualties landed at the fishing village of Porto Rafina. These were despatched to Athens hospitals, which were soon crowded with survivors suffering from shock and the effects of long exposure in the cold seas.

The *Heimara*, a former German hospital ship, was handed over to Greece as part of her reparations and was considered one of the best units of the new Greek Merchant Navy.

Rear-Admiral A.G. Talbot flew over the wrecked ship and organised the services of British rescue parties.

Survivors seen leaving the mortuary after identifying relatives and friends. The boy, second from right, is a survivor, but his cousin, also a relative of the girl was drowned.

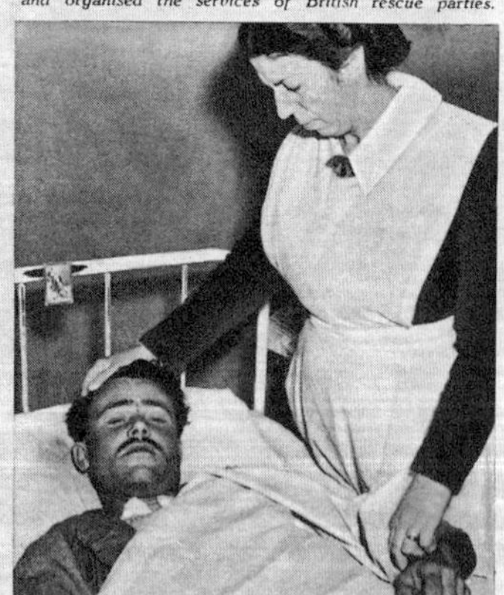

Athens hospitals were soon full of survivors suffering from exposure. This man now has acute bronchitis.

Literaturverzeichnis

Elisabeth von Arnim .... »Elizabeth auf Rügen – Ein Reiseroman«, Berlin 1996

Ulrich Baenz/Erhard Rusch .... »Seebad Heringsdorf«, Peenemünde 1996

Jacques Benoist-Méchin .... »Auf dem Wege zur Macht – 1925–1937«, Oldenburg und Hamburg 1965

Walter Bölk .... »Stettin und sein Hafen – Bilder des Meisterphotographen Max Dreblow«

Fritz Brustat-Naval .... »Lebwohl, Vineta – Der Roman einer seefahrenden Jugend«, Stuttgart 1961

Fritz Brustat-Naval .... »Unternehmen Rettung – Letztes Schiff nach Westen«, Herford 1970

Axel Dietrich .... »Greifswalder Oie – Helgoland der Ostsee – Die Geschichte einer Insel«, Peenemünde 1994

Ernst Freiherr von Gagern .... »Der Krieg in der Ostsee – Dritter Band, Anfang 1916 bis Kriegsende«, Frankfurt 1964

Heinz Gelinski .... »Stettin – Eine deutsche Großstadt in den 30er Jahren«, Leer 1984

Kurt Gerdau .... »Seedienst Ostpreußen«, Herford 1990

Dietrich Gildenhaar .... »Seebrücken«, Peenemünde 1993

Erich Gröner .... »Die deutschen Kriegsschiffe 1815–1945«, Band 3, Koblenz 1985

Erich Gröner .... »Die deutschen Kriegsschiffe 1815–1945«, Band 5, Koblenz 1988

Max Koch .... »Zur Geschichte von Sassnitz«, Sassnitz 1934

W. Kramer/R. Kramer/ H.-D. Forster .... »Die Schiffe der Königslinie«, Rostock 1981

Wulf Krentzien .... »Über Sassnitz nach Rønne, Deutschland – Bornholm direkt«, Sassnitz 1992

Wulf Krentzien .... »Sassnitz–Trelleborg 1897–1997 – hin & zurück – tur & retur«, Putbus 1997

Franklin Kopitzsch/ Daniel Tilgner .... »Hamburg Lexikon«, Hamburg 1998

Franz Kurowski .... »MS Hansastadt Danzig«, Herford 1981

Wolfgang Landgrebe .... »Rügen und Hiddensee – wie es früher war«, Gudensberg-Gleichen 1994

Wolfgang Müller/ Reinhard Kramer .... »Gesunken und verschollen – Menschen- und Schiffsschicksale Ostsee 1945«, Herford 1994

Kurt Pittelkow/ Reinhart Schmelzkopf .... »Heimathafen Stettin«, Cuxhaven 1987

Hans Georg Prager .... »Blohm + Voss – Schiffe und Maschinen für die Welt«, Herford 1977

Hans Georg Prager/ Christian Ostersehlte .... »Dampfeisbrecher Stettin + die Eisbrecher der Welt«, Lübeck 1985

Hans Bernhard Reichow/ Otto Kunkel .... »Stettin – so wie es war«, Düsseldorf 1977

Claus Rothe .... »Deutsche Seebäderschiffe – 1830 bis 1939«, Solingen 1989

Wolfgang Rudolph .... »Die Insel Rügen – Ein Heimatbuch«, Rostock 1953

Reinhart Schmelzkopf .... »Die deutsche Handelsschiffahrt 1919–1939«, Oldenburg und Hamburg 1974

Carl Ludwig Schleich .... »Besonnte Vergangenheit – Lebenserinnerungen eines Arztes«, Reinbek 1964

Rudolf Schmidt/ Arnold Kludas .... »Die deutschen Lazarettschiffe im Zweiten Weltkrieg«, Stuttgart 1978

Willy Stöwer .... »Zur See mit Pinsel und Palette«, Braunschweig 1929

Ernst Völker .... »Stettin – Daten und Bilder zur Stadtgeschichte«, Leer 1986

Martin Wehrmann .... »Geschichte der Stadt Stettin«, Stettin 1911

Hans Wirz .... »Seenot – Opfer – Siege«, Bremen 1956

Armin Wulle .... »Der Stettiner Vulcan«, Herford 1989

Einzelveröffentlichungen/Quellenverzeichnis

Hans Braeunlich .... Aufzeichnungen, Briefe, Protokolle

Dr. Hans-Günter Cnotka .... »Stettiner Bürgerbrief«, Diverse Einzeldarstellungen, Historischer Arbeitskreis Stettin in Kiel

Bert Conrad .... »Das Schicksal Stettins im Sommer 1945 – Marschall Schukows Urteil«, (DIE WELT, 26.11.1970)

Peter-Adolph Dresel .... »Erinnerungen aus meinem Leben«, Stettin 1902, Unveröffentlichtes Manuskript

Karl-Heinz Drewelow .... »Die Stettiner Oderwerke« (Stettiner Bürgerbrief Nr. 10, Kiel 1984)

Kurt Dummann .... »Sie fraßen sich durch das Eis« (Die Pommersche Zeitung Nr. 9/1999)

Hanni Geiger geb. Braeunlich .... Gesprächsprotokolle

Gottfried Loeck .... »J.F. Braeunlich – einst ein Begriff für Ostsee-Urlauber« (Kulturzeitschrift »Pommern«, Heft 3/1984)

Gerd Lüpke .... »Hans-Wilhelm Spitzmann – Marinemaler und Schiffsporträtist« (Kulturzeitschrift »Pommern«, Heft 2/1987)

Oberkommando der Marine .... Marinemedizinalamt des Oberkommandos der Marine, 1. Band »Marinesanitätsdienst im Kriege« (Kreigssanitätsbericht über die Deutsche Marine 1914–1918), Berlin 1919

Kurt Pittelkow .... Beiträge zur Schiffahrtsgeschichte der Stadt Stettin – »Stettiner Dampfschiffs-Gesellschaft J.F. Braeunlich G.m.b.H.« (»Strandgut«, 9. Folge)

Kurt Pittelkow .... Beiträge zur Schiffahrtsgeschichte der Stadt Stettin – »Swinemünder Dampfschiffahrts-A.G., Swinemünde« (»Strandgut«, 10. Folge)

Hans Georg Prager .... »Rügens Seebrücken« (Rügia Journal 1997)

Dipl.-Ing. Axel Recke .... »Fahrgastmotorschiff PREUSSEN«, »Werft – Reederei – Häfen«, Mai 1926

Redaktionsarbeit .... »Drama of the S.S. HEIMARA«, aus: »Parade Sunday Picture Magazine«, 1. Febr. 1947

Prof. Th. F. Siersdorfer .... »Das erste Schiff hieß HOFFNUNG – 200 Jahre Rudolf Christian Gribel, Stettin (Kulturzeitschrift »Pommern«, Heft 2/1973)

Prof. Th. F. Siersdorfer .... »Wo sie geblieben sind – Schicksale Pommerscher Dampfer« (Kulturzeitschrift »Pommern«, Heft 2/1983)

Fritz Streck .... »Die FRIGGA – Mit Volldampf über die Ostsee« (Die »Pommersche Zeitung«, sechziger Jahre)

Verband Deutscher Ostseebäder e.V. Berlin .... (Zeitschrift) »Die Ostsee«, Ausgaben 1926 und 1933

Kurt Wulf .... »Chronik der Seefahrerfamilien Delfs und Wulf«, Hamburg 1975

ZUM THEMA

352 Seiten, Format 12,5 x 19,5 cm,
zahlreiche s/w-Abbildungen und Skizzen
Broschur, DM 26,80, ISNB 3-7822-0645-2

Die 1933 in Dienst gestellte STETTIN war Wegbegleiter der langen Entwicklung von kohlegefeuerten Dampf- zu den dieselelektrischen und dieselmechanischen, den Gasturbinen- und den Nuklear-Eisbrechern von heute. Die ungewöhnliche, teils sogar dramatische Lebensgeschichte dieses letzten Kohlebrenners der deutschen Seefahrtsgeschichte ist »roter Faden« und Hintergrund für die hochinteressante Historik dieser Gattung.

ca. 180 Seiten, Format 21 x 27 cm,
ca. 200 s/w- und 20 farbige Abbildungen,
Festeinband mit Schutzumschlag,
ca. DM 68,–, ISNB 3-7822-0751-3

1920 nahmen erstmals kleine Charterschiffe den Seedienst zwischen Swinemünde und Pillau auf. In den dreißiger Jahren gab es schließlich einen fahrplanmäßigen Linienverkehr von Kiel über Travemünde–Warnemünde–Binz–Swinemünde–Zoppot–Pillau–Memel nach Helsinki. Mit welchen wirtschaftllichen, politischen und oganisatorischen Schwierigkeiten diese Schiffahrtslinie zu kämpfen hatte, welche Erfolge sie buchen konnte und wie alles im Zweiten Weltkrieg unterging, wird in diesem Buch lebendig und kompetent dargestellt.

Koehler

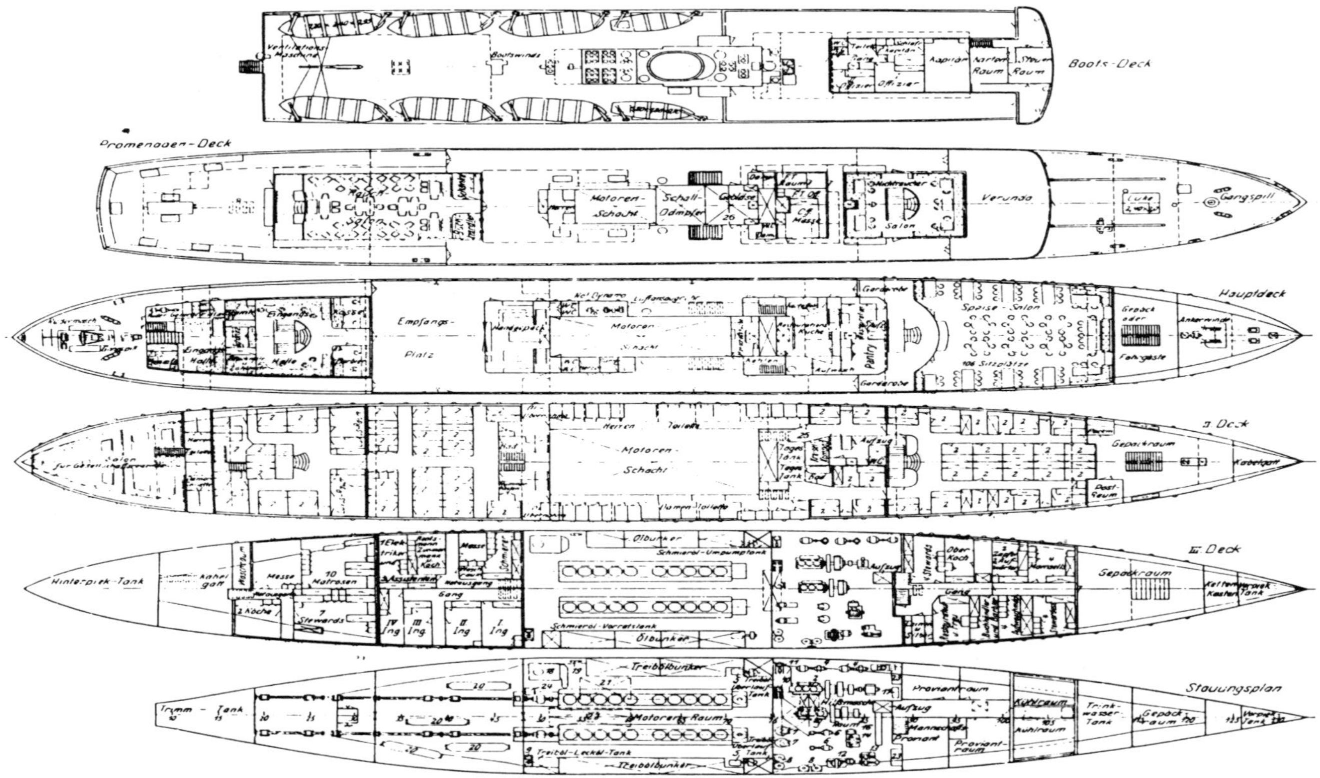

Deckspläne der PREUSSEN